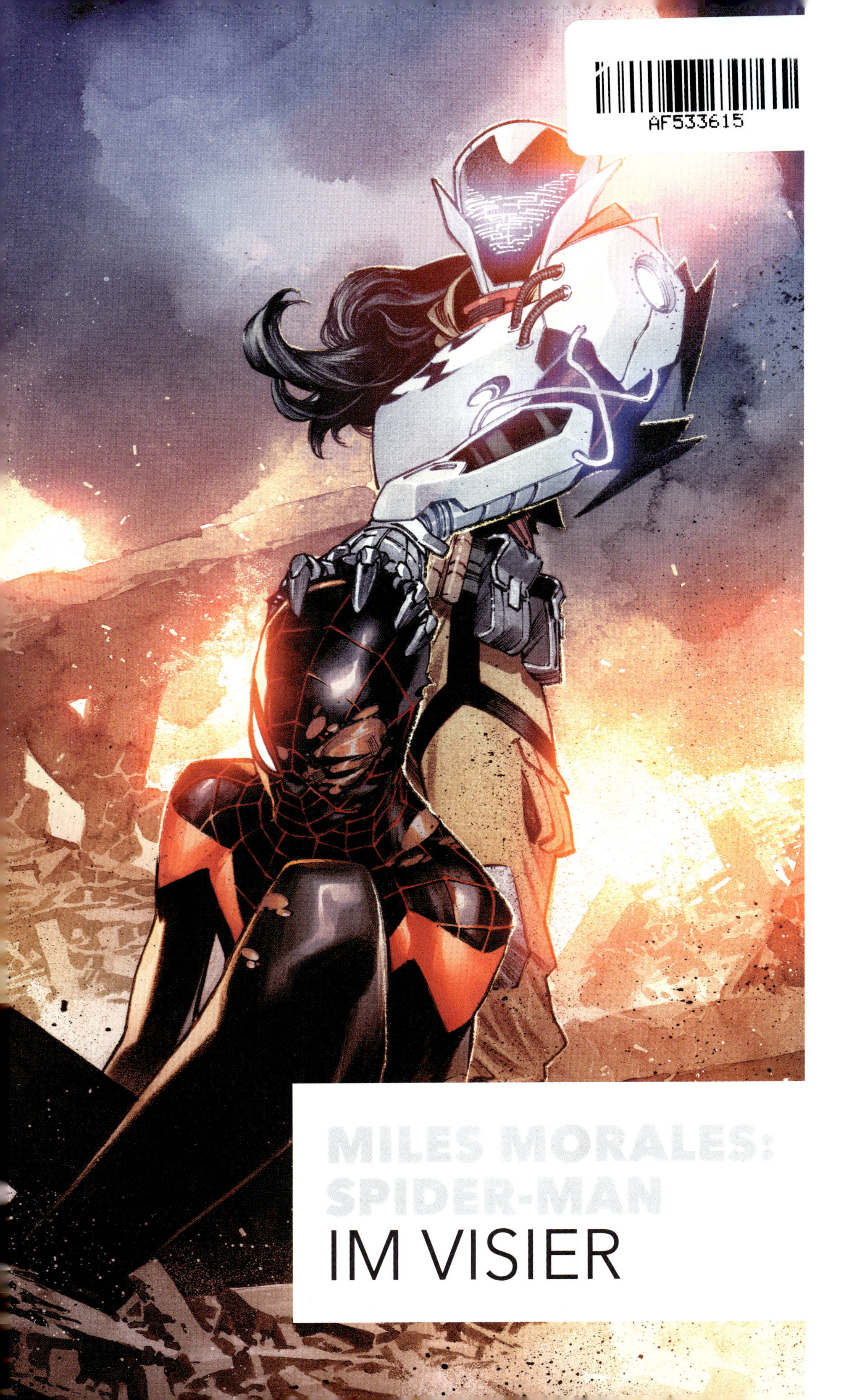

MILES MORALES: SPIDER-MAN
IM VISIER

MILES MORALES: SPIDER-MAN

CODY ZIGLAR
STORY

FEDERICO VICENTINI
ZEICHNUNGEN & TUSCHE

BRYAN VALENZA
FARBEN

FABIO CIACCI
LETTERING

MICHAEL STRITTMATTER
ÜBERSETZUNG

TOM GRONEMAN
NICK LOWE
KAEDEN McGAHEY
REDAKTION USA

C. B. CEBULSKI
CHEFREDAKTEUR USA

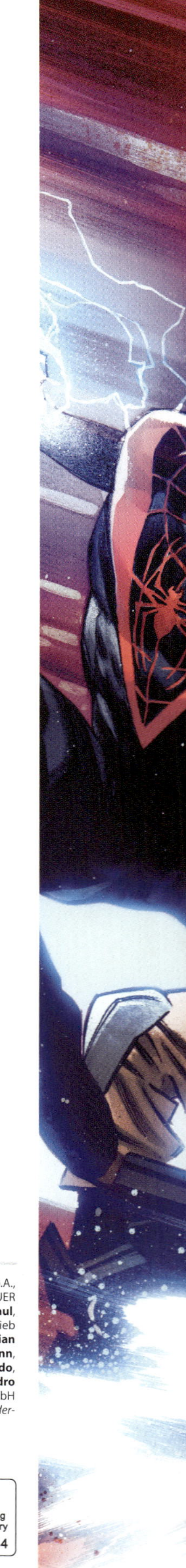

MILES MORALES: SPIDER-MAN erscheint bei **PANINI COMICS**, Schloßstraße 76, D-70176 Stuttgart. Druck: Centro Poligrafico Milano S.p.A., Casarile (MI). Pressevertrieb: Stella Distribution GmbH, D-22297 Hamburg. Direkt-Abos auf **www.paninicomics.de**. Anzeigenverkauf: BLAUFEUER VERLAGSVERTRETUNGEN GmbH, info@blaufeuer.com. Es gelten die Anzeigenpreise gemäß der Mediadaten 2023. Geschäftsführer **Hermann Paul**, Publishing Director Europe **Marco M. Lupoi**, Finanzen/Logistik **Felix Bauer**, Marketing Director **Holger Wiest**, Marketing **Fabio Cunetto**, Vertrieb **Alexander Bubenheimer**, PR/Presse **Steffen Volkmer**, Publishing Manager **Lisa Pancaldi**, Redaktion **Christian Endres**, **Harald Gantzberg**, **Christian Grass**, **Anja Seiffert**, **Kristina Starschinski**, **Ilaria Tavoni**, **Daniela Uhlmann**, Übersetzung **Michael Strittmatter**, Proofreading **Marion Bergmann**, Lettering **Fabio Ciacci**, grafische Gestaltung **Marco Paroli** (coordinator), **Simone Campisano**, **Cinzia Morando**, Art Director **Alessandro Gucciardo**, Redaktion Panini Comics **Annalisa Califano**, **Beatrice Doti**, Prepress **Cristina Bedini**, **Daniela Guidetti**, **Andrea Lusoli**, Repro/Packager **Alessandro Nalli** (coordinator), **Anna Boselli**, **Mario Da Rin Zanco**, **Valentina Esposito**, **Luca Ficarelli**, **Linda Leporati**. Deutsche Edition bei Panini Verlags-GmbH unter Lizenz von Marvel Characters B.V. Cover von **Dike Ruan**, *Miles Morales: Spider-Man* (2022) 1; Variant-Cover A von **Benjamin Su**, *Miles Morales: Spider-Man* (2022) 3 Variant-Cover-Edition; Variant-Cover B von **Björn Barends**, *Miles Morales: Spider-Man* (2018) 38 Variant-Cover-Edition.

Digitale Ausgaben:
ISBN 978-3-7569-0233-0 (.pdf) / ISBN 978-3-7569-0234-7 (.epub) /
ISBN 978-3-7569-0232-3 (.mobi)

Bibliografische Information der Deutschen Nationalbibliothek
Die Deutsche Nationalbibliothek verzeichnet diese Publikation in der Deutschen Nationalbibliografie; detaillierte bibliografische Daten sind im Internet über dnb.d-nb.de abrufbar.

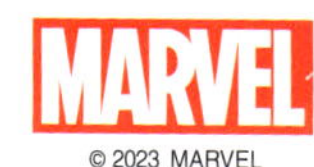

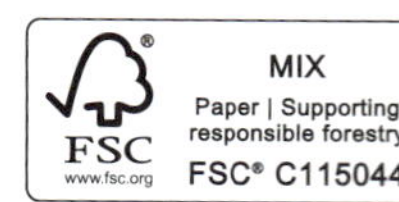

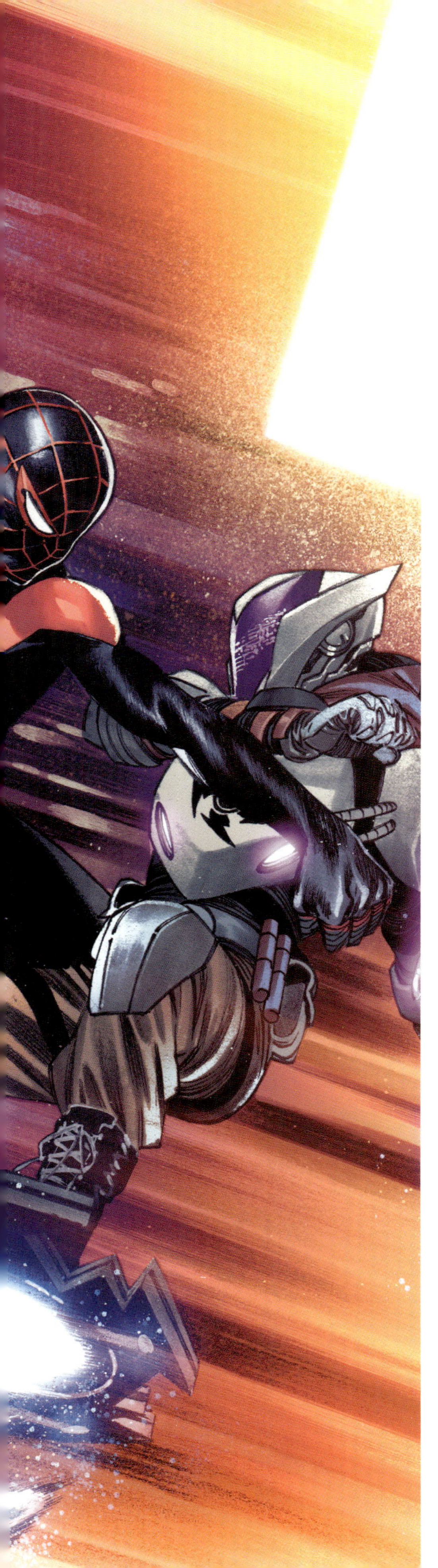

Miles Morales ist nicht nur das Aushängeschild der genialen *Spider-Verse*-Animationsfilme, sondern auch der Netzschwinger der nächsten Generation. Die Erfolgsgeschichte der Marvel-Ikone begann 2011 in der Parallelwelt des Ultimativen Universums, als Bestsellerautor **Brian Michael Bendis** und Top-Zeichnerin **Sara Pichelli** seinen Einstand inszenierten. Sie enthüllten, wie Miles' krimineller Onkel **Aaron** alias **Prowler** eine genetisch veränderte Spinne stahl, die den Teenager biss und ihm erstaunliche Kräfte verlieh: übermenschliche Stärke, Geschwindigkeit und Selbstheilung, seinen vor Gefahren warnenden Spinnensinn sowie die Fähigkeiten, unsichtbar mit seiner Umgebung zu verschmelzen und einen Energiestoß aus seinen Händen zu verschießen. Das alles nutzte Miles, um als Nachwuchs-Wandkrabbler für das Gute zu kämpfen. Durch das Comic-Event **Secret Wars** gelangten Miles und sein Umfeld 2016 dann in die Marvel-Hauptrealität – darunter auch sein Vater **Jefferson**, seine Mutter **Rio** und sein bester Freund **Ganke**. Miles geht auf die Visions Academy in Brooklyn, gehörte schon zu den **Avengers** und den **Champions**, durchlebte seine eigene finstere Klonsaga und reiste diverse Male durchs **Spider-Verse**. Vor einer Weile wurde seine kleine Schwester **Billie** geboren, außerdem kam der Netzkopf mit der Heldin **Starling** alias Tiana Toomes zusammen, Enkelin des schurkischen **Vulture** Adrian Toomes. Und natürlich sorgt Miles' Doppelleben als kostümierter Superheld immer wieder für Probleme, sei es mit seinen Freunden, seiner Familie oder in der Schule. So auch in diesem ersten Band der neuen Soloserie des Fanlieblings. Deren Auftakt inszenieren US-Autor **Cody Ziglar** und der italienische Zeichner **Federico Vicentini**. Ziglar schrieb bereits SPIDER-MAN, SPIDER-PUNK und diverse Storys mit Miles, war aber auch an TV-Serien wie *She-Hulk: Die Anwältin*, *Futurama* und *Rick and Morty* beteiligt. Vicentini bebilderte indes die SPIDER-MAN-Serie von **Nick Spencer**, Miles' Abenteuer in ABSOLUTE CARNAGE sowie X LEBEN & X TODE VON WOLVERINE. Viel Spaß!

Christian Endres

DIE GROSSE HERAUSFORDERUNG, TEIL 1

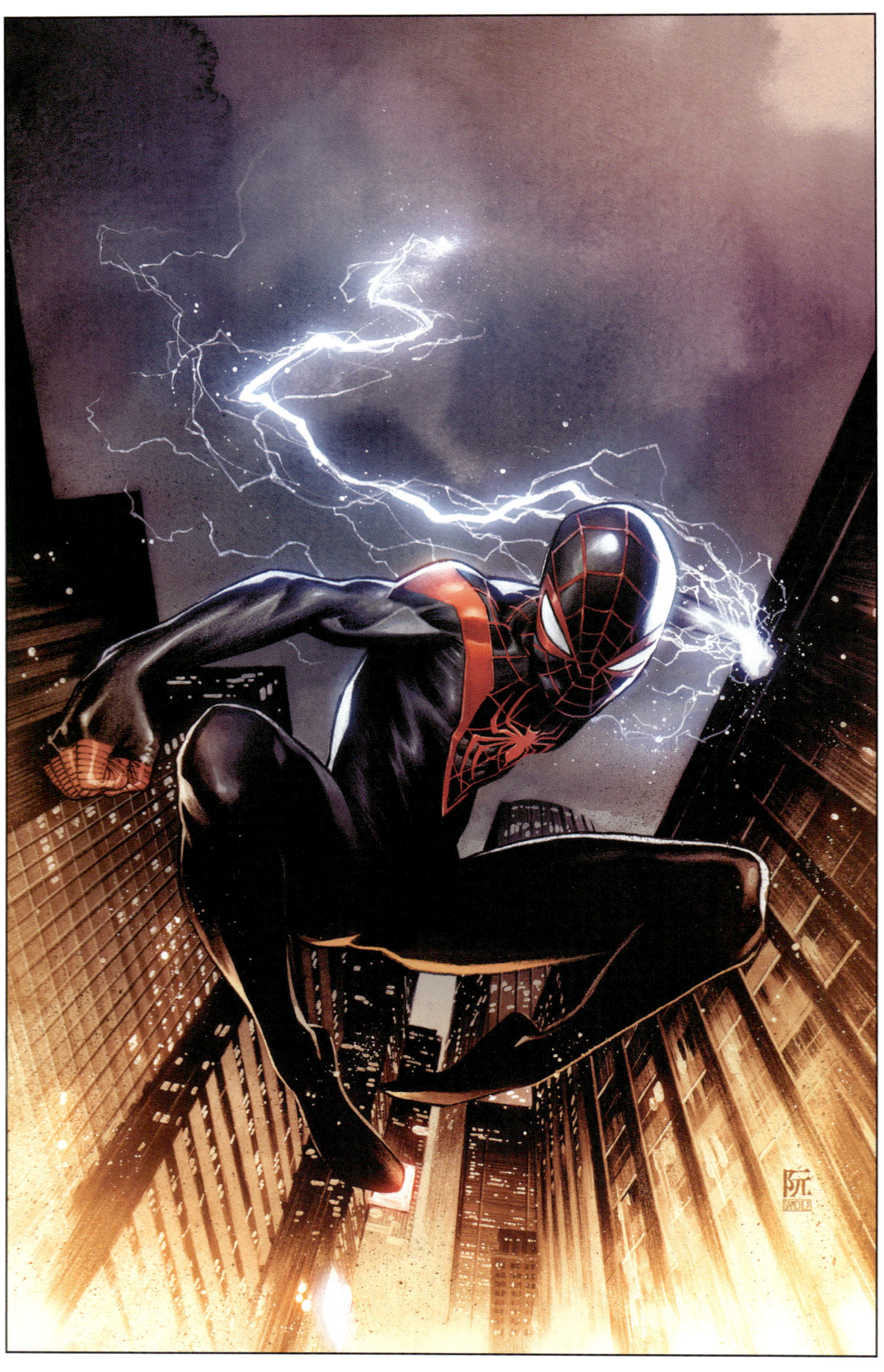

Miles Morales: Spider-Man (2022) 1
Cover von **DIKE RUAN**

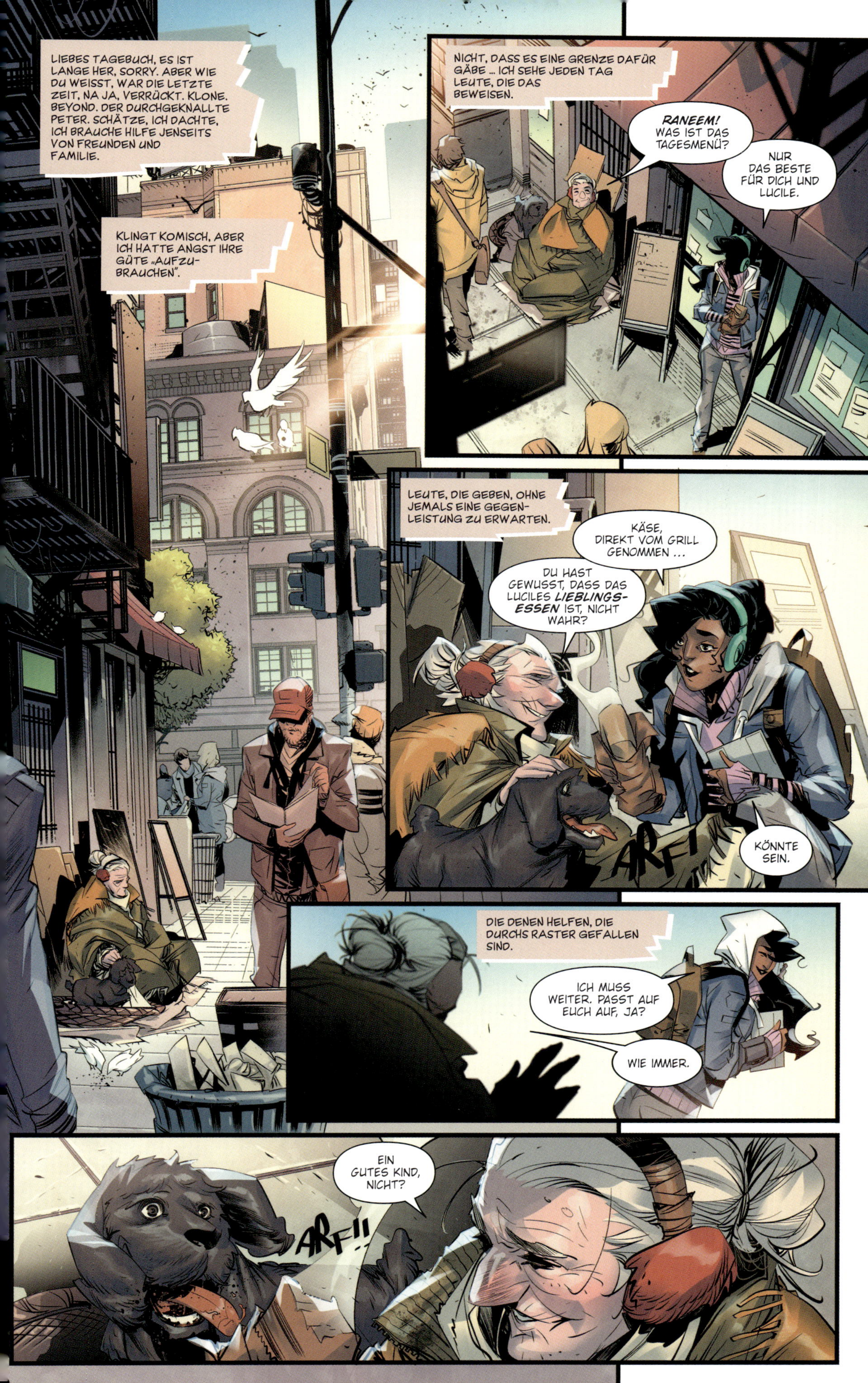
LIEBES TAGEBUCH, ES IST LANGE HER, SORRY. ABER WIE DU WEISST, WAR DIE LETZTE ZEIT, NA JA, VERRÜCKT. KLONE. BEYOND. DER DURCHGEKNALLTE PETER. SCHÄTZE, ICH DACHTE, ICH BRAUCHE HILFE JENSEITS VON FREUNDEN UND FAMILIE.
KLINGT KOMISCH, ABER ICH HATTE ANGST IHRE GÜTE „AUFZUBRAUCHEN".
NICHT, DASS ES EINE GRENZE DAFÜR GÄBE ... ICH SEHE JEDEN TAG LEUTE, DIE DAS BEWEISEN.
RANEEM! WAS IST DAS TAGESMENÜ?
NUR DAS BESTE FÜR DICH UND LUCILE.
LEUTE, DIE GEBEN, OHNE JEMALS EINE GEGENLEISTUNG ZU ERWARTEN.
KÄSE, DIREKT VOM GRILL GENOMMEN ...
DU HAST GEWUSST, DASS DAS LUCILES LIEBLINGSESSEN IST, NICHT WAHR?
ARF!
KÖNNTE SEIN.
DIE DENEN HELFEN, DIE DURCHS RASTER GEFALLEN SIND.
ICH MUSS WEITER. PASST AUF EUCH AUF, JA?
WIE IMMER.
EIN GUTES KIND, NICHT?
ARF!!

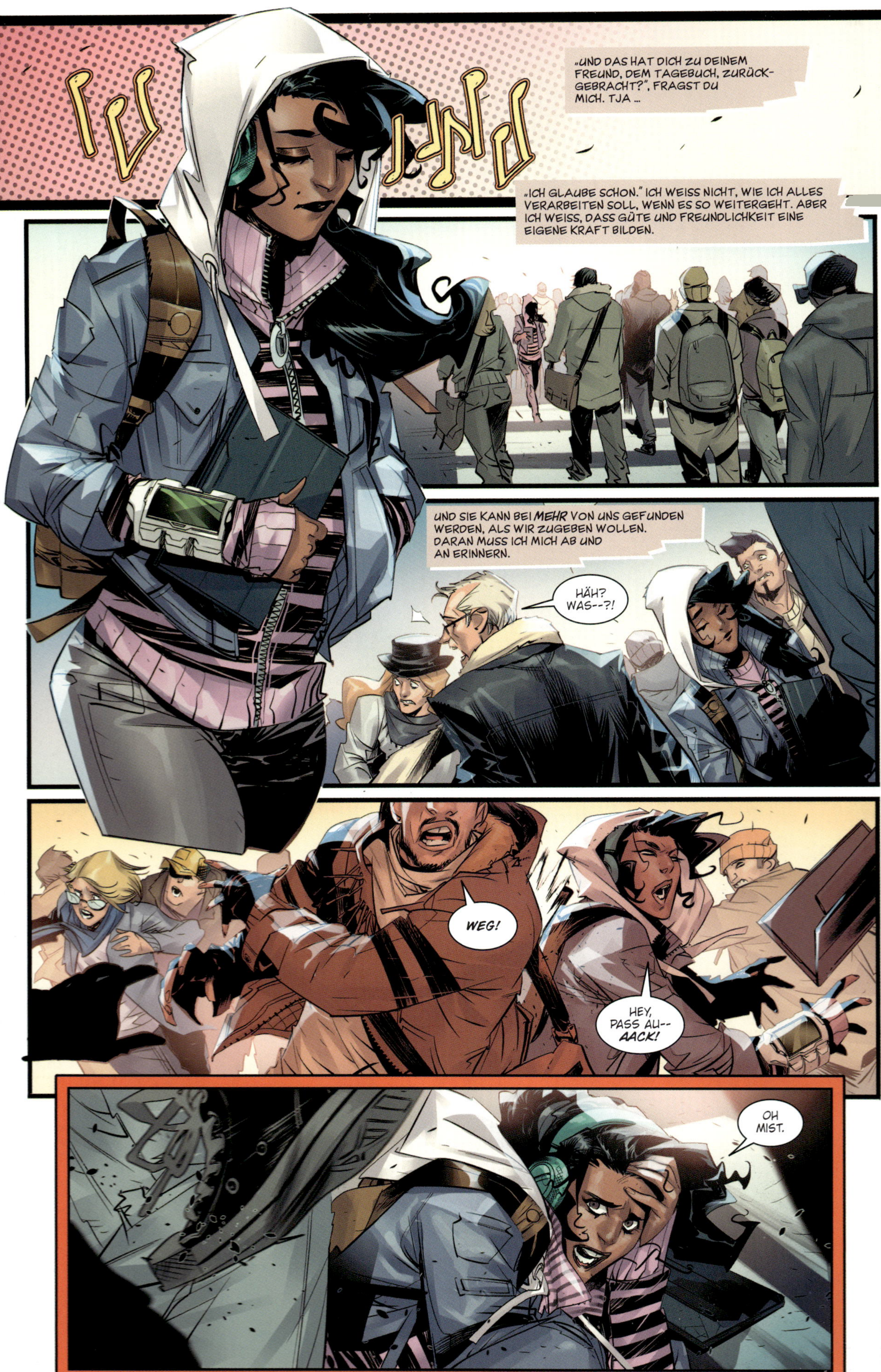
„UND DAS HAT DICH ZU DEINEM FREUND, DEM TAGEBUCH, ZURÜCK-GEBRACHT?", FRAGST DU MICH. TJA …
„ICH GLAUBE SCHON." ICH WEISS NICHT, WIE ICH ALLES VERARBEITEN SOLL, WENN ES SO WEITERGEHT. ABER ICH WEISS, DASS GÜTE UND FREUNDLICHKEIT EINE EIGENE KRAFT BILDEN.
UND SIE KANN BEI MEHR VON UNS GEFUNDEN WERDEN, ALS WIR ZUGEBEN WOLLEN. DARAN MUSS ICH MICH AB UND AN ERINNERN.
HÄH? WAS--?!
WEG!
HEY, PASS AU-- AACK!
OH MIST.

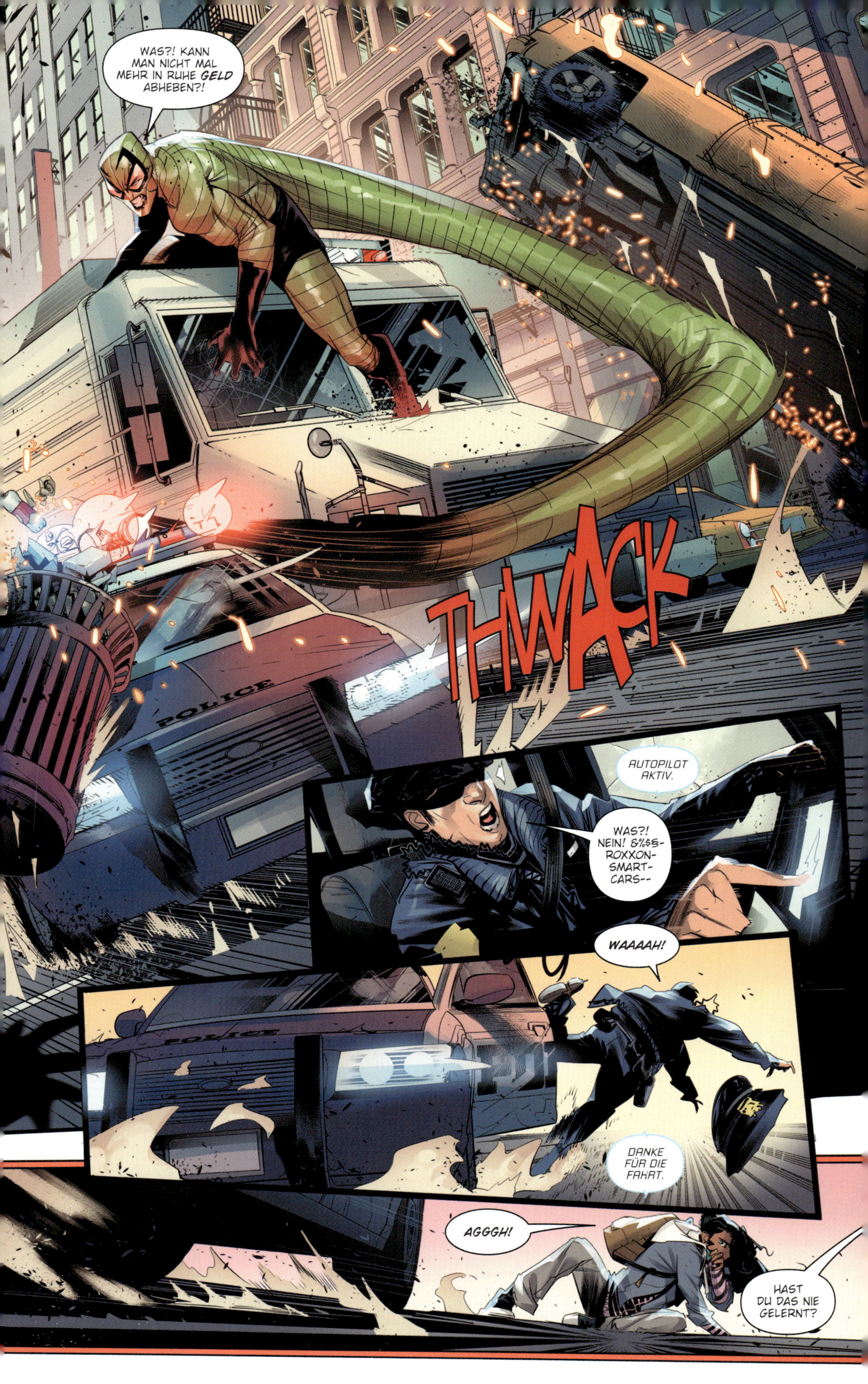
WAS?! KANN MAN NICHT MAL MEHR IN RUHE GELD ABHEBEN?!
THWACK
POLICE
AUTOPILOT AKTIV.
WAS?! NEIN! &%$§- ROXXON-SMART-CARS--
WAAAAH!
POLICE
DANKE FÜR DIE FAHRT.
AGGGH!
HAST DU DAS NIE GELERNT?

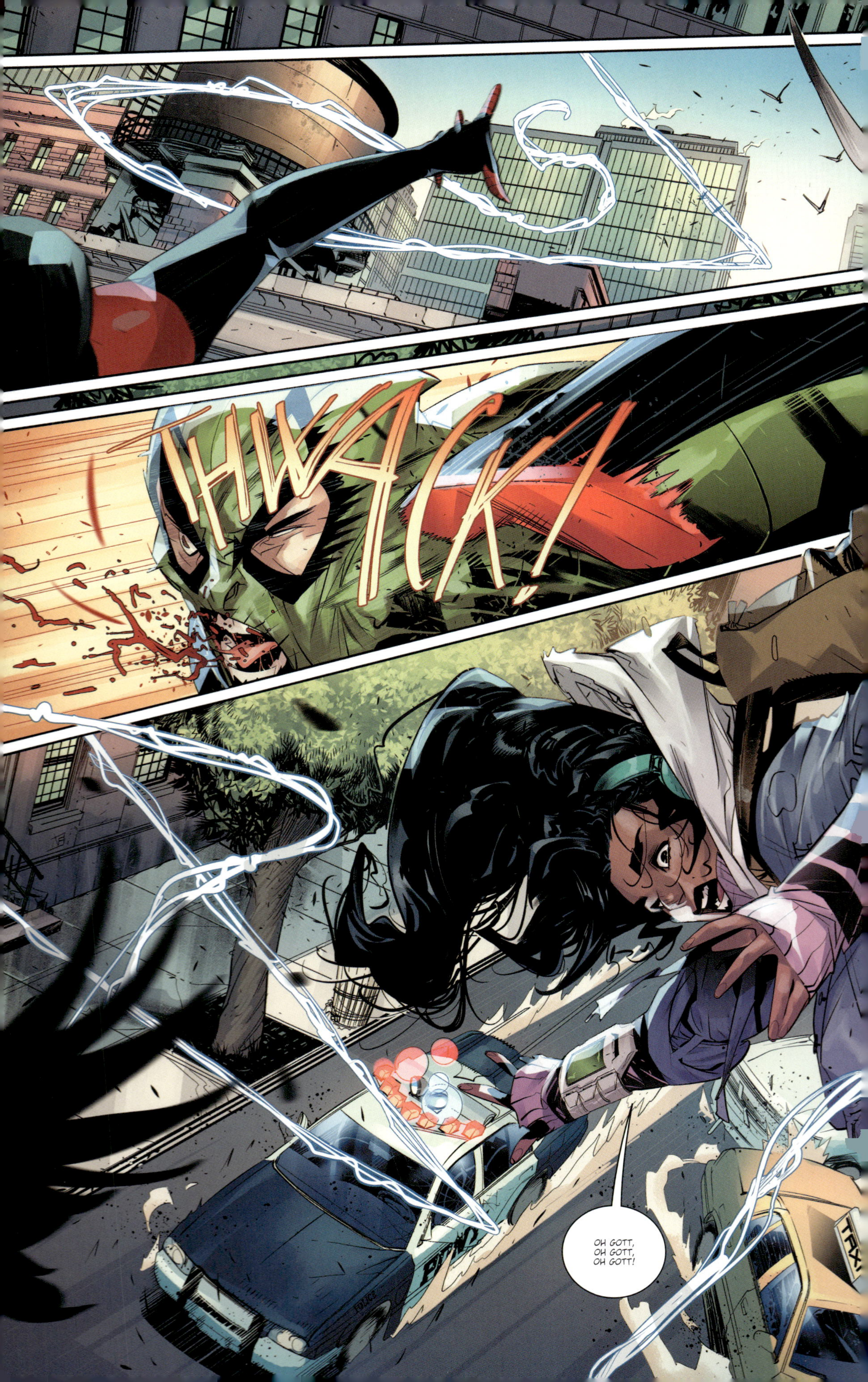
THWACK!
OH GOTT,
OH GOTT,
OH GOTT!
TAXI

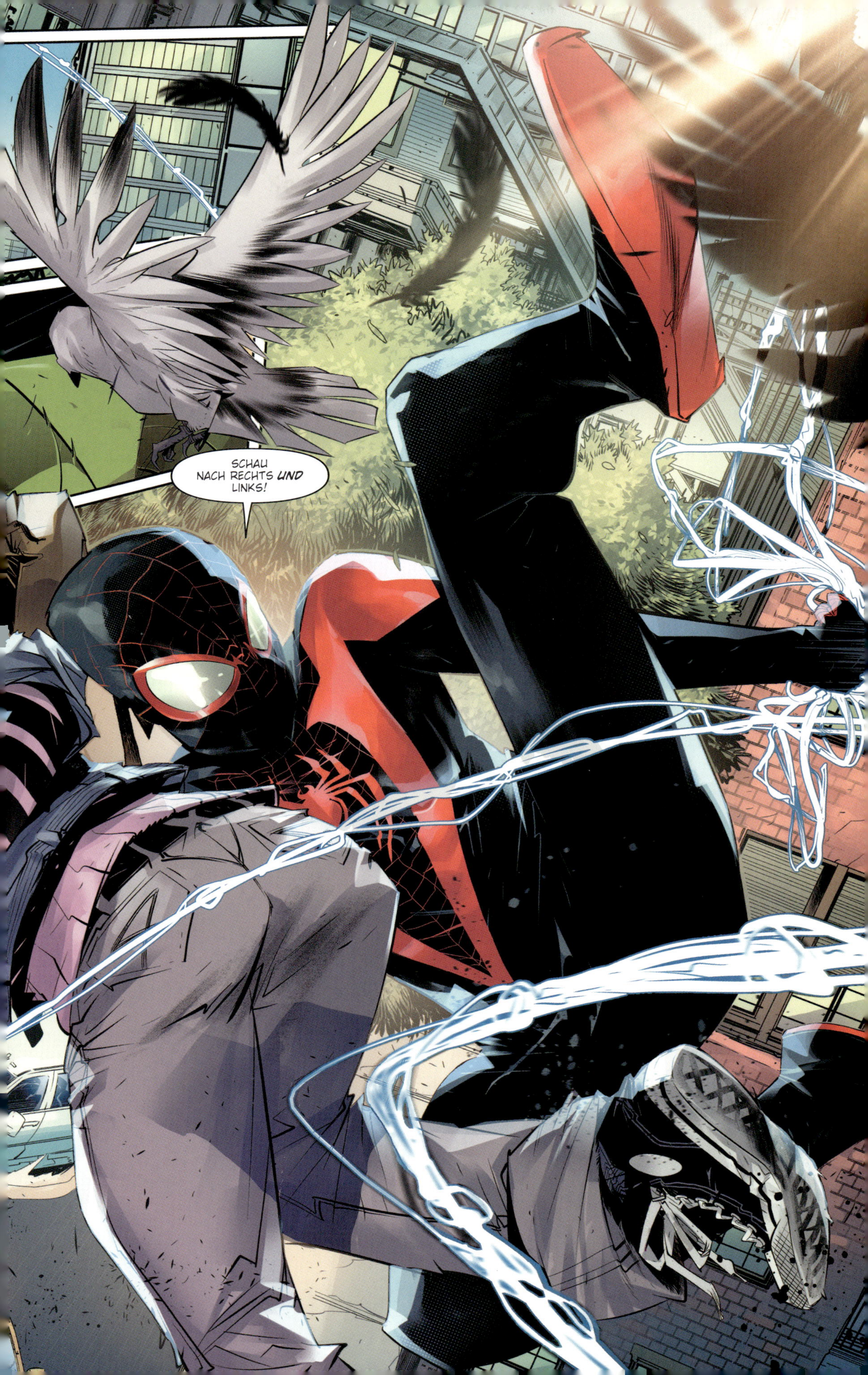
SCHAU NACH RECHTS *UND* LINKS!

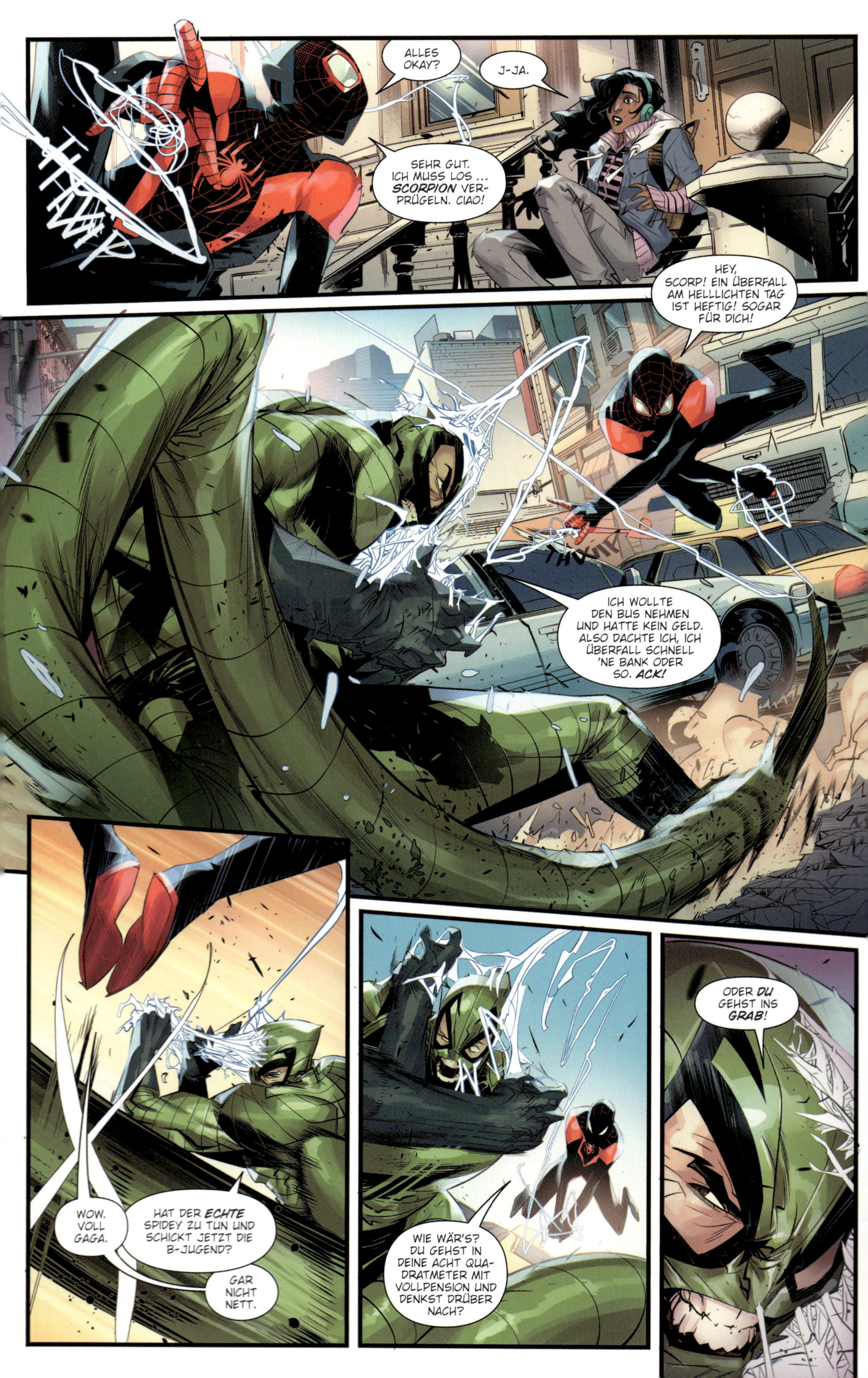
THWIP
ALLES OKAY?
J-JA.
SEHR GUT. ICH MUSS LOS ... SCORPION VERPRÜGELN. CIAO!
HEY, SCORP! EIN ÜBERFALL AM HELLLICHTEN TAG IST HEFTIG! SOGAR FÜR DICH!
ICH WOLLTE DEN BUS NEHMEN UND HATTE KEIN GELD. ALSO DACHTE ICH, ICH ÜBERFALL SCHNELL 'NE BANK ODER SO. ACK!
WOW. VOLL GAGA.
HAT DER ECHTE SPIDEY ZU TUN UND SCHICKT JETZT DIE B-JUGEND?
GAR NICHT NETT.
WIE WÄR'S? DU GEHST IN DEINE ACHT QUADRATMETER MIT VOLLPENSION UND DENKST DRÜBER NACH?
ODER DU GEHST INS GRAB!

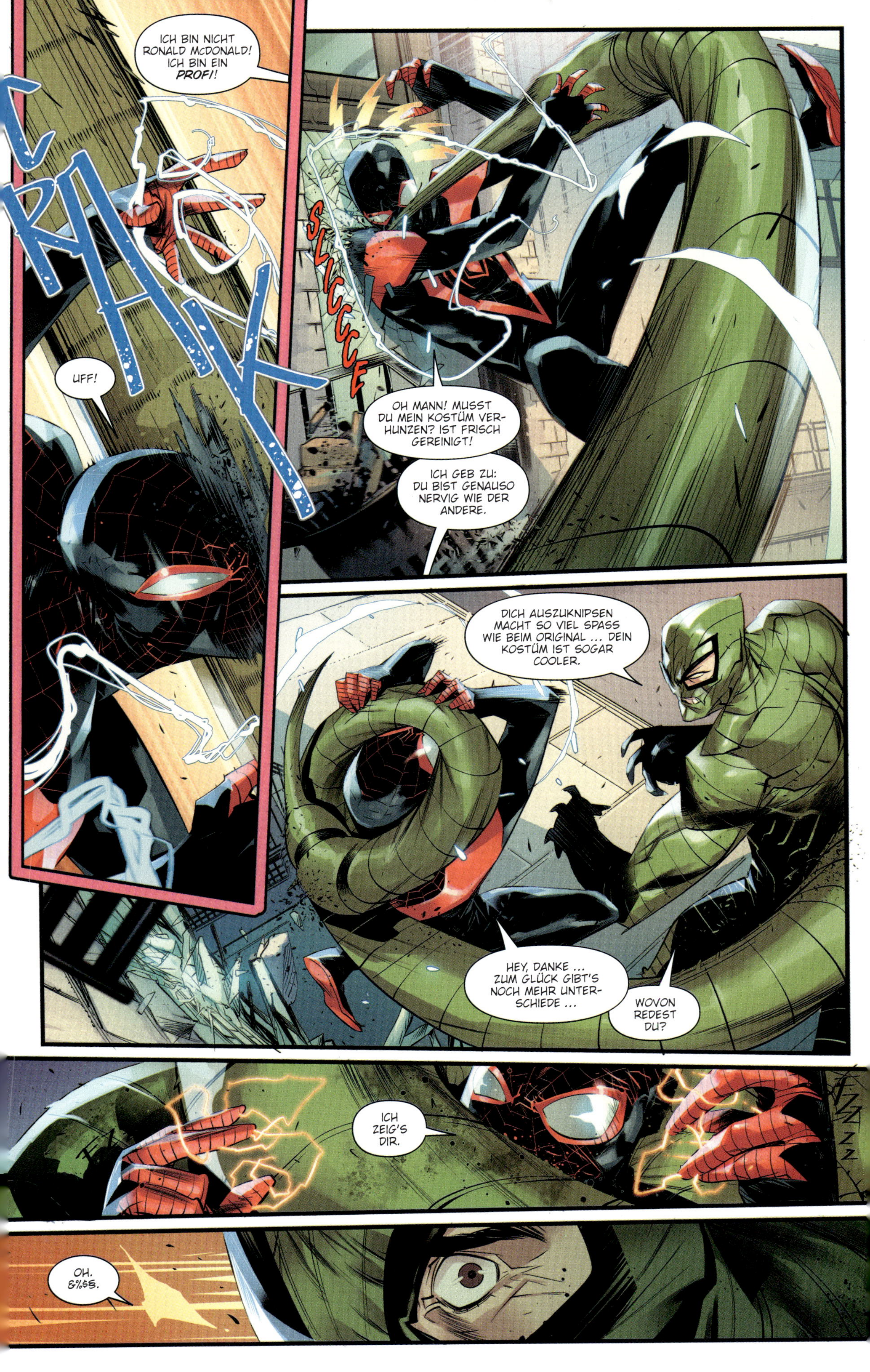
ICH BIN NICHT RONALD McDONALD! ICH BIN EIN *PROFI*!
CRAAK
SLICCCCE
UFF!
OH MANN! MUSST DU MEIN KOSTÜM VERHUNZEN? IST FRISCH GEREINIGT!
ICH GEB ZU: DU BIST GENAUSO NERVIG WIE DER ANDERE.
DICH AUSZUKNIPSEN MACHT SO VIEL SPASS WIE BEIM ORIGINAL ... DEIN KOSTÜM IST SOGAR COOLER.
HEY, DANKE ... ZUM GLÜCK GIBT'S NOCH MEHR UNTERSCHIEDE ...
WOVON REDEST DU?
ICH ZEIG'S DIR.
OH. &%$§.

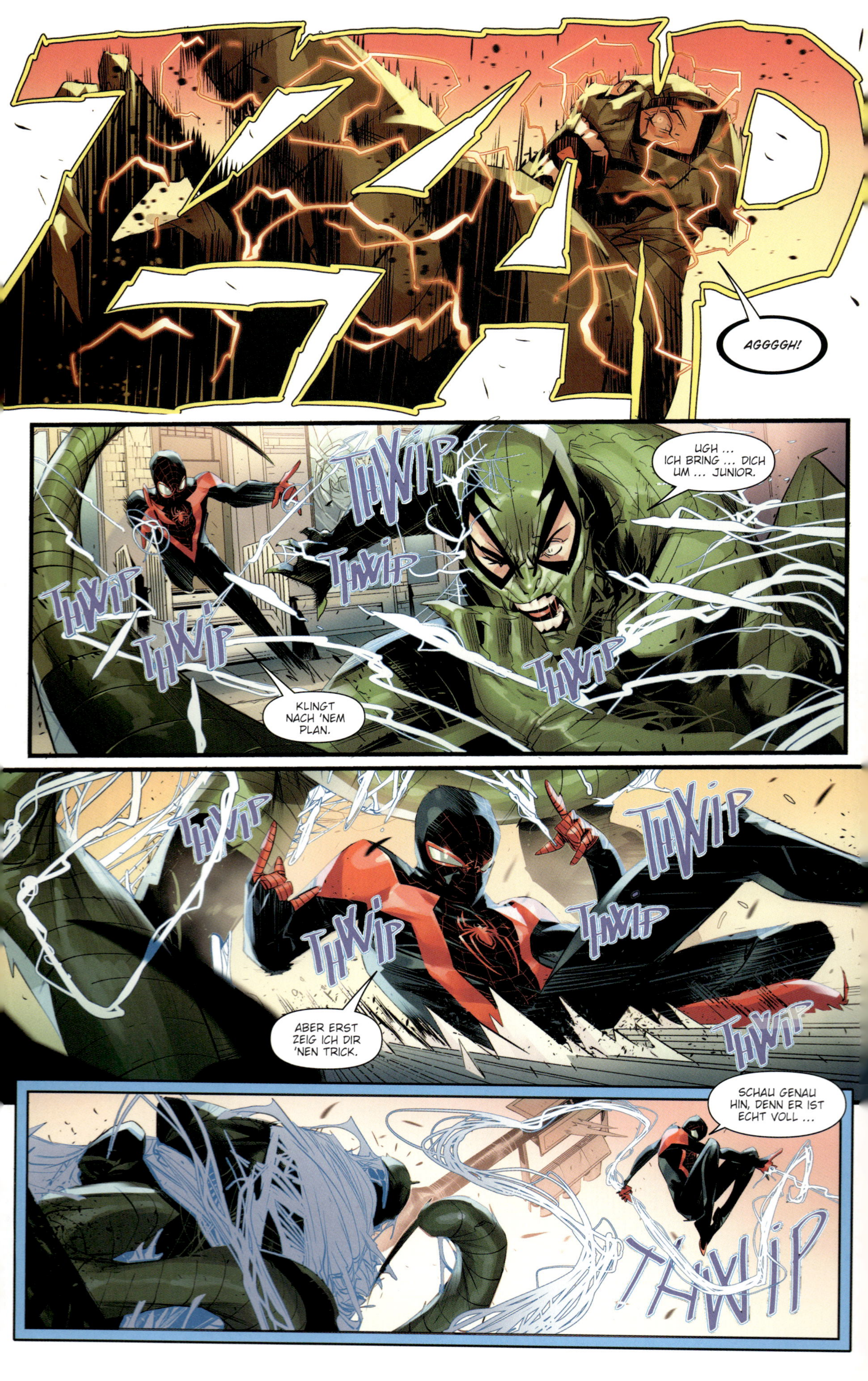

ZZZAP
AGGGGH!
THWIP
UGH ... ICH BRING ... DICH UM ... JUNIOR.
THWIP
THWIP
THWIP
THWIP
KLINGT NACH 'NEM PLAN.
THWIP
THWIP
THWIP
THWIP
ABER ERST ZEIG ICH DIR 'NEN TRICK.
THWIP
SCHAU GENAU HIN, DENN ER IST ECHT VOLL ...
THWIP

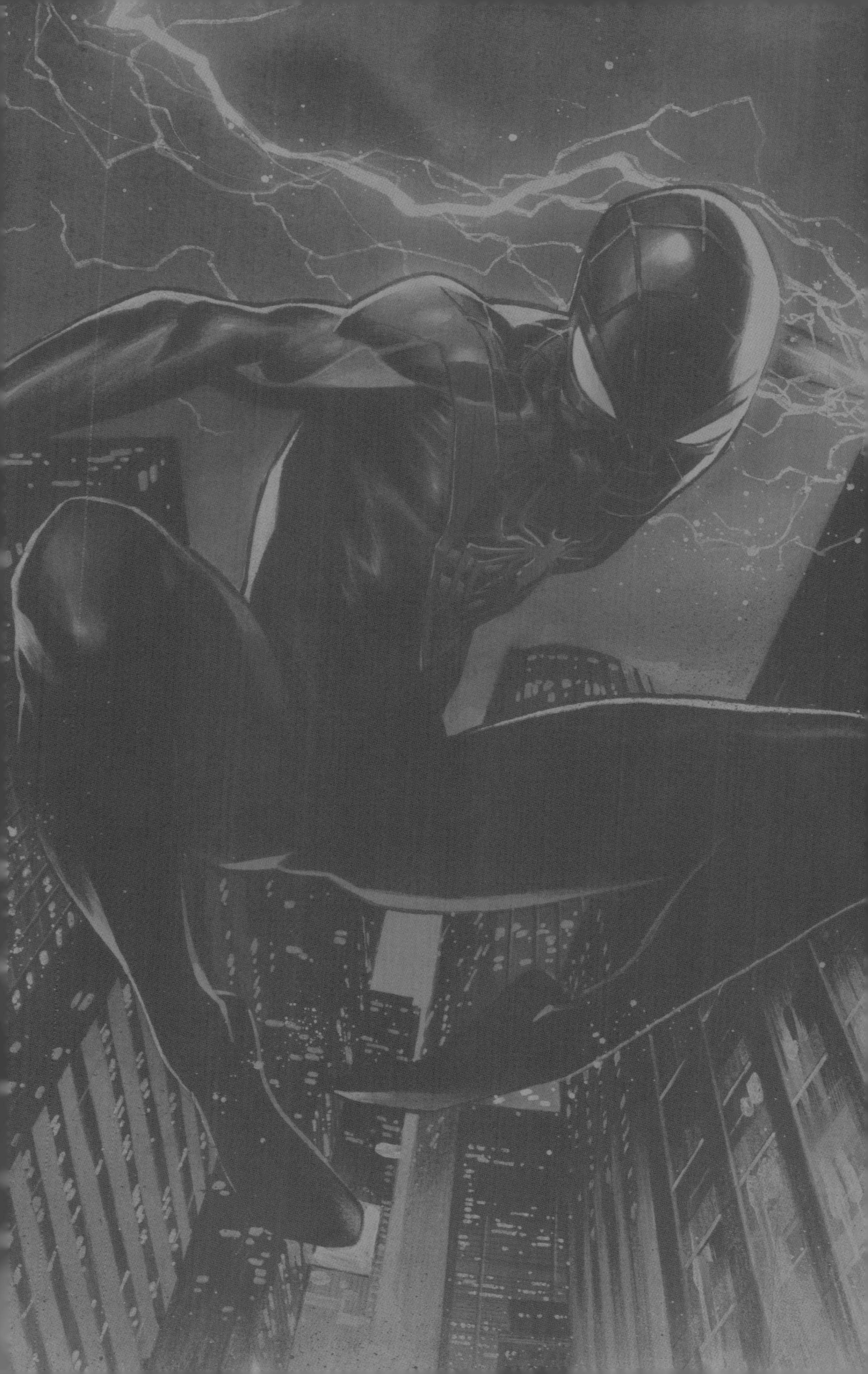

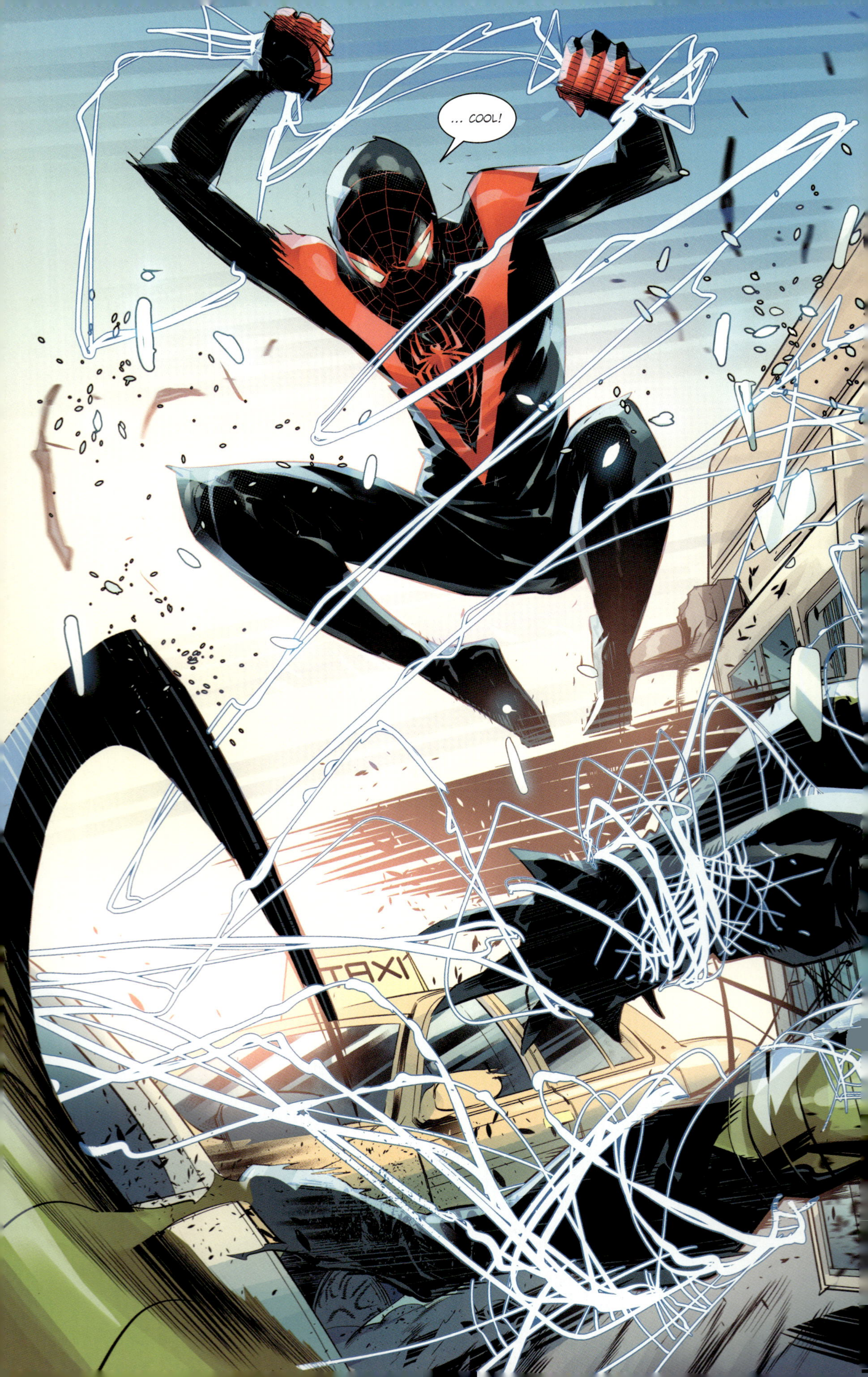
... COOL!
TAXI

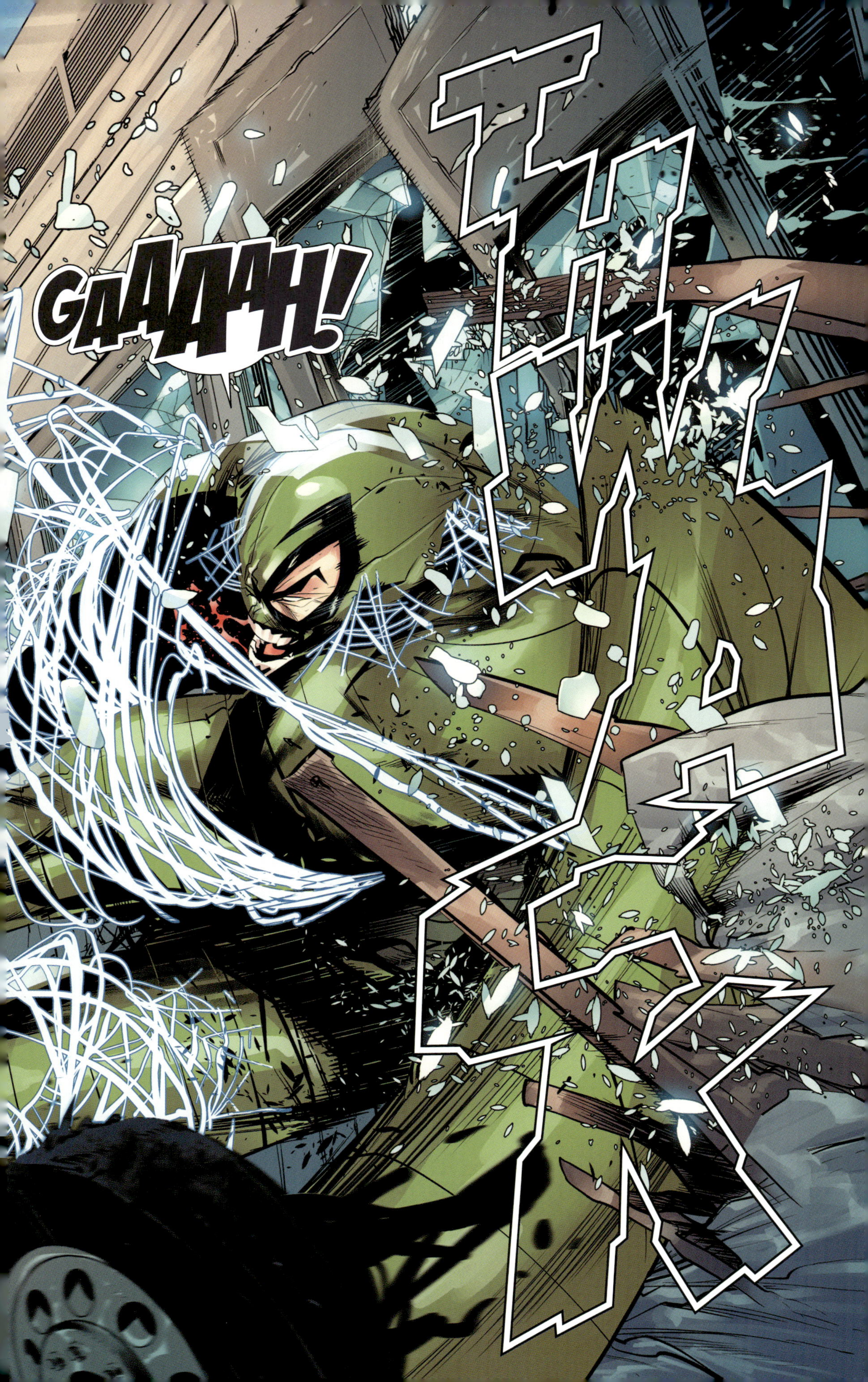
GAAAAH!
THWACK

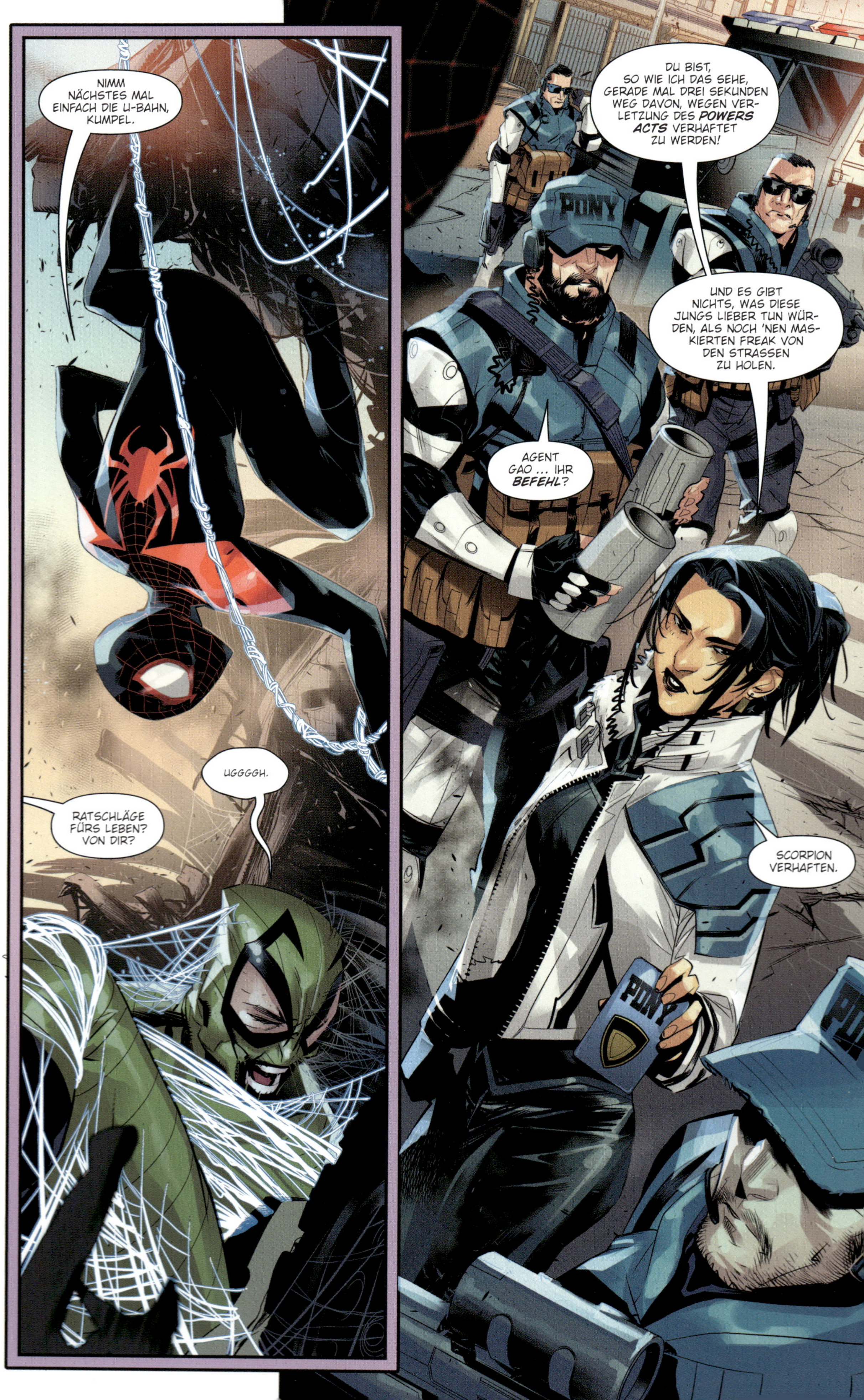
NIMM NÄCHSTES MAL EINFACH DIE U-BAHN, KUMPEL.
UGGGGH.
RATSCHLÄGE FÜRS LEBEN? VON DIR?
DU BIST, SO WIE ICH DAS SEHE, GERADE MAL DREI SEKUNDEN WEG DAVON, WEGEN VERLETZUNG DES POWERS ACTS VERHAFTET ZU WERDEN!
UND ES GIBT NICHTS, WAS DIESE JUNGS LIEBER TUN WÜRDEN, ALS NOCH 'NEN MASKIERTEN FREAK VON DEN STRASSEN ZU HOLEN.
AGENT GAO ... IHR BEFEHL?
SCORPION VERHAFTEN.
PONY

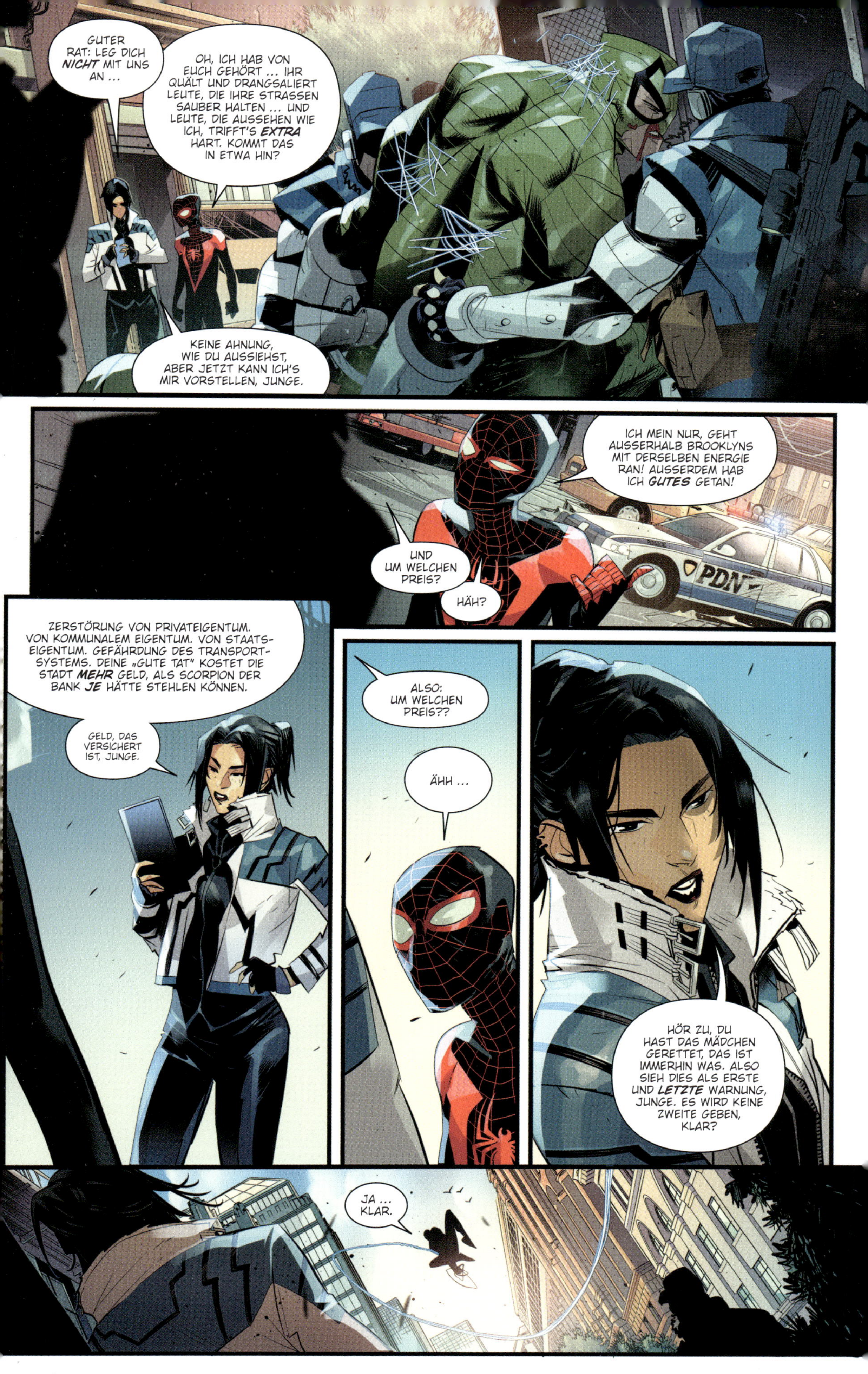
GUTER RAT: LEG DICH NICHT MIT UNS AN …
OH, ICH HAB VON EUCH GEHÖRT … IHR QUÄLT UND DRANGSALIERT LEUTE, DIE IHRE STRASSEN SAUBER HALTEN … UND LEUTE, DIE AUSSEHEN WIE ICH, TRIFFT'S EXTRA HART. KOMMT DAS IN ETWA HIN?
KEINE AHNUNG, WIE DU AUSSIEHST, ABER JETZT KANN ICH'S MIR VORSTELLEN, JUNGE.
ICH MEIN NUR, GEHT AUSSERHALB BROOKLYNS MIT DERSELBEN ENERGIE RAN! AUSSERDEM HAB ICH GUTES GETAN!
UND UM WELCHEN PREIS?
HÄH?
PDNY
ZERSTÖRUNG VON PRIVATEIGENTUM. VON KOMMUNALEM EIGENTUM. VON STAATSEIGENTUM. GEFÄHRDUNG DES TRANSPORTSYSTEMS. DEINE „GUTE TAT" KOSTET DIE STADT MEHR GELD, ALS SCORPION DER BANK JE HÄTTE STEHLEN KÖNNEN.
GELD, DAS VERSICHERT IST, JUNGE.
ALSO: UM WELCHEN PREIS??
ÄHH …
HÖR ZU, DU HAST DAS MÄDCHEN GERETTET, DAS IST IMMERHIN WAS. ALSO SIEH DIES ALS ERSTE UND LETZTE WARNUNG, JUNGE. ES WIRD KEINE ZWEITE GEBEN, KLAR?
JA … KLAR.

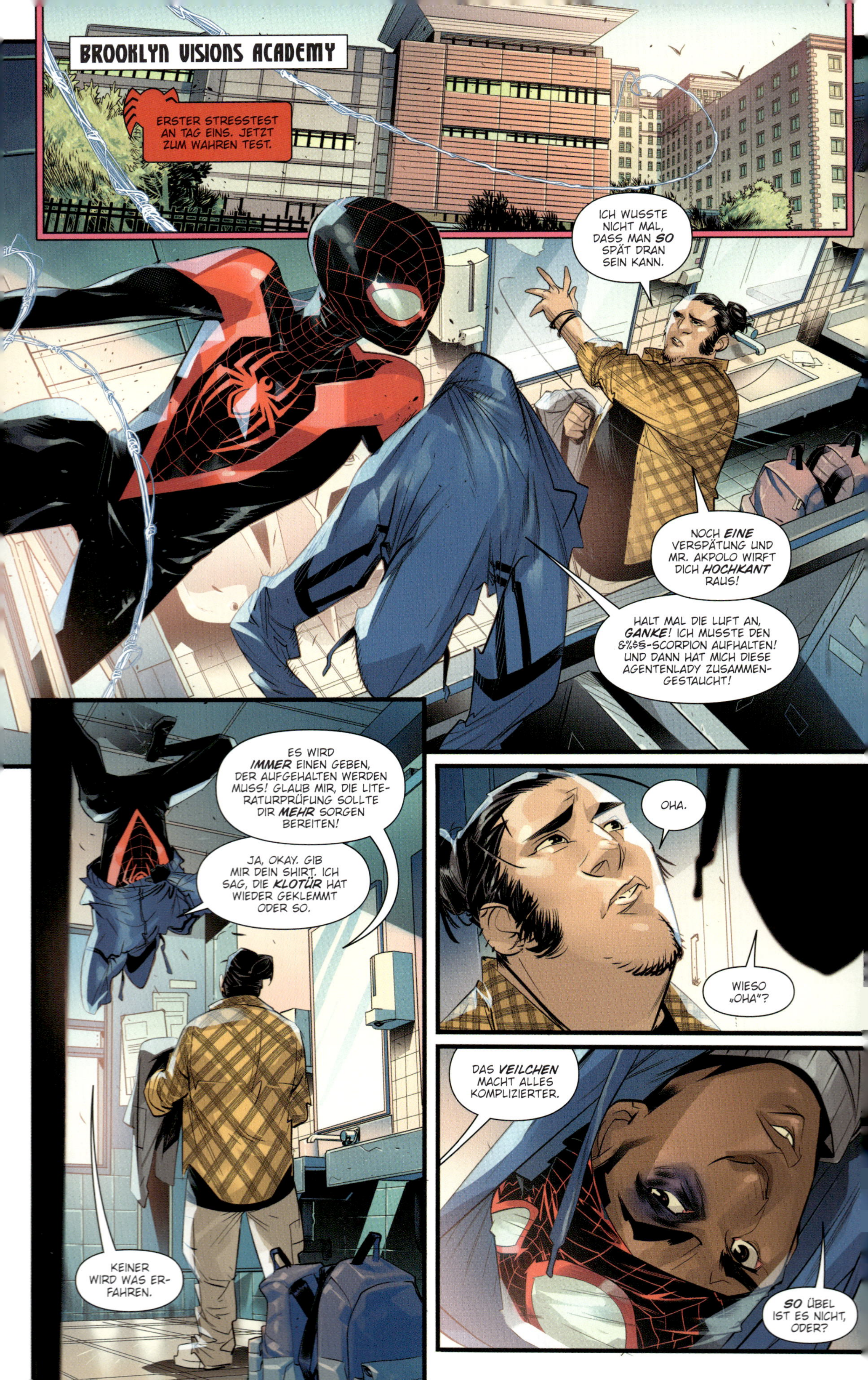
BROOKLYN VISIONS ACADEMY
ERSTER STRESSTEST AN TAG EINS. JETZT ZUM WAHREN TEST.
ICH WUSSTE NICHT MAL, DASS MAN **SO** SPÄT DRAN SEIN KANN.
NOCH **EINE** VERSPÄTUNG UND MR. AKPOLO WIRFT DICH **HOCHKANT** RAUS!
HALT MAL DIE LUFT AN, **GANKE**! ICH MUSSTE DEN &%$-SCORPION AUFHALTEN! UND DANN HAT MICH DIESE AGENTENLADY ZUSAMMEN-GESTAUCHT!
ES WIRD **IMMER** EINEN GEBEN, DER AUFGEHALTEN WERDEN MUSS! GLAUB MIR, DIE LITE-RATURPRÜFUNG SOLLTE DIR **MEHR** SORGEN BEREITEN!
JA, OKAY. GIB MIR DEIN SHIRT. ICH SAG, DIE **KLOTÜR** HAT WIEDER GEKLEMMT ODER SO.
KEINER WIRD WAS ER-FAHREN.
OHA.
WIESO „OHA"?
DAS **VEILCHEN** MACHT ALLES KOMPLIZIERTER.
SO ÜBEL IST ES NICHT, ODER?

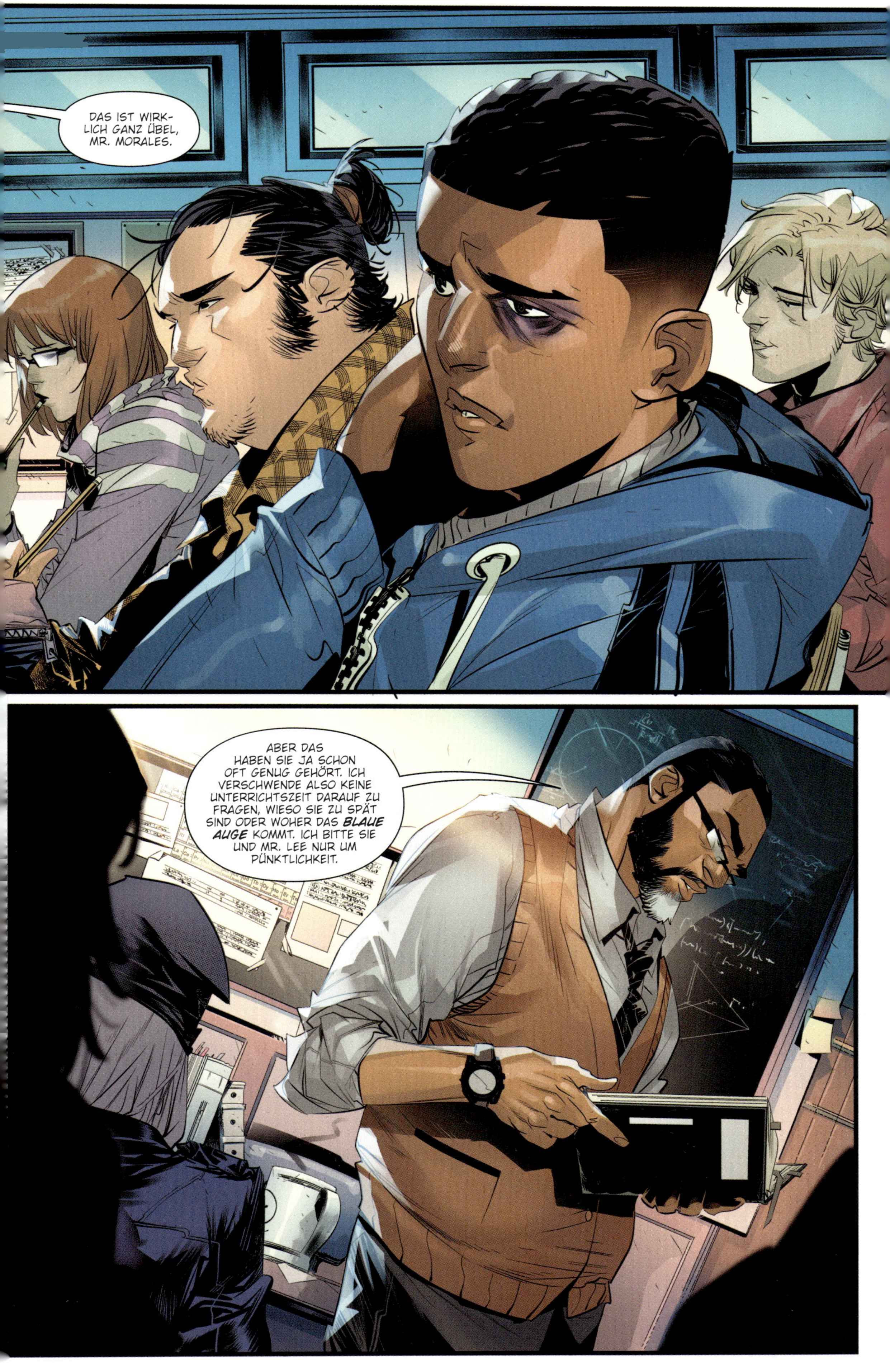

DAS IST WIRKLICH GANZ ÜBEL, MR. MORALES.
ABER DAS HABEN SIE JA SCHON OFT GENUG GEHÖRT. ICH VERSCHWENDE ALSO KEINE UNTERRICHTSZEIT DARAUF ZU FRAGEN, WIESO SIE ZU SPÄT SIND ODER WOHER DAS ***BLAUE AUGE*** KOMMT. ICH BITTE SIE UND MR. LEE NUR UM PÜNKTLICHKEIT.

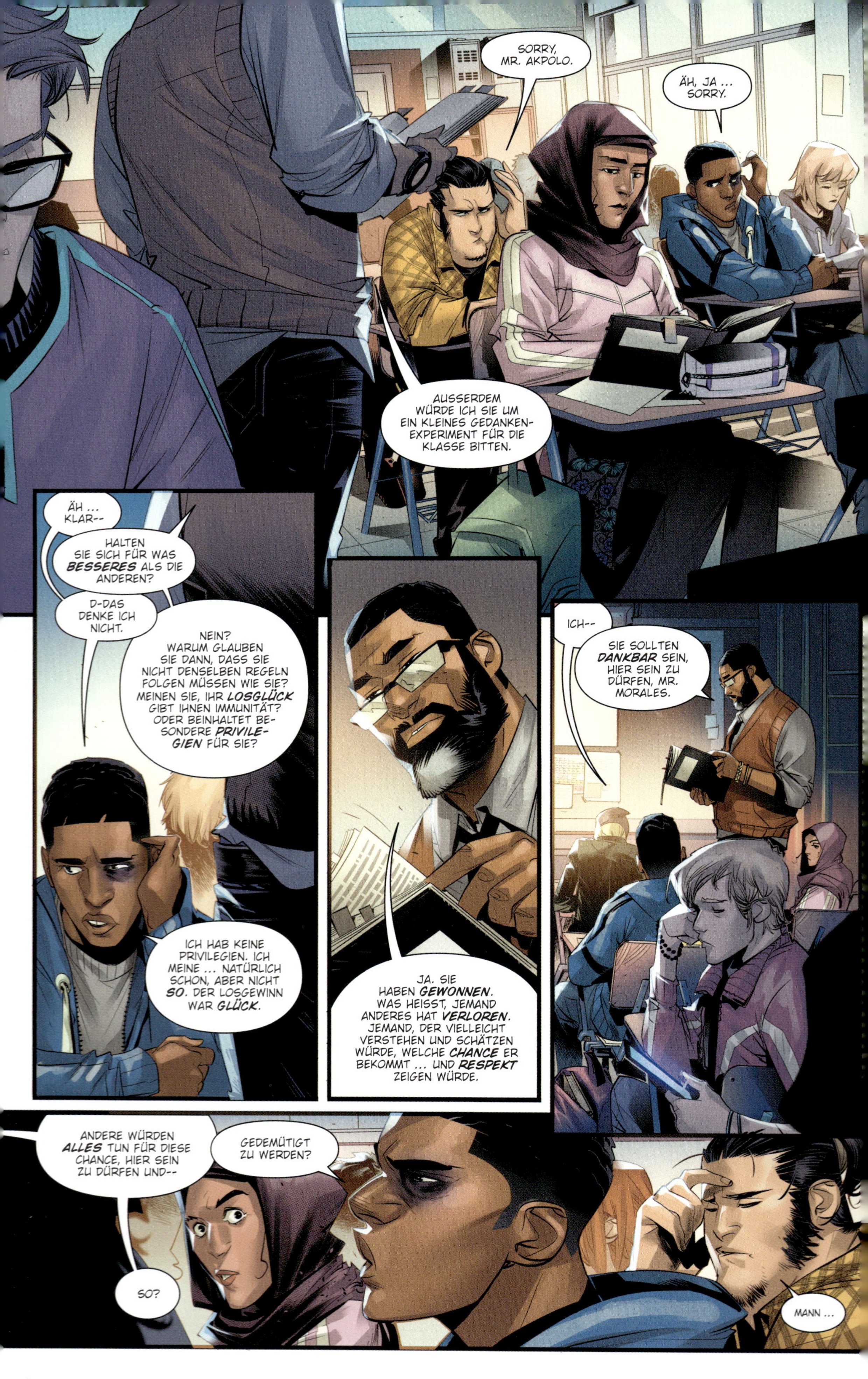
SORRY, MR. AKPOLO.
ÄH, JA ... SORRY.
AUSSERDEM WÜRDE ICH SIE UM EIN KLEINES GEDANKEN-EXPERIMENT FÜR DIE KLASSE BITTEN.
ÄH ... KLAR--
HALTEN SIE SICH FÜR WAS BESSERES ALS DIE ANDEREN?
D-DAS DENKE ICH NICHT.
NEIN? WARUM GLAUBEN SIE DANN, DASS SIE NICHT DENSELBEN REGELN FOLGEN MÜSSEN WIE SIE? MEINEN SIE, IHR LOSGLÜCK GIBT IHNEN IMMUNITÄT? ODER BEINHALTET BE-SONDERE PRIVILE-GIEN FÜR SIE?
ICH HAB KEINE PRIVILEGIEN. ICH MEINE ... NATÜRLICH SCHON, ABER NICHT SO. DER LOSGEWINN WAR GLÜCK.
JA. SIE HABEN GEWONNEN. WAS HEISST, JEMAND ANDERES HAT VERLOREN. JEMAND, DER VIELLEICHT VERSTEHEN UND SCHÄTZEN WÜRDE, WELCHE CHANCE ER BEKOMMT ... UND RESPEKT ZEIGEN WÜRDE.
ICH--
SIE SOLLTEN DANKBAR SEIN, HIER SEIN ZU DÜRFEN, MR. MORALES.
ANDERE WÜRDEN ALLES TUN FÜR DIESE CHANCE, HIER SEIN ZU DÜRFEN UND--
GEDEMÜTIGT ZU WERDEN?
SO?
MANN ...

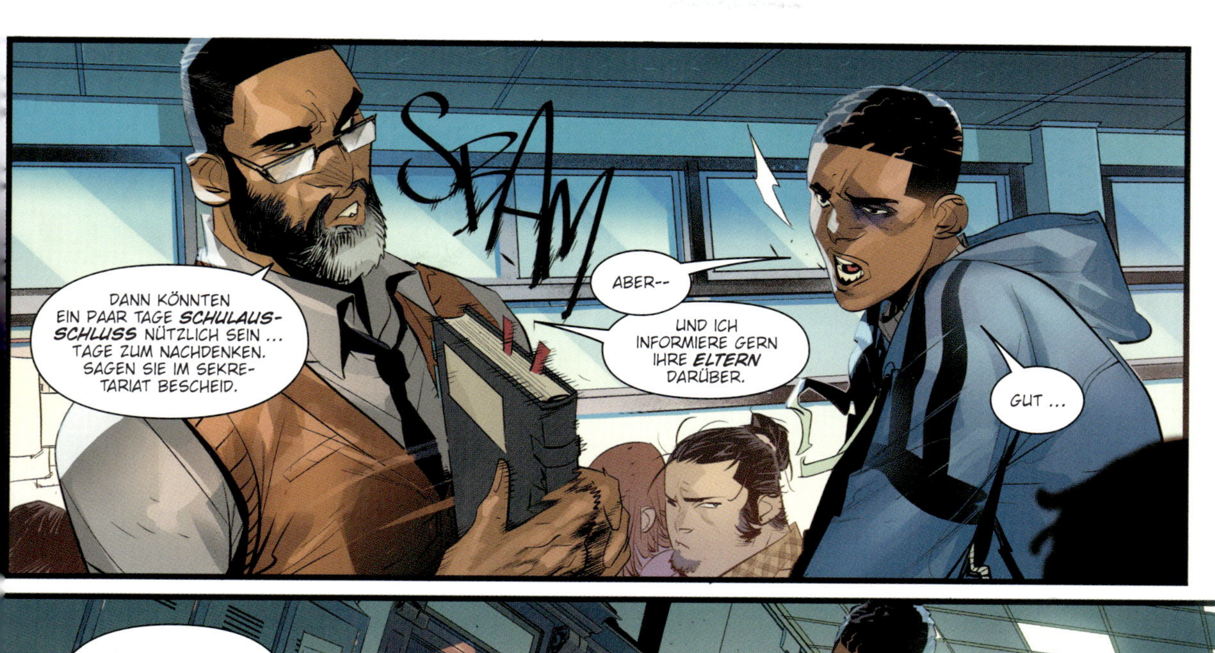

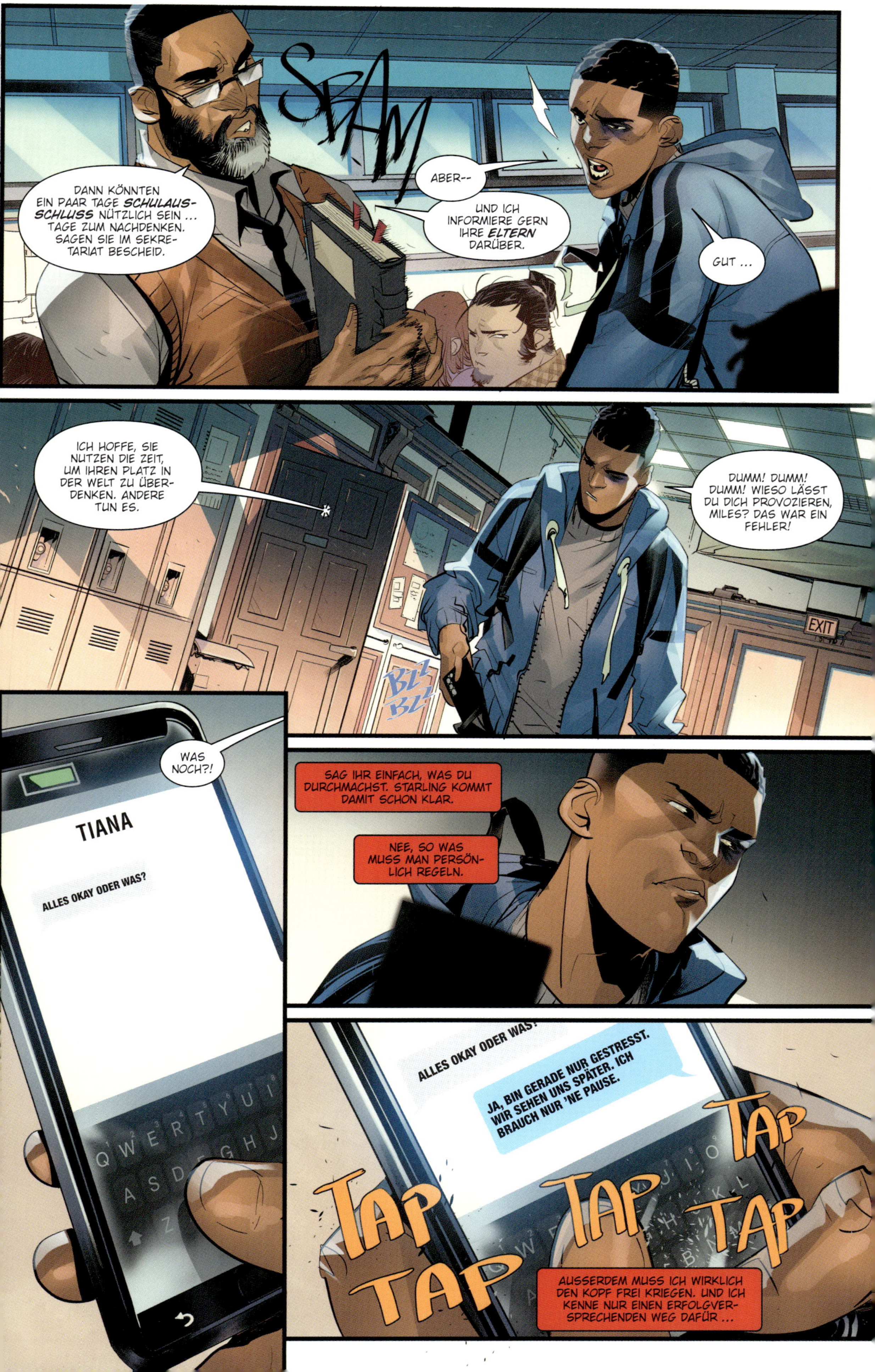

ICH HOFFE, SIE NUTZEN DIE ZEIT, UM IHREN PLATZ IN DER WELT ZU ÜBER-DENKEN. ANDERE TUN ES.

DUMM! DUMM! DUMM! WIESO LÄSST DU DICH PROVOZIEREN, MILES? DAS WAR EIN FEHLER!

EXIT

BZZ BZZ

WAS NOCH?!

TIANA

ALLES OKAY ODER WAS?

SAG IHR EINFACH, WAS DU DURCHMACHST. STARLING KOMMT DAMIT SCHON KLAR.

NEE, SO WAS MUSS MAN PERSÖN-LICH REGELN.

ALLES OKAY ODER WAS?

JA, BIN GERADE NUR GESTRESST. WIR SEHEN UNS SPÄTER. ICH BRAUCH NUR 'NE PAUSE.

TAP TAP TAP TAP TAP

AUSSERDEM MUSS ICH WIRKLICH DEN KOPF FREI KRIEGEN. UND ICH KENNE NUR EINEN ERFOLGVER-SPRECHENDEN WEG DAFÜR ...

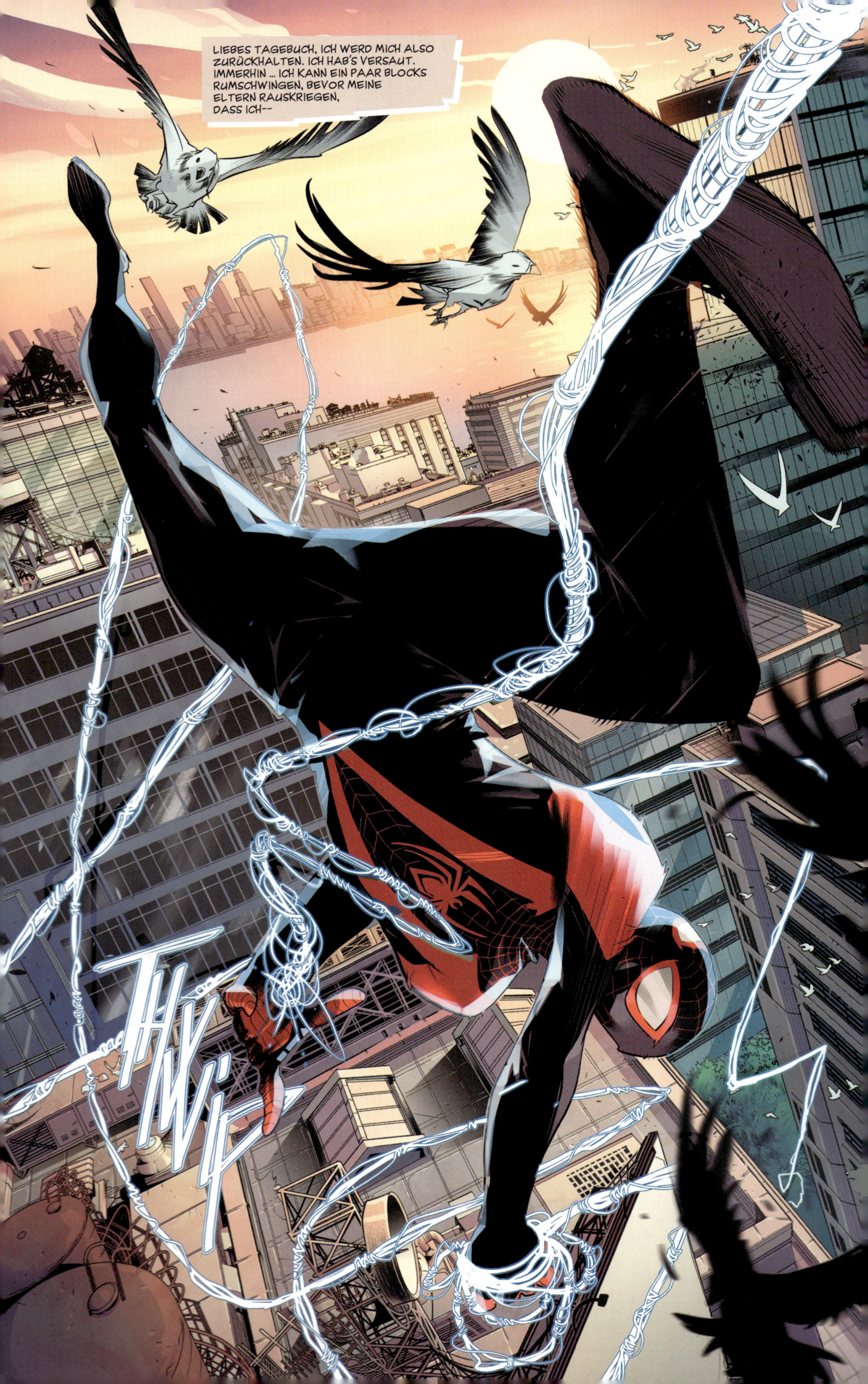
LIEBES TAGEBUCH, ICH WERD MICH ALSO ZURÜCKHALTEN. ICH HAB'S VERSAUT. IMMERHIN ... ICH KANN EIN PAAR BLOCKS RUMSCHWINGEN, BEVOR MEINE ELTERN RAUSKRIEGEN, DASS ICH--
THWIP

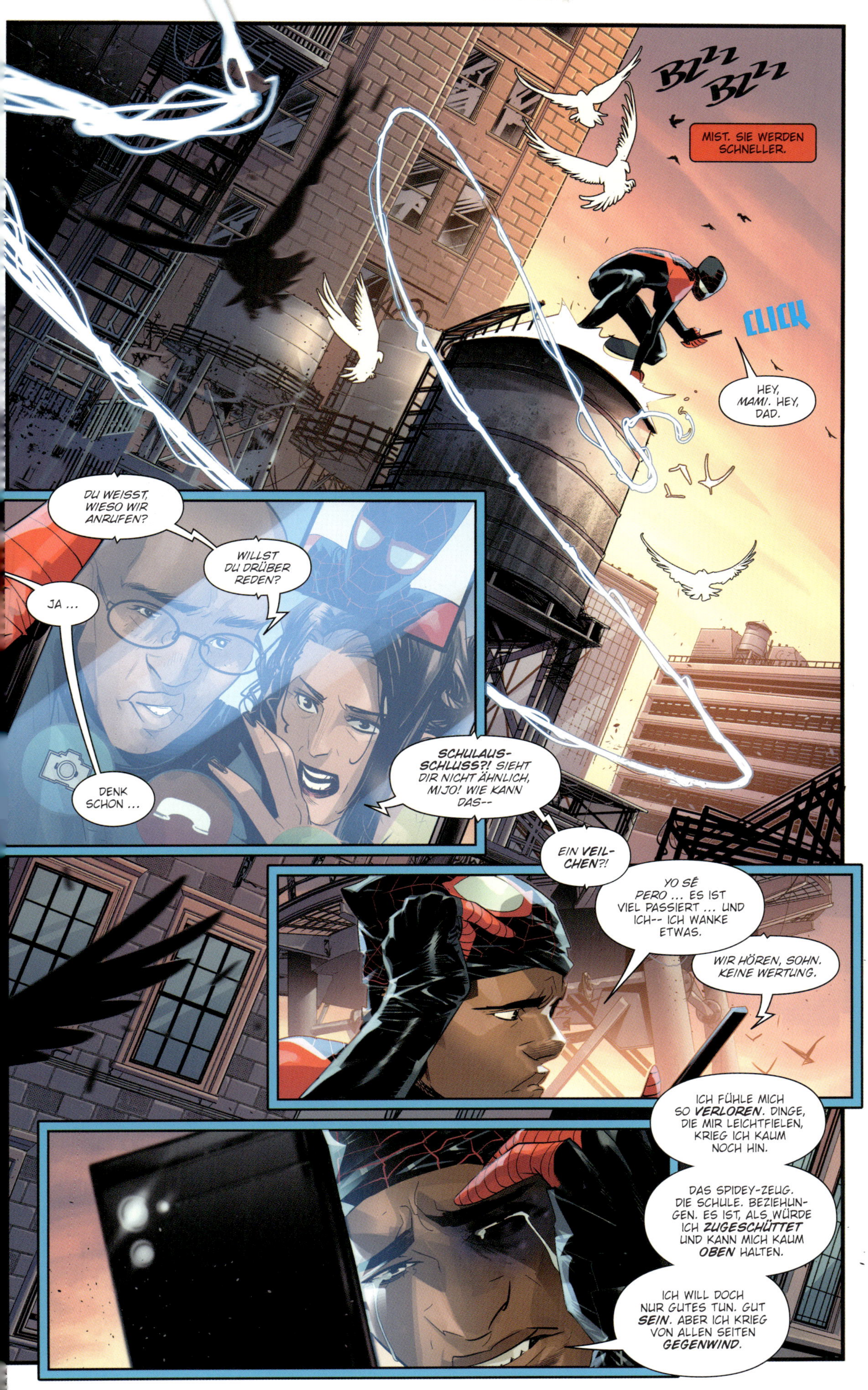BZZZ BZZZ
MIST. SIE WERDEN SCHNELLER.
CLICK
HEY, MAMI. HEY, DAD.
DU WEISST, WIESO WIR ANRUFEN?
WILLST DU DRÜBER REDEN?
JA ...
DENK SCHON ...
SCHULAUS-SCHLUSS?! SIEHT DIR NICHT ÄHNLICH, MIJO! WIE KANN DAS--
EIN VEIL-CHEN?!
YO SÉ PERO ... ES IST VIEL PASSIERT ... UND ICH-- ICH WANKE ETWAS.
WIR HÖREN, SOHN. KEINE WERTUNG.
ICH FÜHLE MICH SO VERLOREN. DINGE, DIE MIR LEICHTFIELEN, KRIEG ICH KAUM NOCH HIN.
DAS SPIDEY-ZEUG. DIE SCHULE. BEZIEHUN-GEN. ES IST, ALS WÜRDE ICH ZUGESCHÜTTET UND KANN MICH KAUM OBEN HALTEN.
ICH WILL DOCH NUR GUTES TUN. GUT SEIN. ABER ICH KRIEG VON ALLEN SEITEN GEGENWIND.

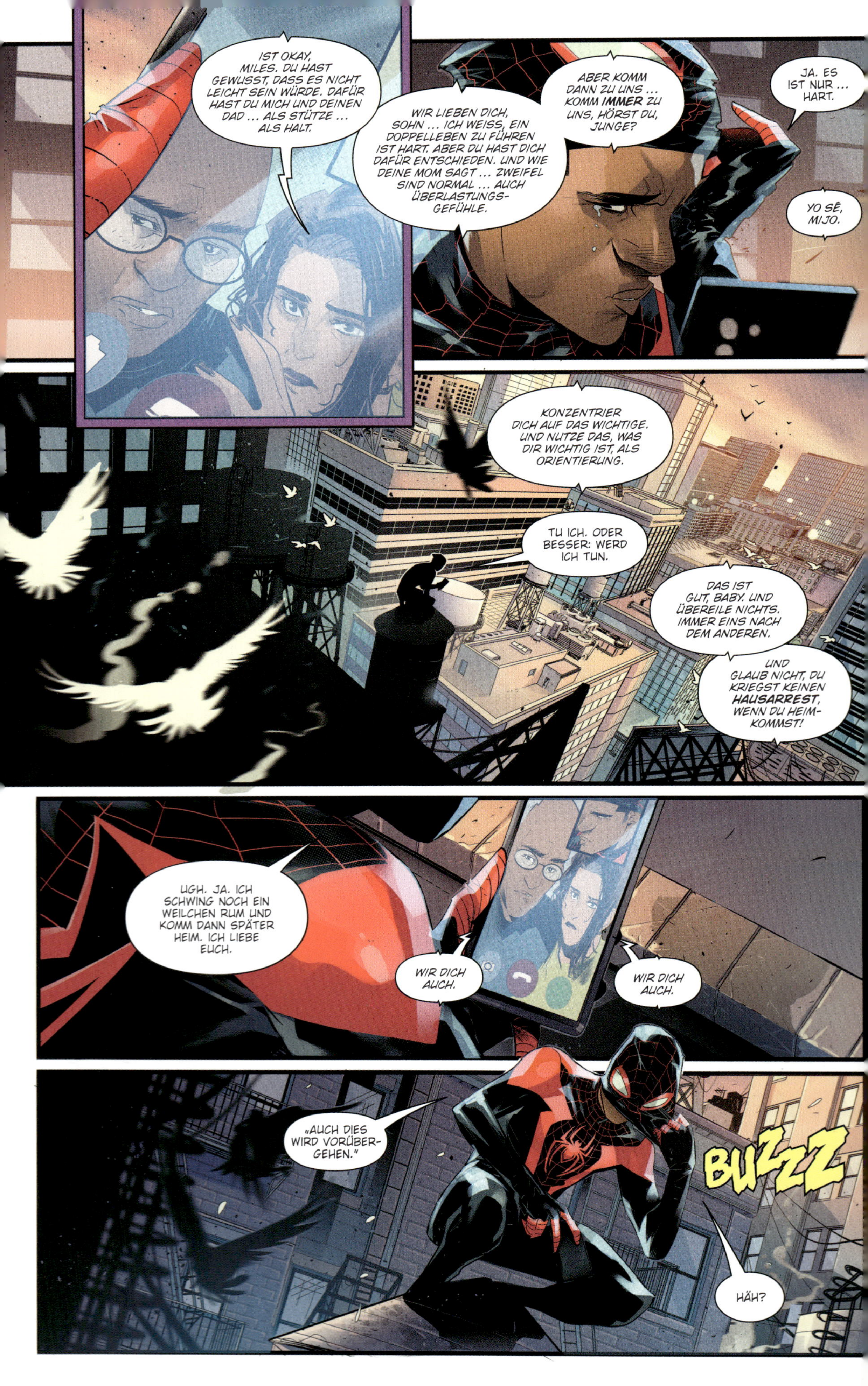

IST OKAY, MILES. DU HAST GEWUSST, DASS ES NICHT LEICHT SEIN WÜRDE. DAFÜR HAST DU MICH UND DEINEN DAD ... ALS STÜTZE ... ALS HALT.
WIR LIEBEN DICH, SOHN ... ICH WEISS, EIN DOPPELLEBEN ZU FÜHREN IST HART. ABER DU HAST DICH DAFÜR ENTSCHIEDEN. UND WIE DEINE MOM SAGT ... ZWEIFEL SIND NORMAL ... AUCH ÜBERLASTUNGS-GEFÜHLE.
ABER KOMM DANN ZU UNS ... KOMM **IMMER** ZU UNS, HÖRST DU, JUNGE?
JA. ES IST NUR ... HART.
YO SÉ, MIJO.
KONZENTRIER DICH AUF DAS WICHTIGE. UND NUTZE DAS, WAS DIR WICHTIG IST, ALS ORIENTIERUNG.
TU ICH. ODER BESSER: WERD ICH TUN.
DAS IST GUT, BABY. UND ÜBEREILE NICHTS. IMMER EINS NACH DEM ANDEREN.
UND GLAUB NICHT, DU KRIEGST KEINEN **HAUSARREST**, WENN DU HEIM-KOMMST!

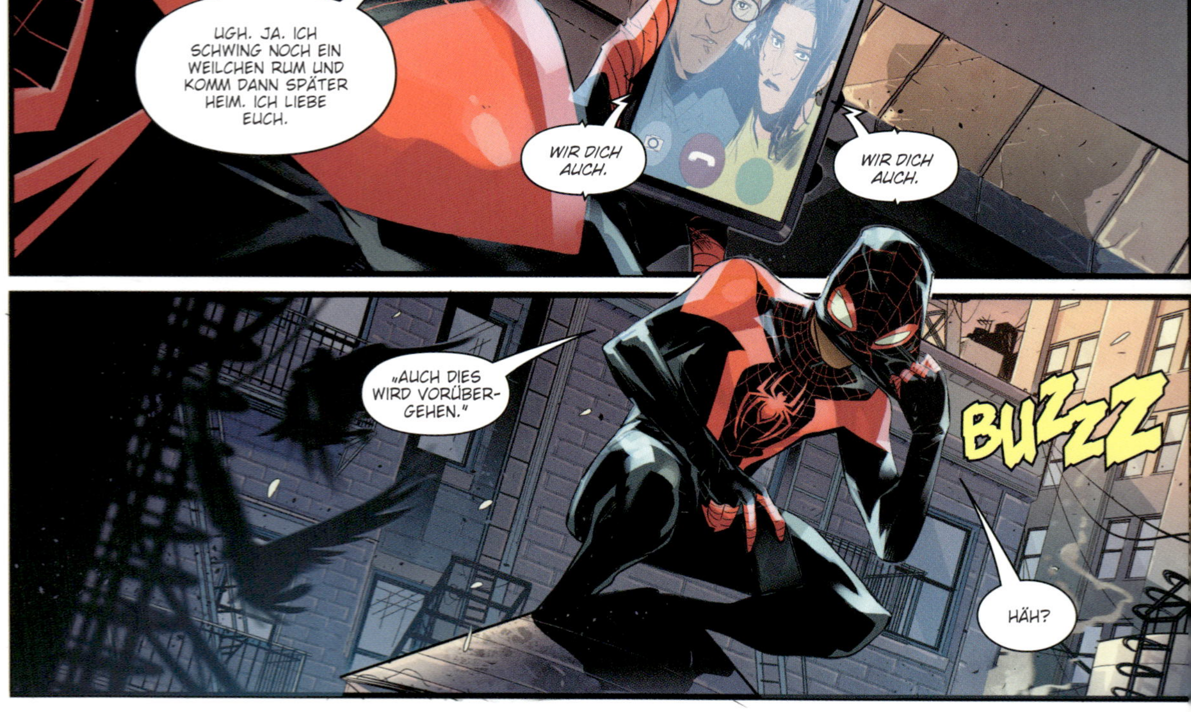
UGH. JA. ICH SCHWING NOCH EIN WEILCHEN RUM UND KOMM DANN SPÄTER HEIM. ICH LIEBE EUCH.
WIR DICH AUCH.
WIR DICH AUCH.
„AUCH DIES WIRD VORÜBER-GEHEN."
BUZZZ
HÄH?

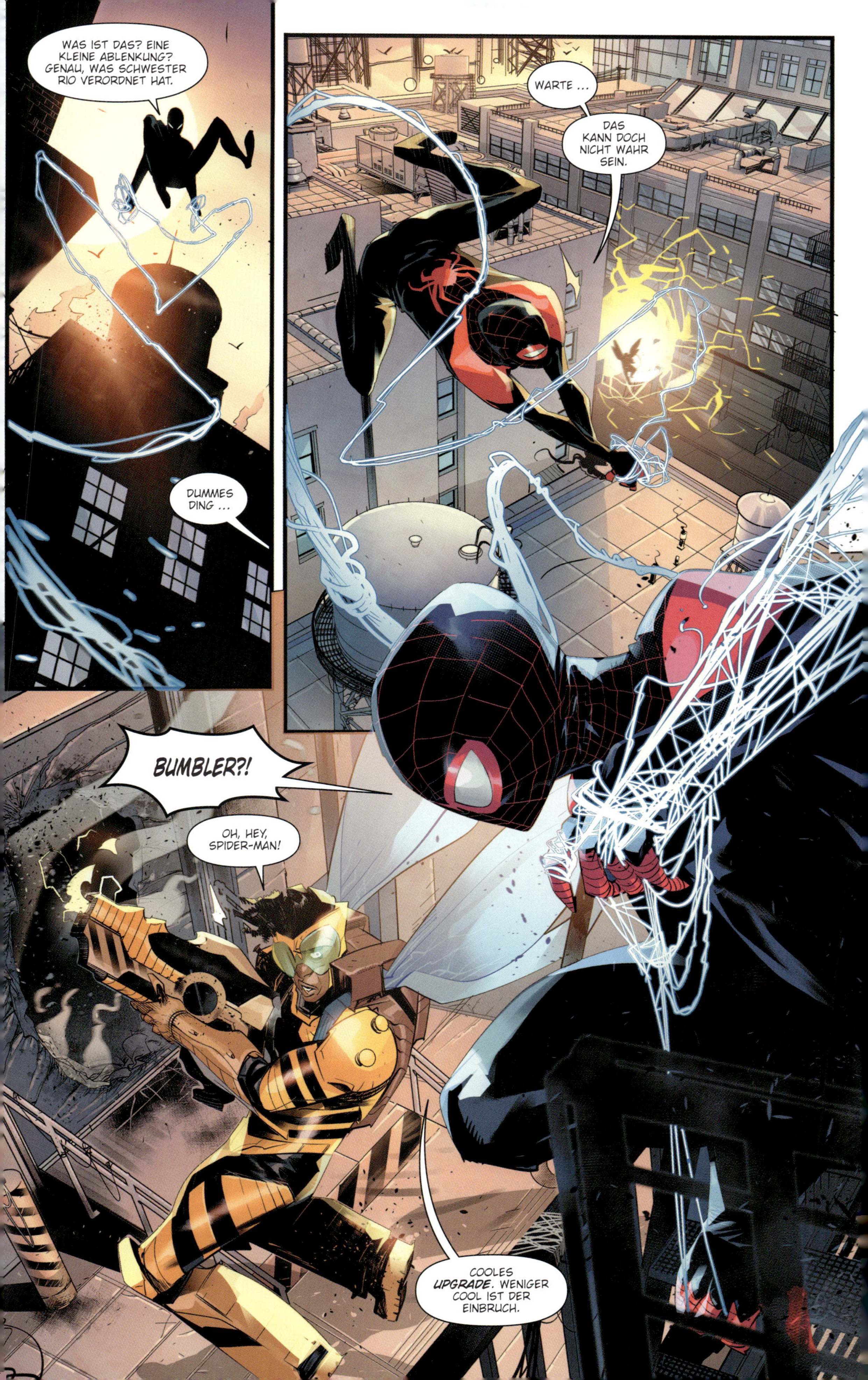
WAS IST DAS? EINE KLEINE ABLENKUNG? GENAU, WAS SCHWESTER RIO VERORDNET HAT.
DUMMES DING ...
WARTE ...
DAS KANN DOCH NICHT WAHR SEIN.
BUMBLER?!
OH, HEY, SPIDER-MAN!
COOLES *UPGRADE*. WENIGER COOL IST DER EINBRUCH.

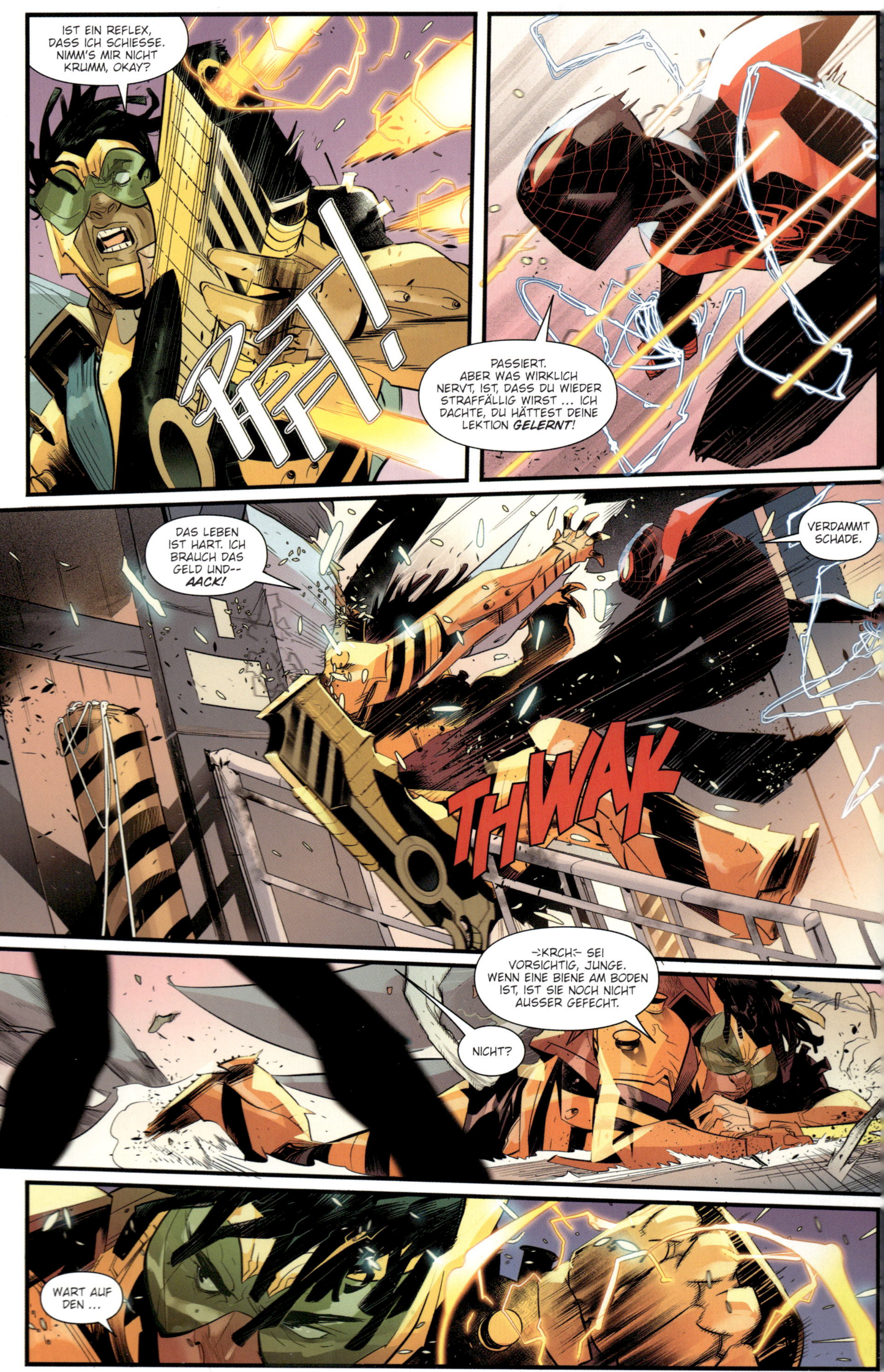
IST EIN REFLEX, DASS ICH SCHIESSE. NIMM'S MIR NICHT KRUMM, OKAY?
PFFT!
PASSIERT. ABER WAS WIRKLICH NERVT, IST, DASS DU WIEDER STRAFFÄLLIG WIRST ... ICH DACHTE, DU HÄTTEST DEINE LEKTION GELERNT!
DAS LEBEN IST HART. ICH BRAUCH DAS GELD UND-- AACK!
VERDAMMT SCHADE.
THWAK
-KRCH- SEI VORSICHTIG, JUNGE. WENN EINE BIENE AM BODEN IST, IST SIE NOCH NICHT AUSSER GEFECHT.
NICHT?
WART AUF DEN ...

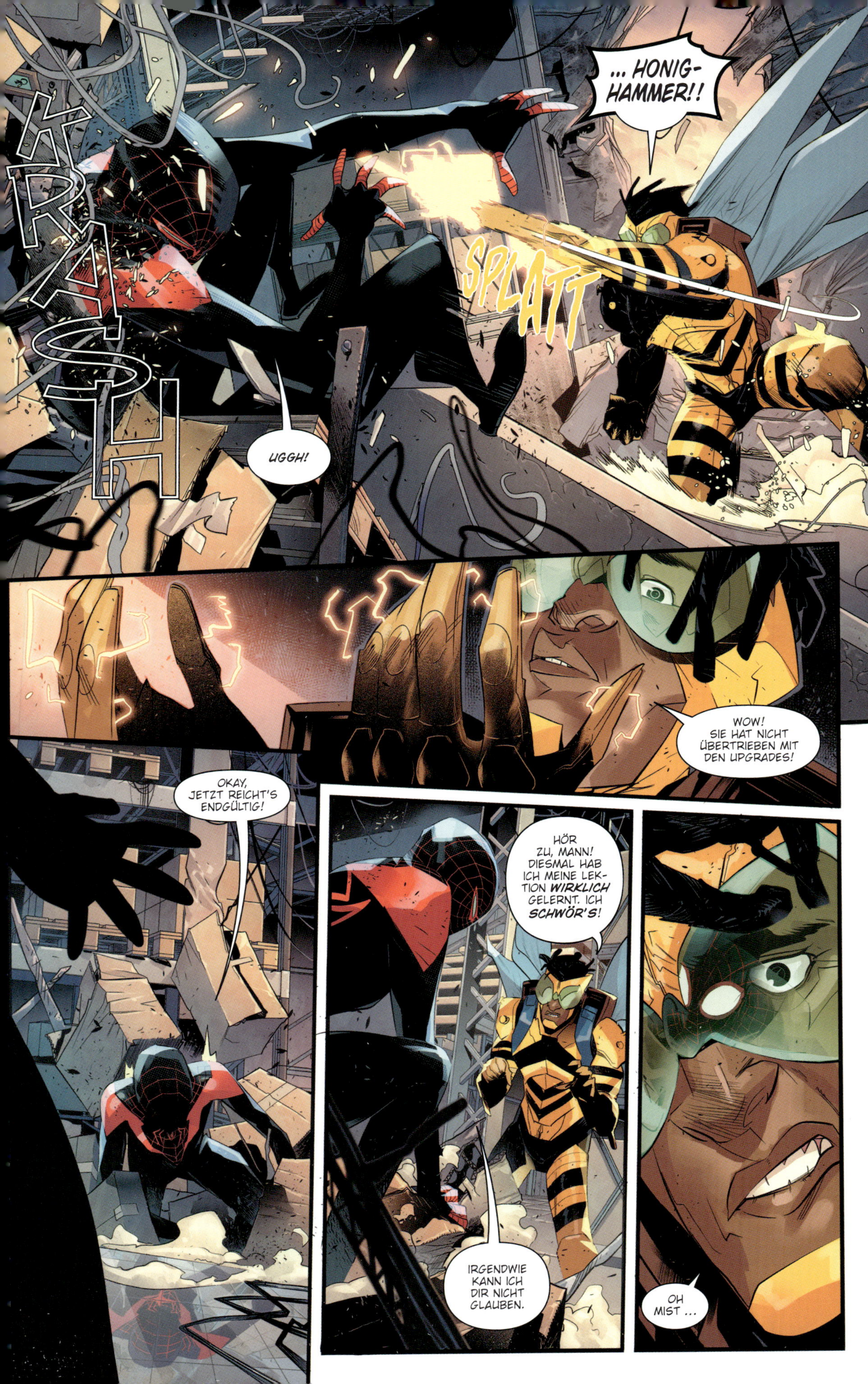
KRASH
UGGH!
... HONIG-HAMMER!!
SPLATT
WOW! SIE HAT NICHT ÜBERTRIEBEN MIT DEN UPGRADES!
OKAY, JETZT REICHT'S ENDGÜLTIG!
HÖR ZU, MANN! DIESMAL HAB ICH MEINE LEKTION WIRKLICH GELERNT. ICH SCHWÖR'S!
IRGENDWIE KANN ICH DIR NICHT GLAUBEN.
OH MIST ...

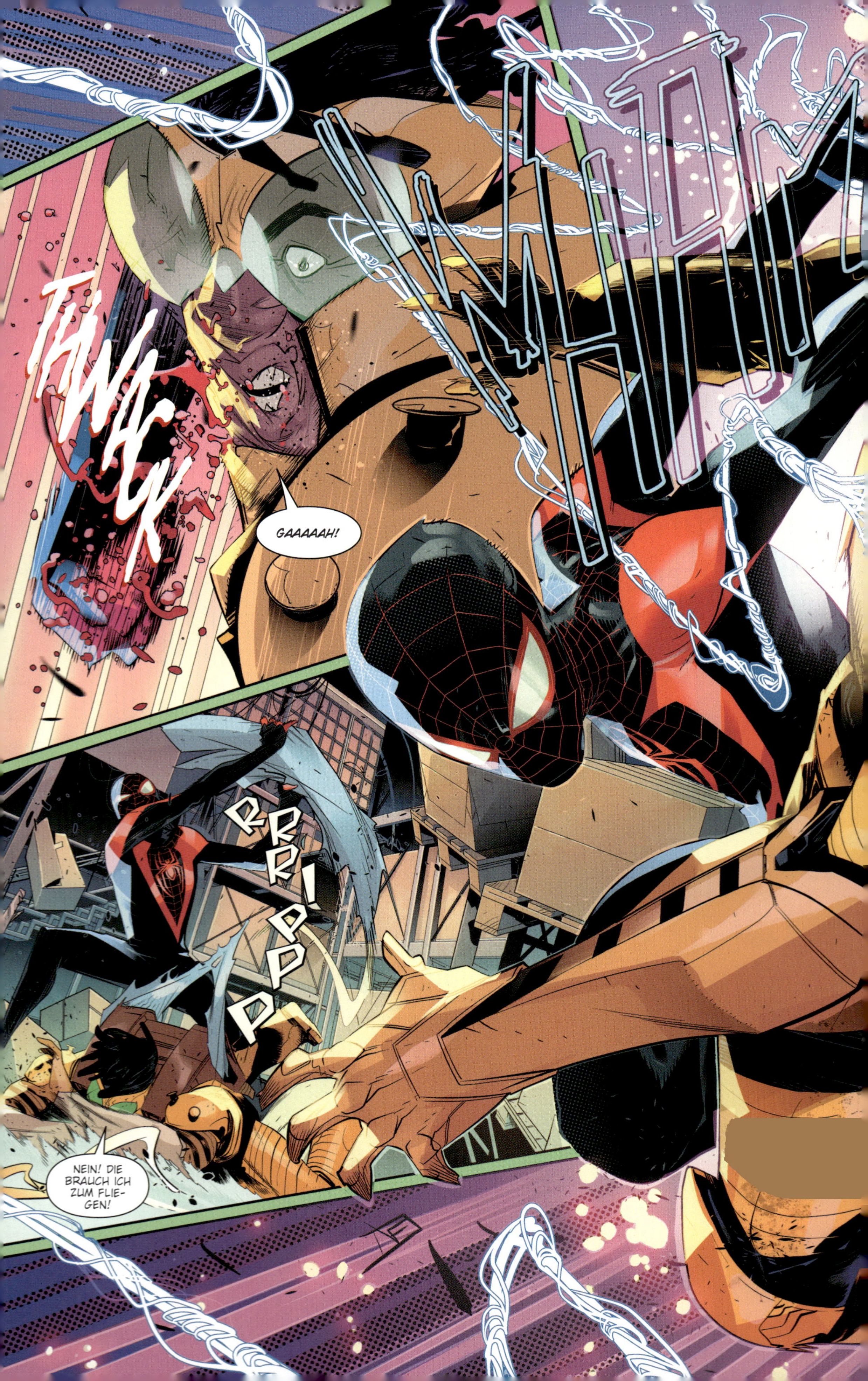
WHAM
THWACK
GAAAAAH!
RRRIPPP!
NEIN! DIE BRAUCH ICH ZUM FLIEGEN!

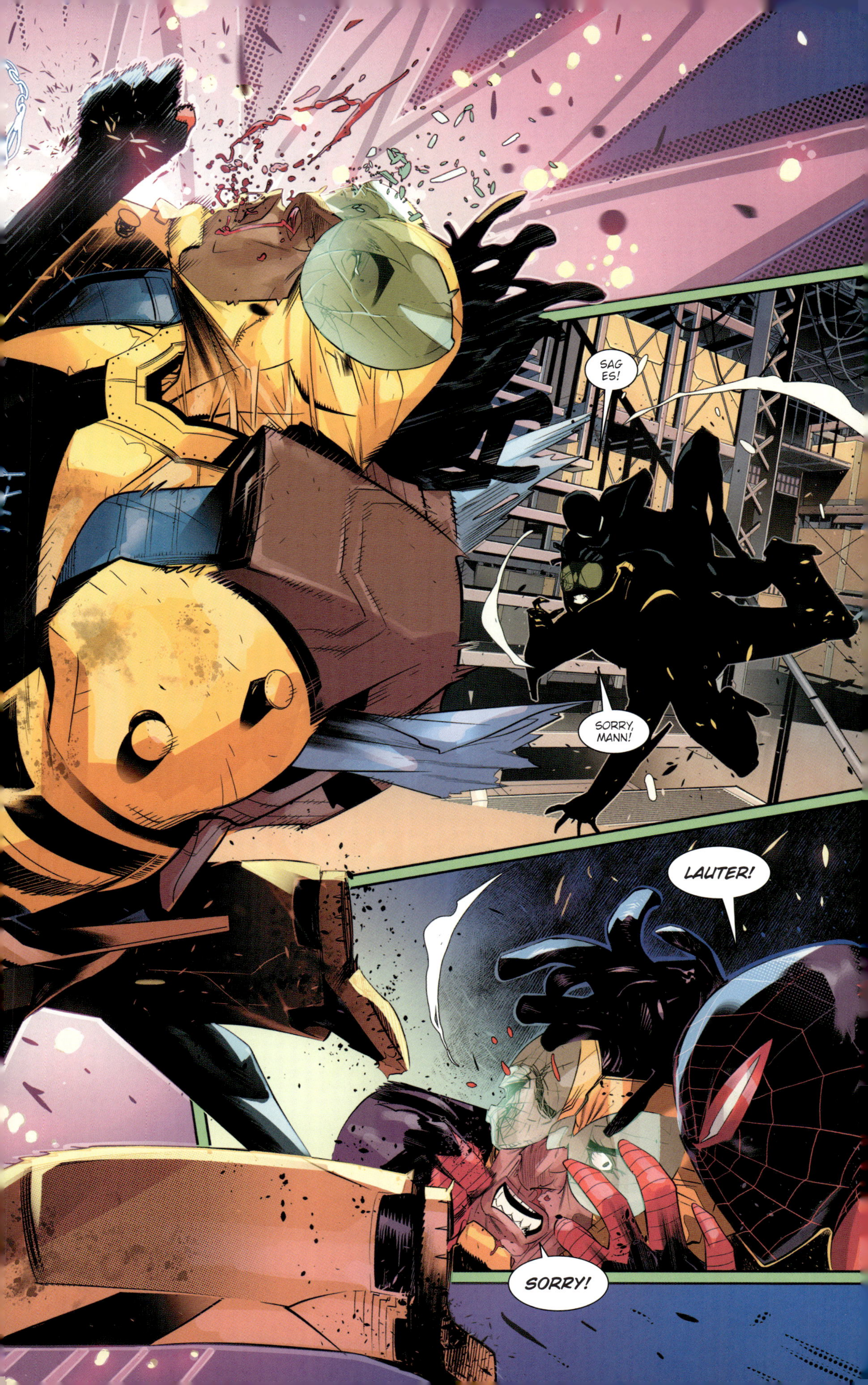
SAG ES!
SORRY, MANN!
LAUTER!
SORRY!

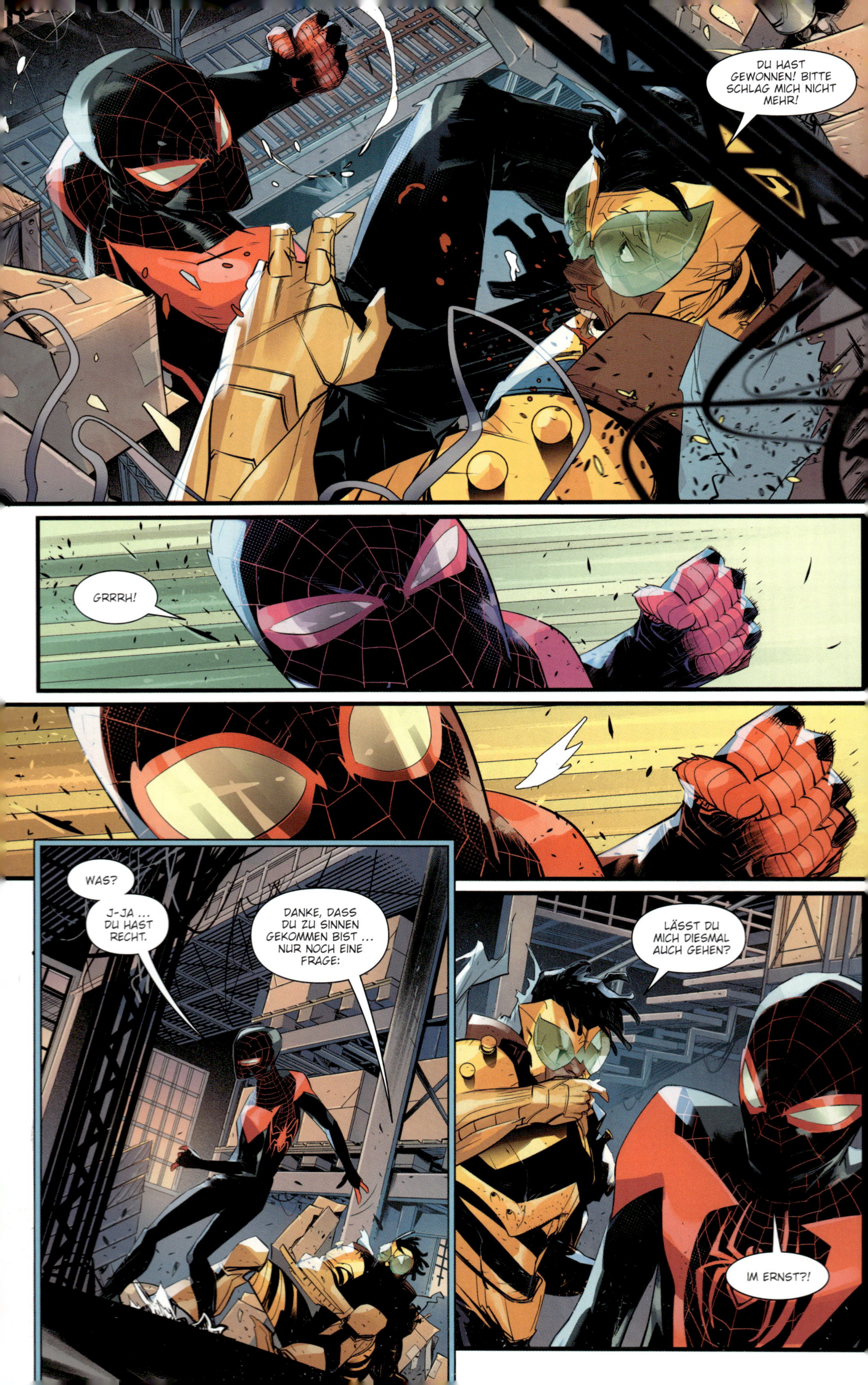

DU HAST GEWONNEN! BITTE SCHLAG MICH NICHT MEHR!

GRRRH!

WAS?

J-JA ... DU HAST RECHT.

DANKE, DASS DU ZU SINNEN GEKOMMEN BIST ... NUR NOCH EINE FRAGE:

LÄSST DU MICH DIESMAL AUCH GEHEN?

IM ERNST?!

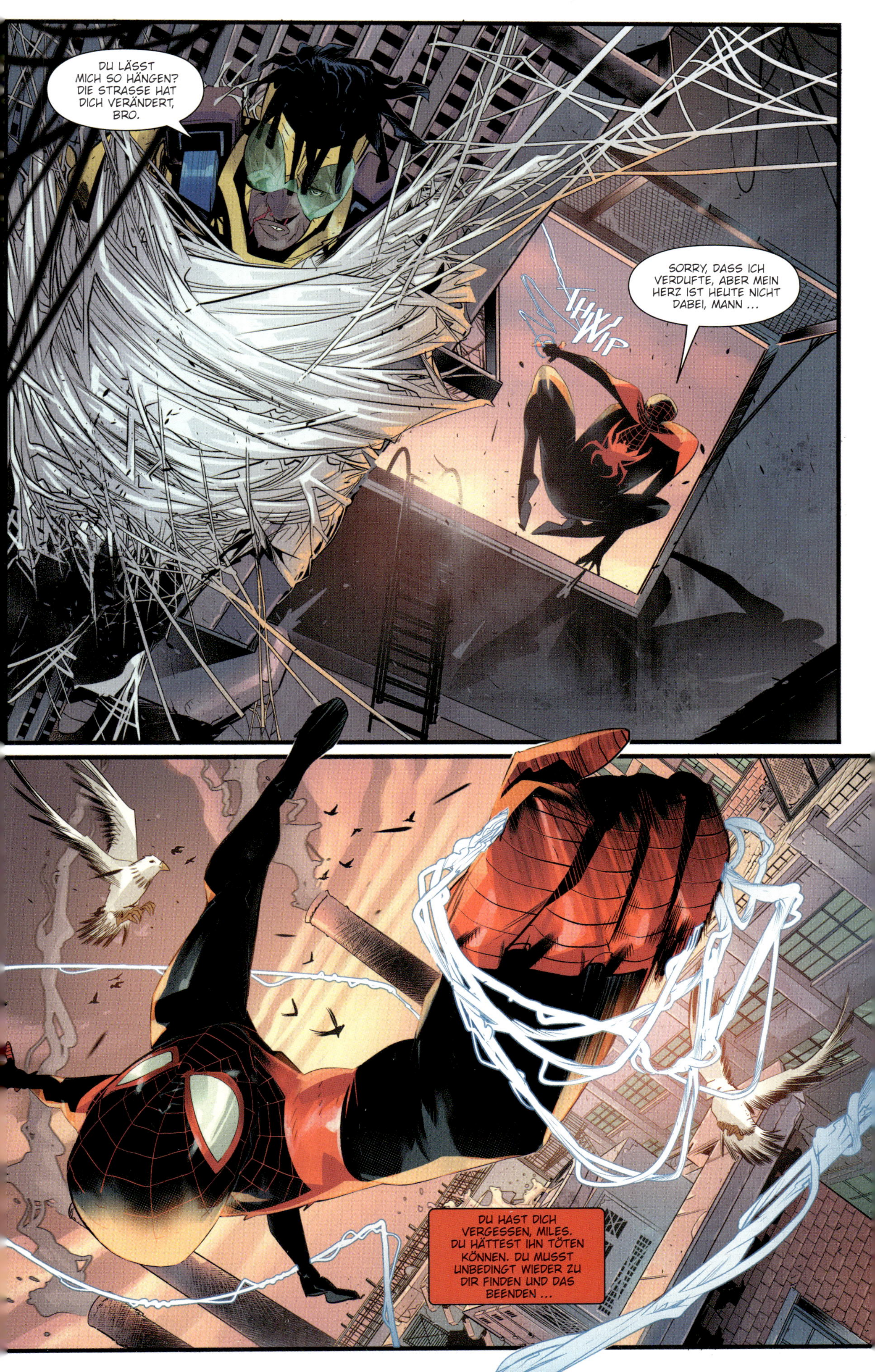
DU LÄSST MICH SO HÄNGEN? DIE STRASSE HAT DICH VERÄNDERT, BRO.
SORRY, DASS ICH VERDUFTE, ABER MEIN HERZ IST HEUTE NICHT DABEI, MANN ...
THWIP
DU HAST DICH VERGESSEN, MILES. DU HÄTTEST IHN TÖTEN KÖNNEN. DU MUSST UNBEDINGT WIEDER ZU DIR FINDEN UND DAS BEENDEN ...

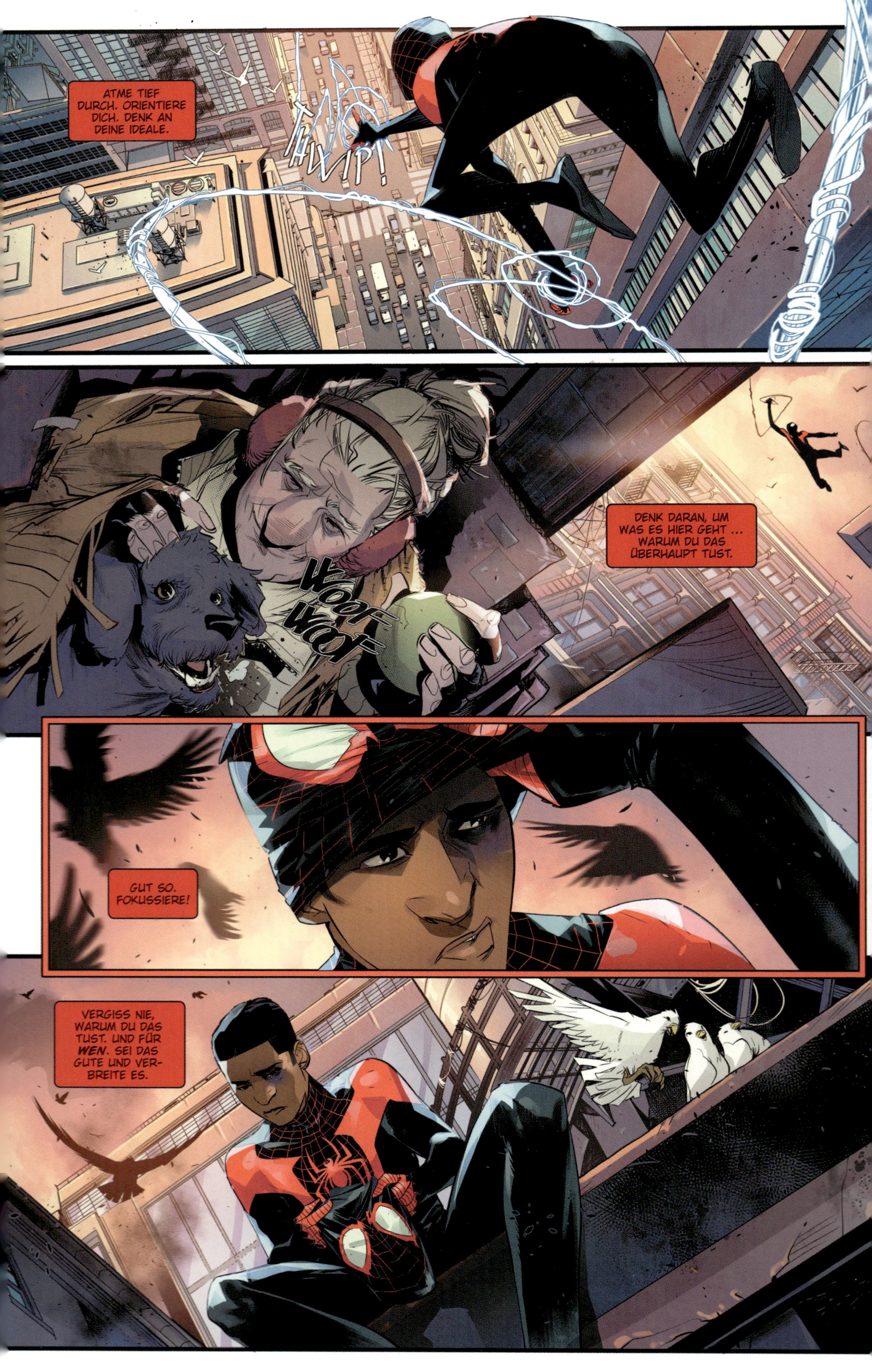

ATME TIEF DURCH. ORIENTIERE DICH. DENK AN DEINE IDEALE.
THWIP!
DENK DARAN, UM WAS ES HIER GEHT ... WARUM DU DAS ÜBERHAUPT TUST.
WOOF WOOF
GUT SO. FOKUSSIERE!
VERGISS NIE, WARUM DU DAS TUST. UND FÜR *WEN*. SEI DAS GUTE UND VERBREITE ES.

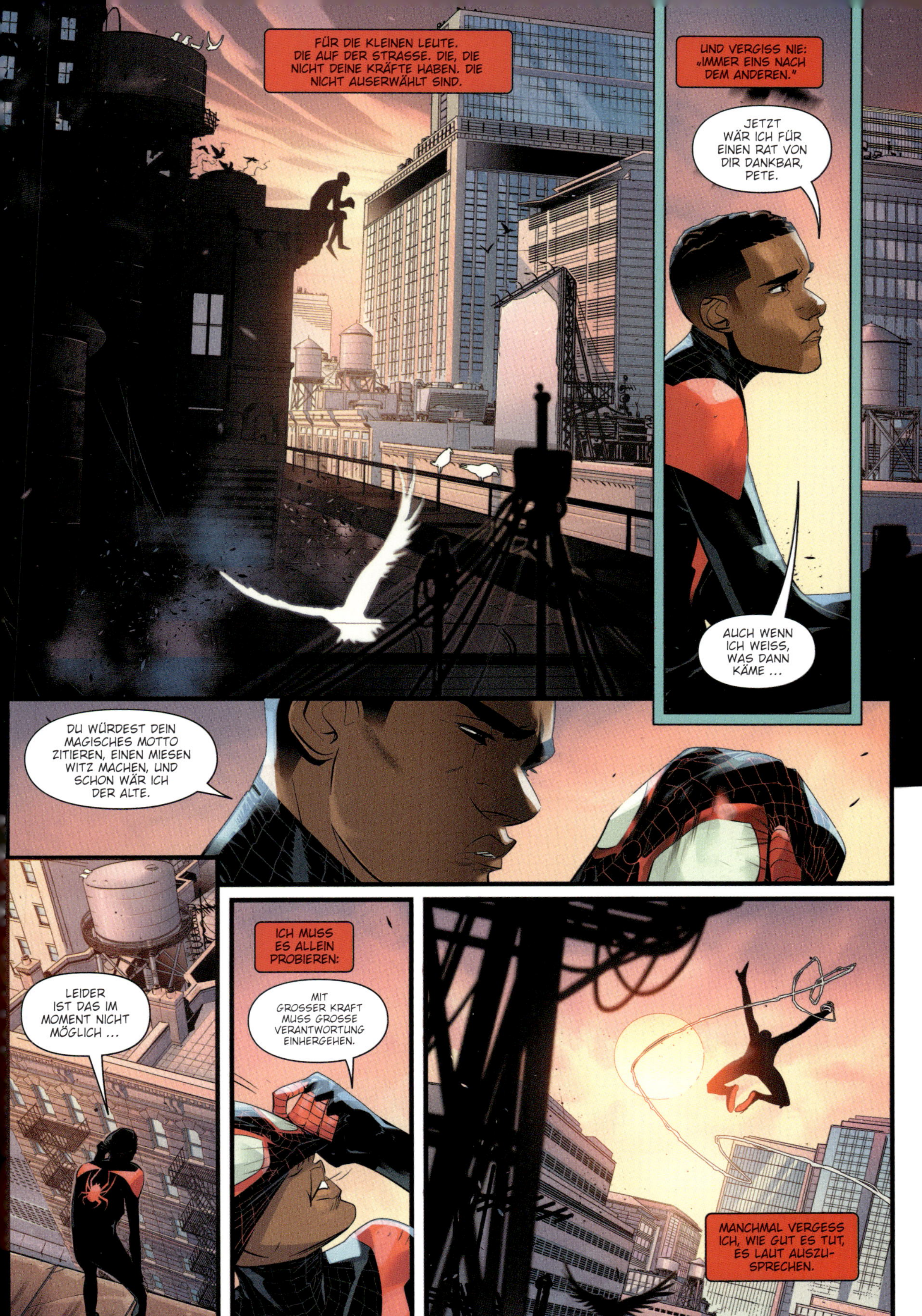
FÜR DIE KLEINEN LEUTE. DIE AUF DER STRASSE. DIE, DIE NICHT DEINE KRÄFTE HABEN. DIE NICHT AUSERWÄHLT SIND.
UND VERGISS NIE: „IMMER EINS NACH DEM ANDEREN."
JETZT WÄR ICH FÜR EINEN RAT VON DIR DANKBAR, PETE.
AUCH WENN ICH WEISS, WAS DANN KÄME ...
DU WÜRDEST DEIN MAGISCHES MOTTO ZITIEREN, EINEN MIESEN WITZ MACHEN, UND SCHON WÄR ICH DER ALTE.
LEIDER IST DAS IM MOMENT NICHT MÖGLICH ...
ICH MUSS ES ALLEIN PROBIEREN:
MIT GROSSER KRAFT MUSS GROSSE VERANTWORTUNG EINHERGEHEN.
MANCHMAL VERGESS ICH, WIE GUT ES TUT, ES LAUT AUSZU-SPRECHEN.

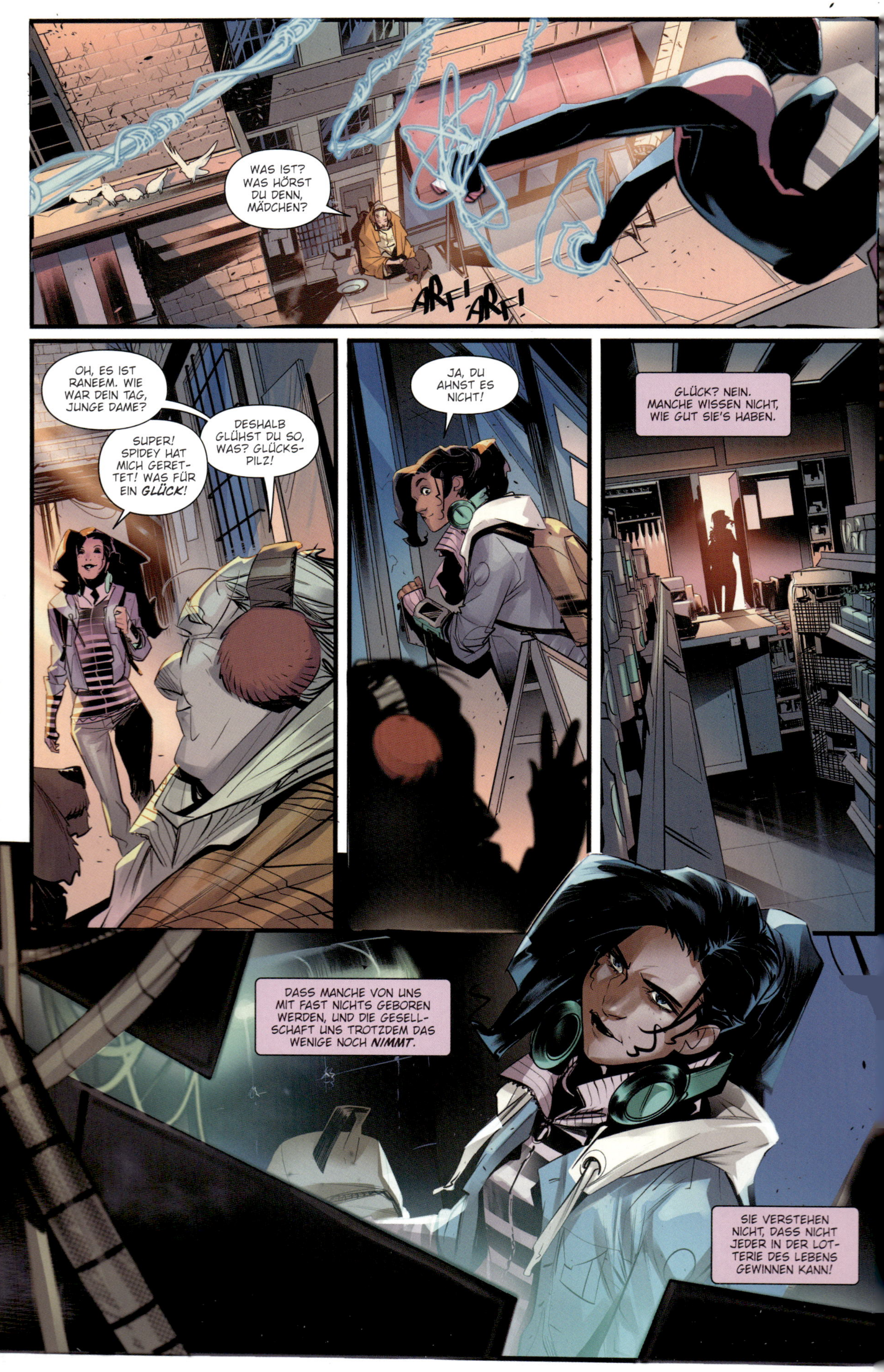
WAS IST? WAS HÖRST DU DENN, MÄDCHEN?
ARF! ARF!
OH, ES IST RANEEM. WIE WAR DEIN TAG, JUNGE DAME?
SUPER! SPIDEY HAT MICH GERETTET! WAS FÜR EIN GLÜCK!
DESHALB GLÜHST DU SO, WAS? GLÜCKSPILZ!
JA, DU AHNST ES NICHT!
GLÜCK? NEIN. MANCHE WISSEN NICHT, WIE GUT SIE'S HABEN.
DASS MANCHE VON UNS MIT FAST NICHTS GEBOREN WERDEN, UND DIE GESELLSCHAFT UNS TROTZDEM DAS WENIGE NOCH NIMMT.
SIE VERSTEHEN NICHT, DASS NICHT JEDER IN DER LOTTERIE DES LEBENS GEWINNEN KANN!

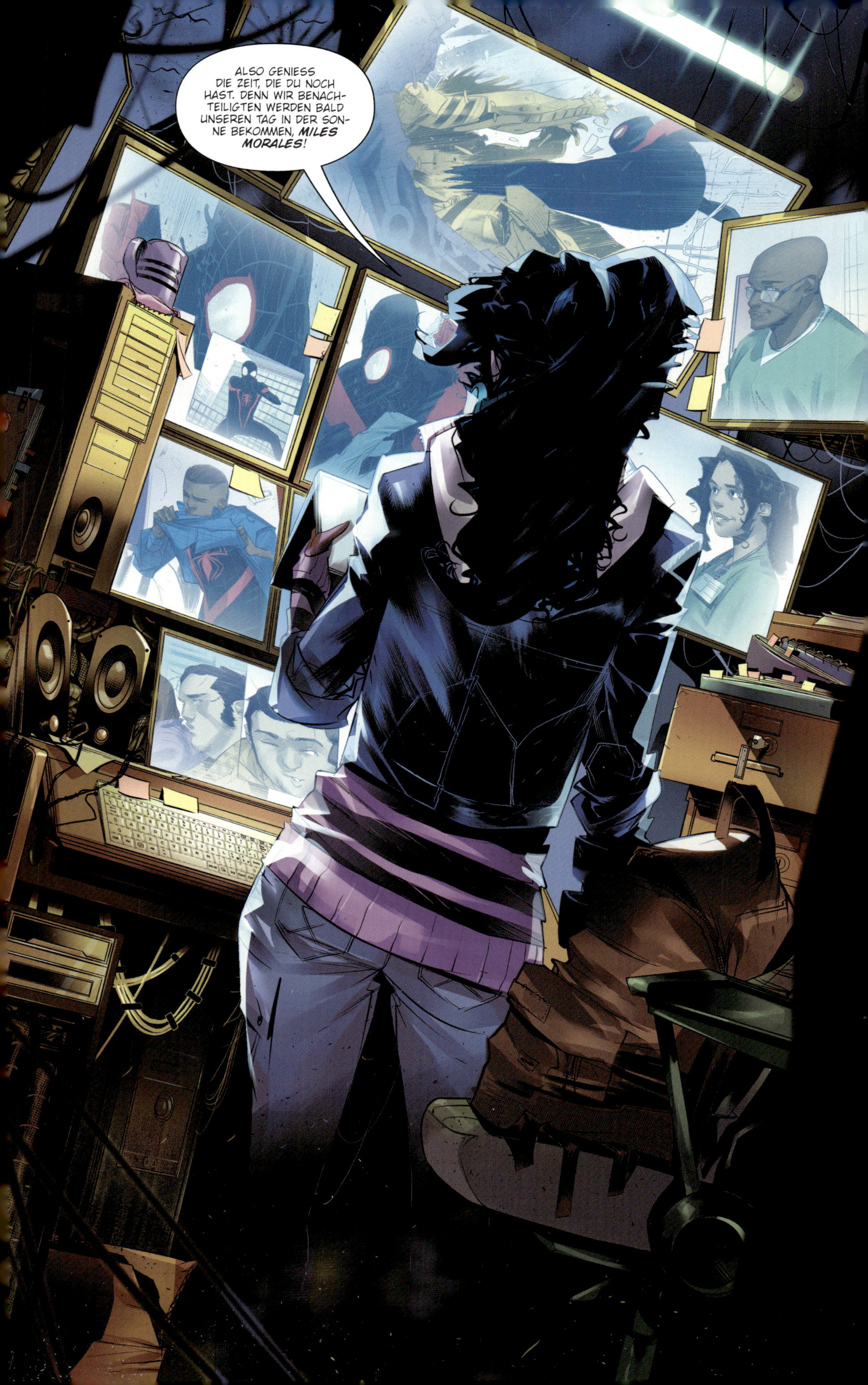
ALSO GENIESS DIE ZEIT, DIE DU NOCH HAST. DENN WIR BENACHTEILIGTEN WERDEN BALD UNSEREN TAG IN DER SONNE BEKOMMEN, ***MILES MORALES***!

DIE GROSSE HERAUSFORDERUNG, TEIL 2

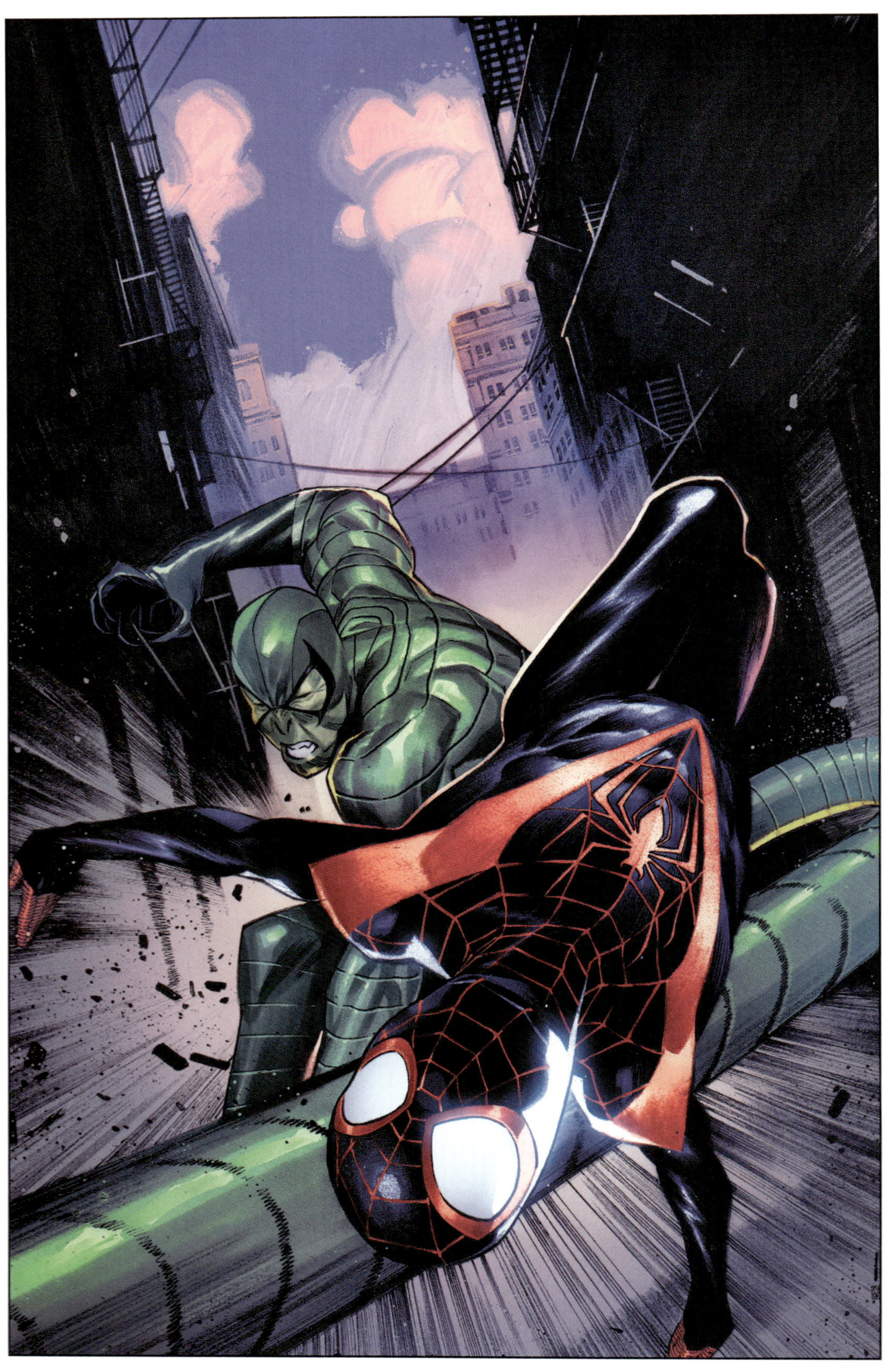

Miles Morales: Spider-Man (2022) 2
Cover von **DIKE RUAN**

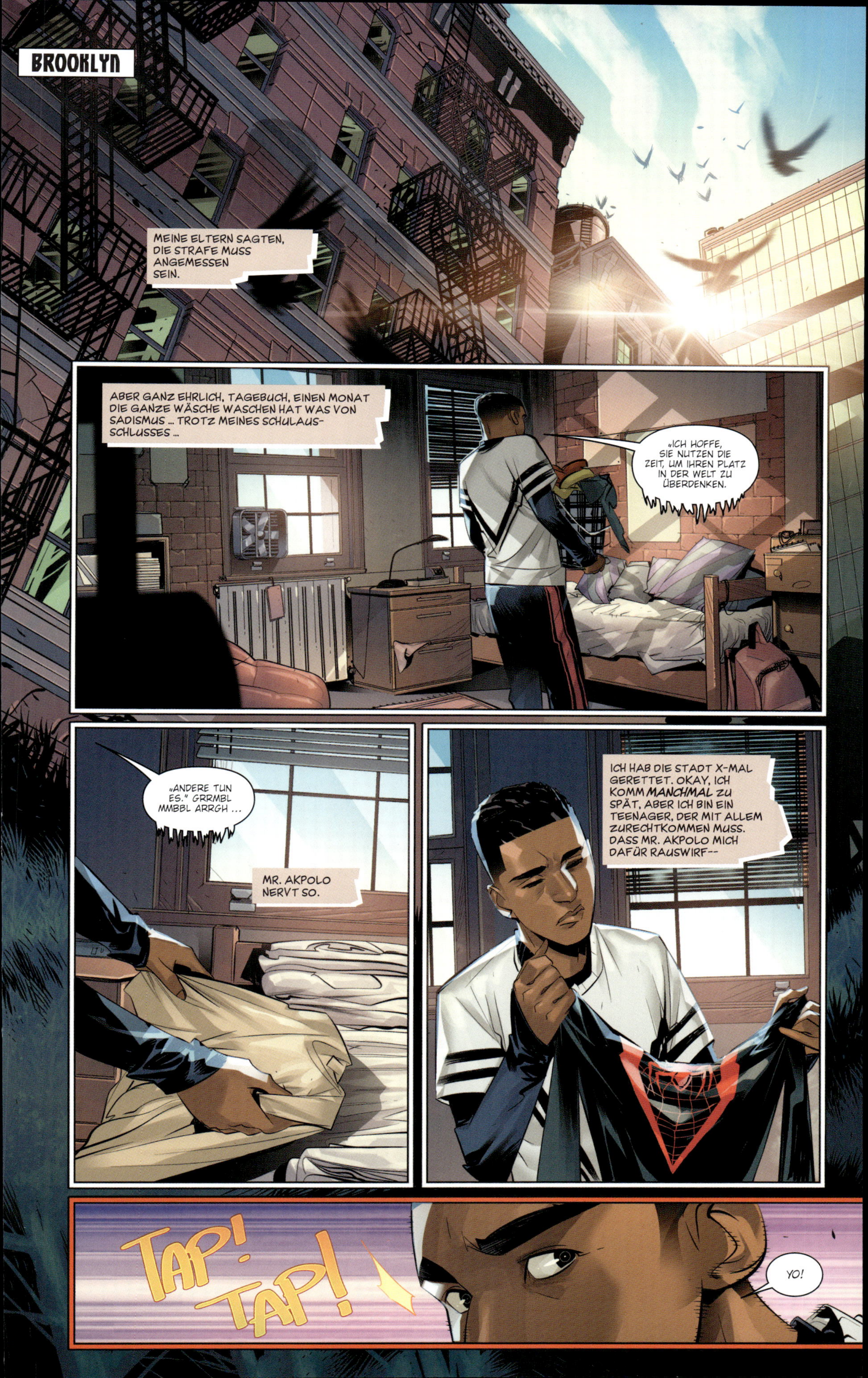

BROOKLYN

MEINE ELTERN SAGTEN, DIE STRAFE MUSS ANGEMESSEN SEIN.

ABER GANZ EHRLICH, TAGEBUCH, EINEN MONAT DIE GANZE WÄSCHE WASCHEN HAT WAS VON SADISMUS … TROTZ MEINES SCHULAUS-SCHLUSSES …

„ICH HOFFE, SIE NUTZEN DIE ZEIT, UM IHREN PLATZ IN DER WELT ZU ÜBERDENKEN.

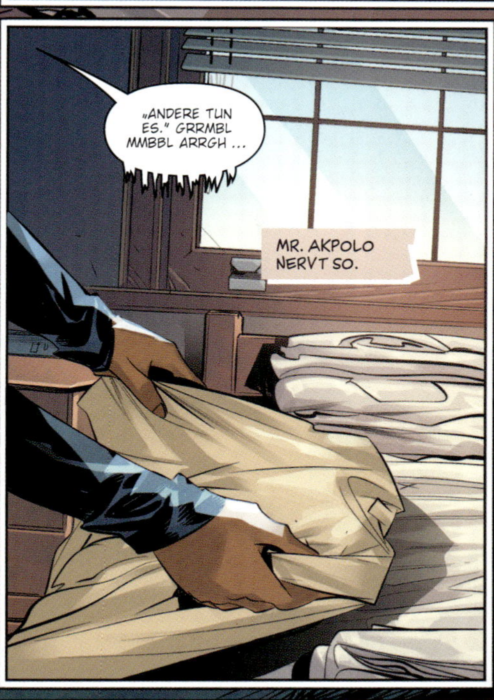

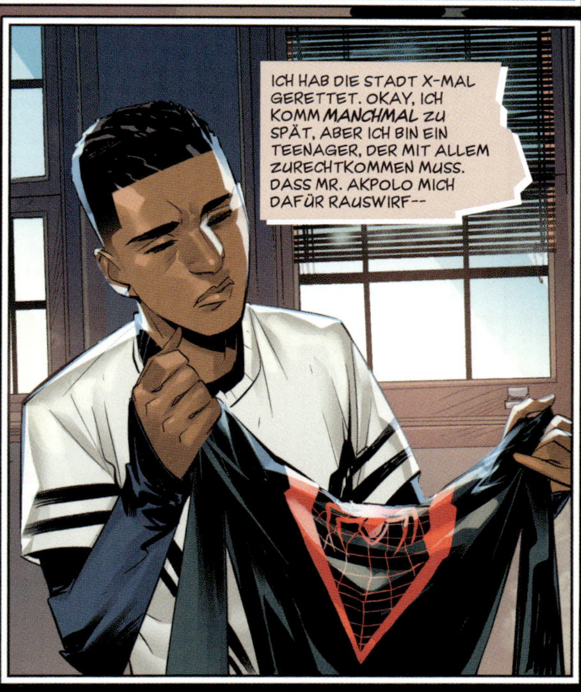

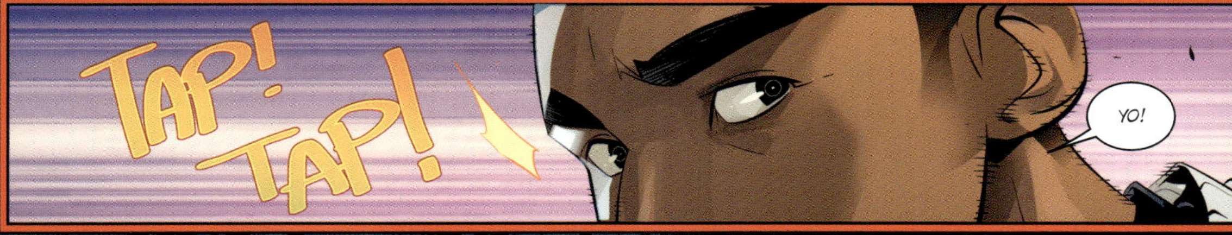

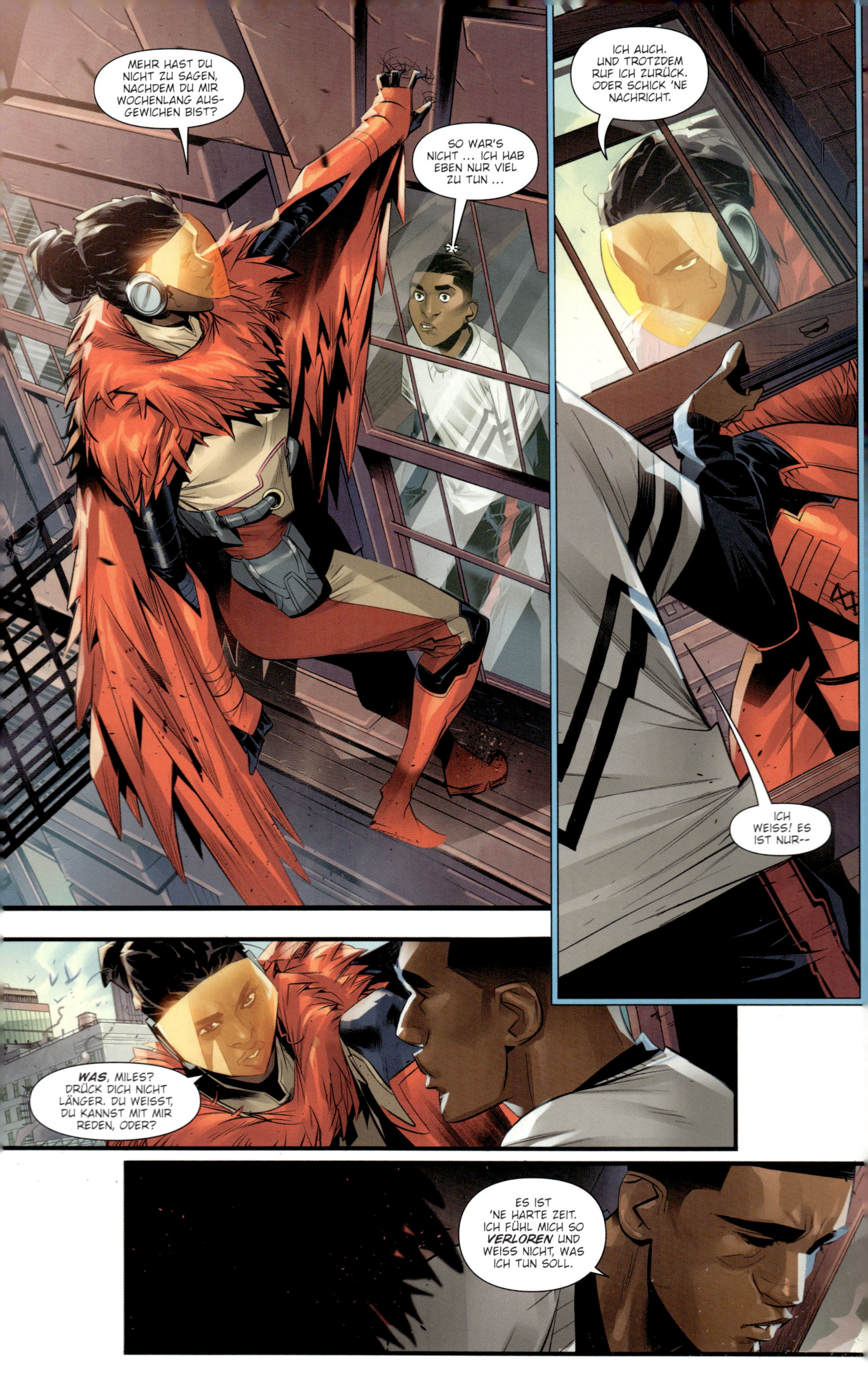

MEHR HAST DU NICHT ZU SAGEN, NACHDEM DU MIR WOCHENLANG AUSGEWICHEN BIST?

SO WAR'S NICHT ... ICH HAB EBEN NUR VIEL ZU TUN ...

ICH AUCH. UND TROTZDEM RUF ICH ZURÜCK. ODER SCHICK 'NE NACHRICHT.

ICH WEISS! ES IST NUR--

WAS, MILES? DRÜCK DICH NICHT LÄNGER. DU WEISST, DU KANNST MIT MIR REDEN, ODER?

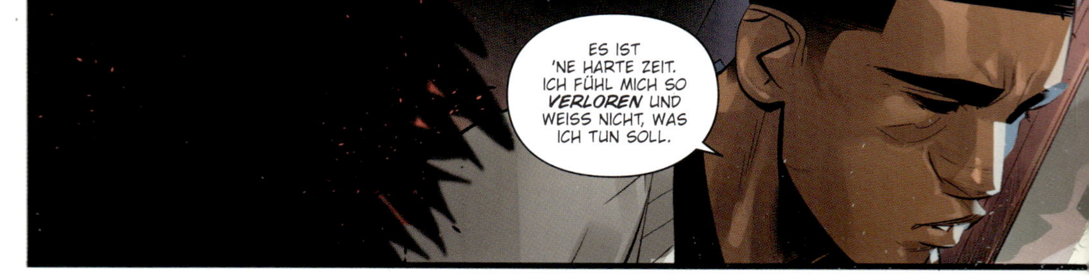

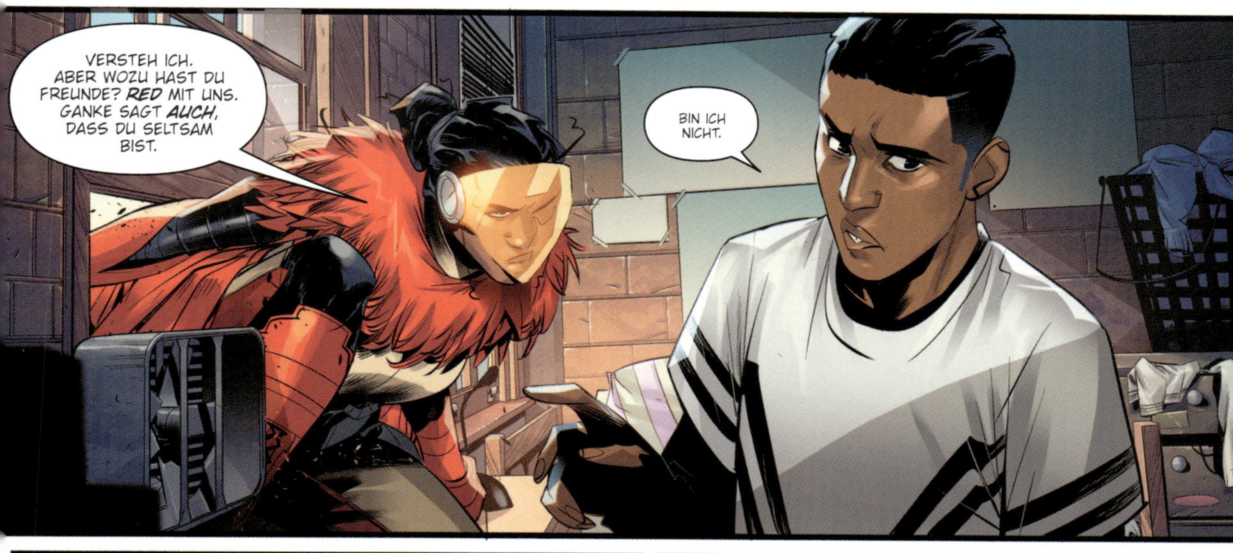
VERSTEH ICH. ABER WOZU HAST DU FREUNDE? RED MIT UNS. GANKE SAGT AUCH, DASS DU SELTSAM BIST.
BIN ICH NICHT.

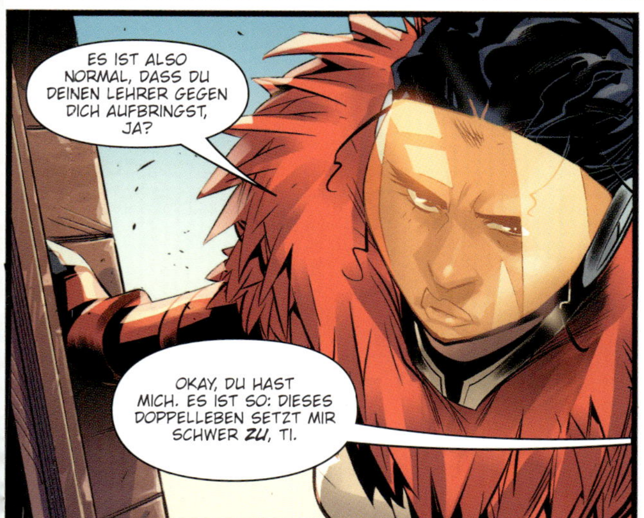
ES IST ALSO NORMAL, DASS DU DEINEN LEHRER GEGEN DICH AUFBRINGST, JA?
OKAY, DU HAST MICH. ES IST SO: DIESES DOPPELLEBEN SETZT MIR SCHWER ZU, TI.

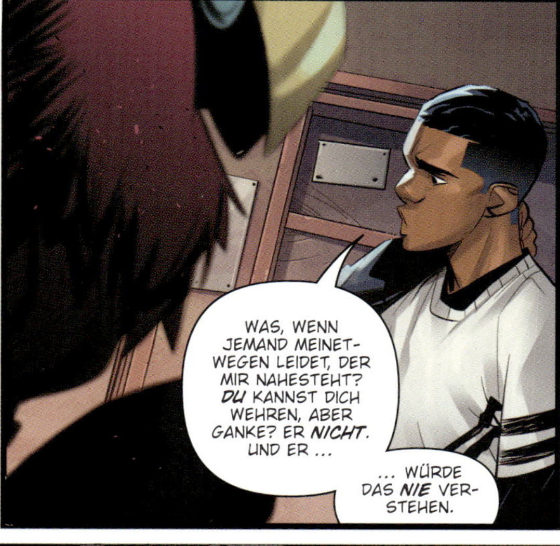
WAS, WENN JEMAND MEINETWEGEN LEIDET, DER MIR NAHESTEHT? DU KANNST DICH WEHREN, ABER GANKE? ER NICHT. UND ER ...
... WÜRDE DAS NIE VERSTEHEN.

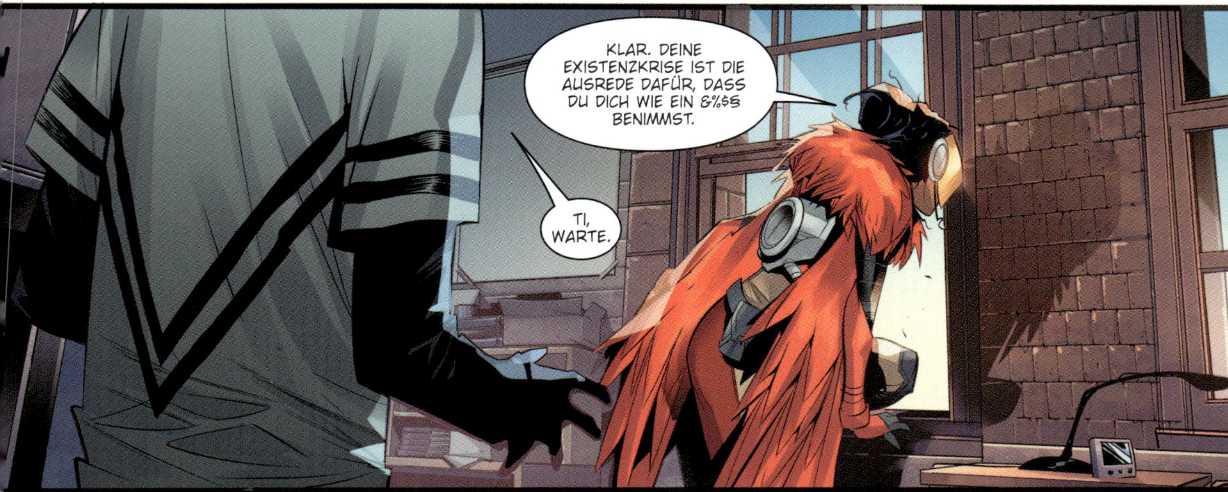
KLAR. DEINE EXISTENZKRISE IST DIE AUSREDE DAFÜR, DASS DU DICH WIE EIN &%$§ BENIMMST.
TI, WARTE.

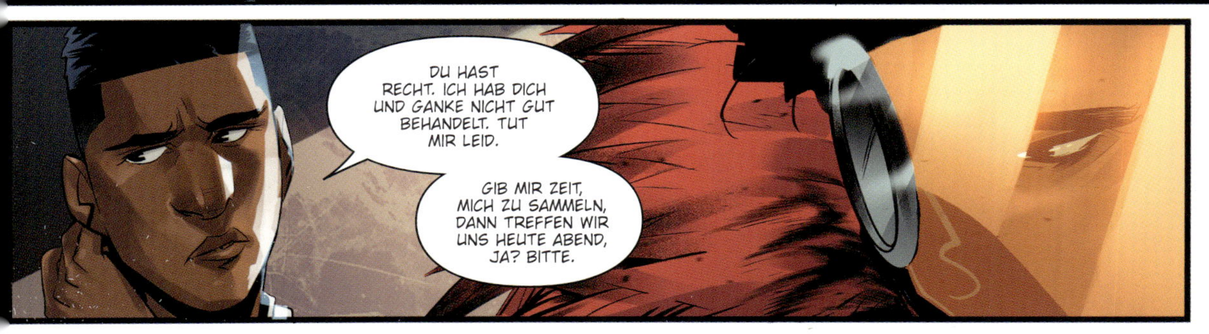
DU HAST RECHT. ICH HAB DICH UND GANKE NICHT GUT BEHANDELT. TUT MIR LEID.
GIB MIR ZEIT, MICH ZU SAMMELN, DANN TREFFEN WIR UNS HEUTE ABEND, JA? BITTE.

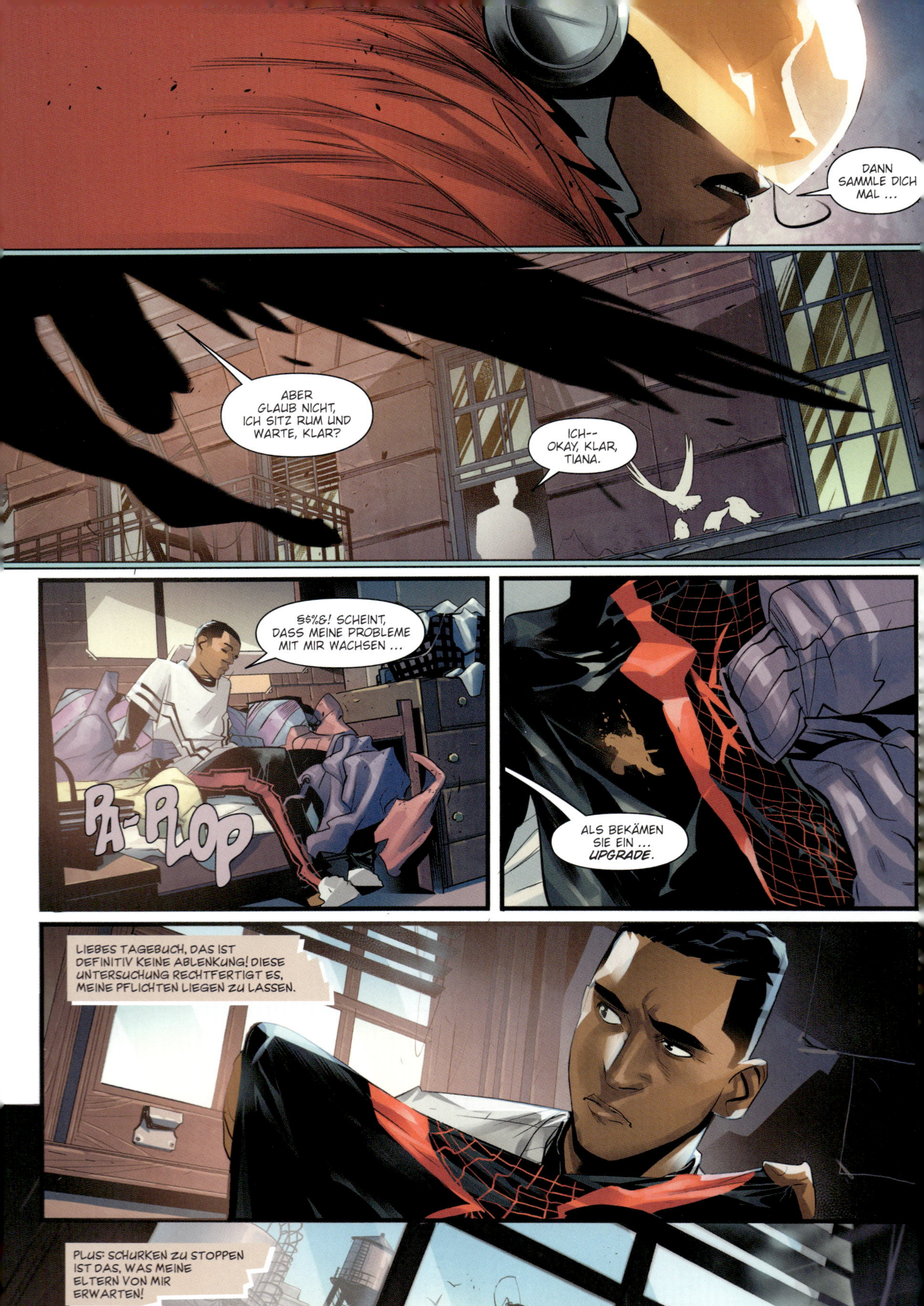
DANN SAMMLE DICH MAL ...
ABER GLAUB NICHT, ICH SITZ RUM UND WARTE, KLAR?
ICH-- OKAY, KLAR, TIANA.
$%&! SCHEINT, DASS MEINE PROBLEME MIT MIR WACHSEN ...
PA-PLOP
ALS BEKÄMEN SIE EIN ... UPGRADE.
LIEBES TAGEBUCH, DAS IST DEFINITIV KEINE ABLENKUNG! DIESE UNTERSUCHUNG RECHTFERTIGT ES, MEINE PFLICHTEN LIEGEN ZU LASSEN.
PLUS: SCHURKEN ZU STOPPEN IST DAS, WAS MEINE ELTERN VON MIR ERWARTEN!

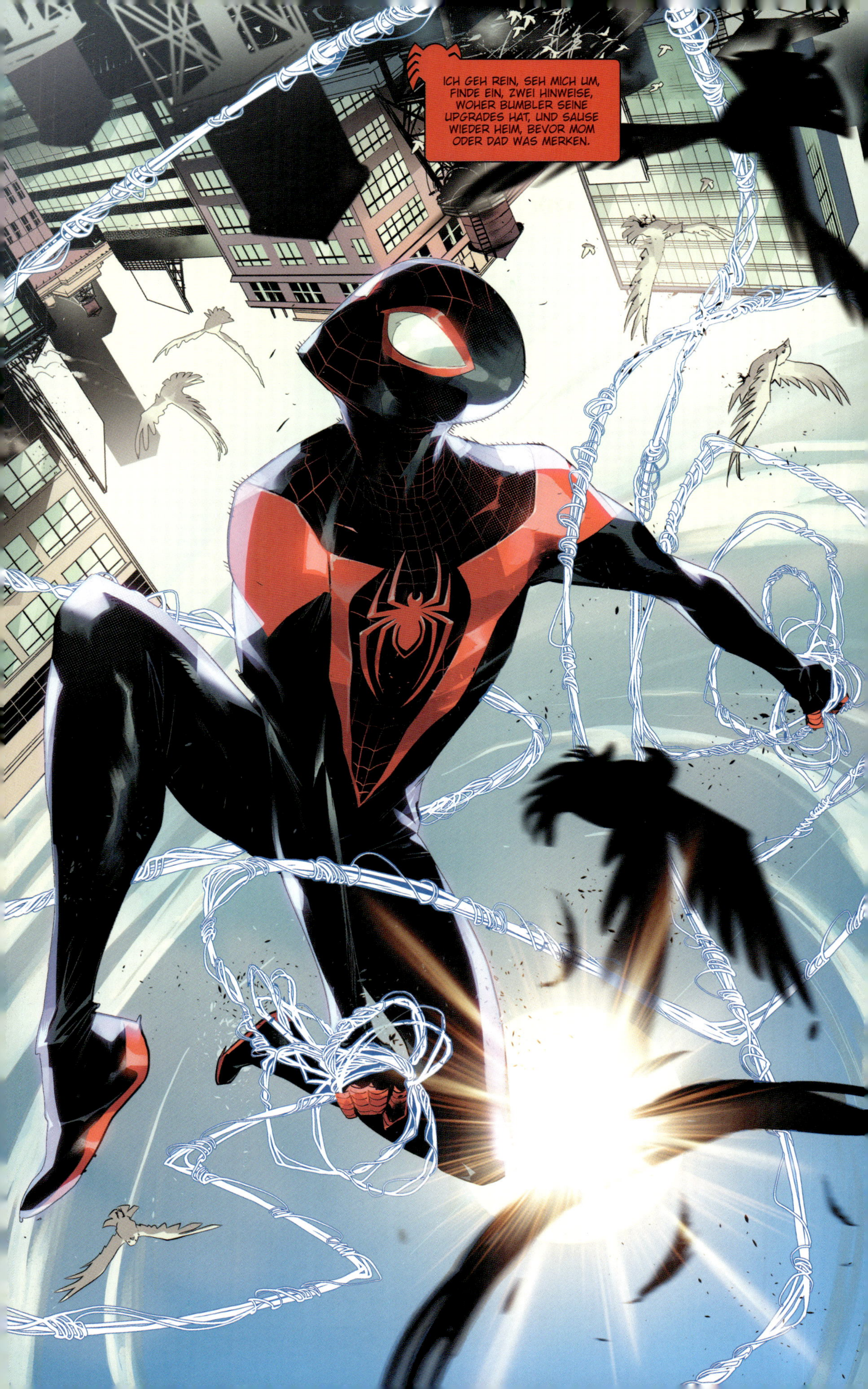
ICH GEH REIN, SEH MICH UM, FINDE EIN, ZWEI HINWEISE, WOHER BUMBLER SEINE UPGRADES HAT, UND SAUSE WIEDER HEIM, BEVOR MOM ODER DAD WAS MERKEN.

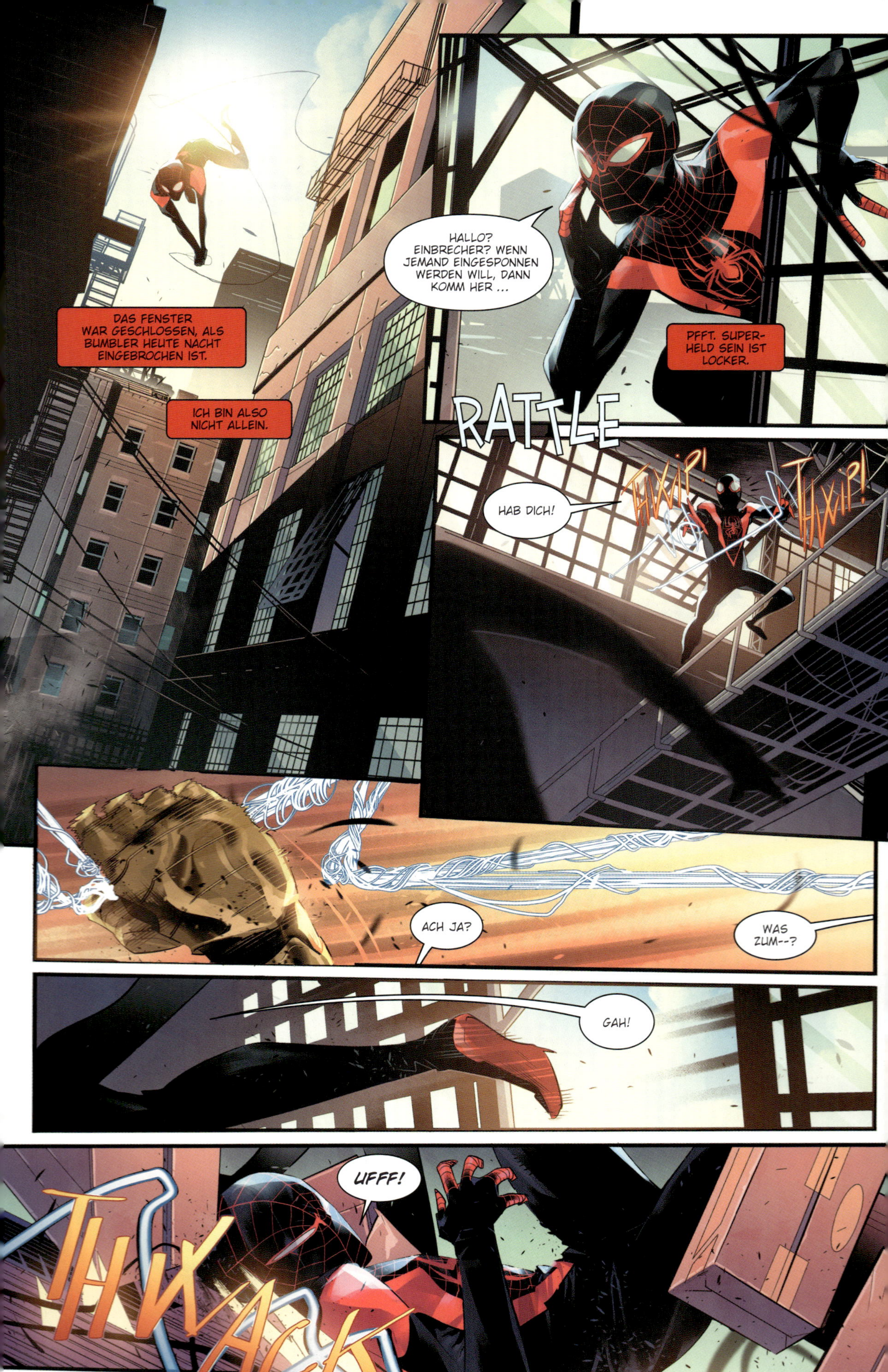
DAS FENSTER WAR GESCHLOSSEN, ALS BUMBLER HEUTE NACHT EINGEBROCHEN IST.
ICH BIN ALSO NICHT ALLEIN.
HALLO? EINBRECHER? WENN JEMAND EINGESPONNEN WERDEN WILL, DANN KOMM HER ...
PFFT. SUPER-HELD SEIN IST LOCKER.
RATTLE
THWIP!
THWIP!
HAB DICH!
ACH JA?
WAS ZUM--?
GAH!
UFFF!
THWACK

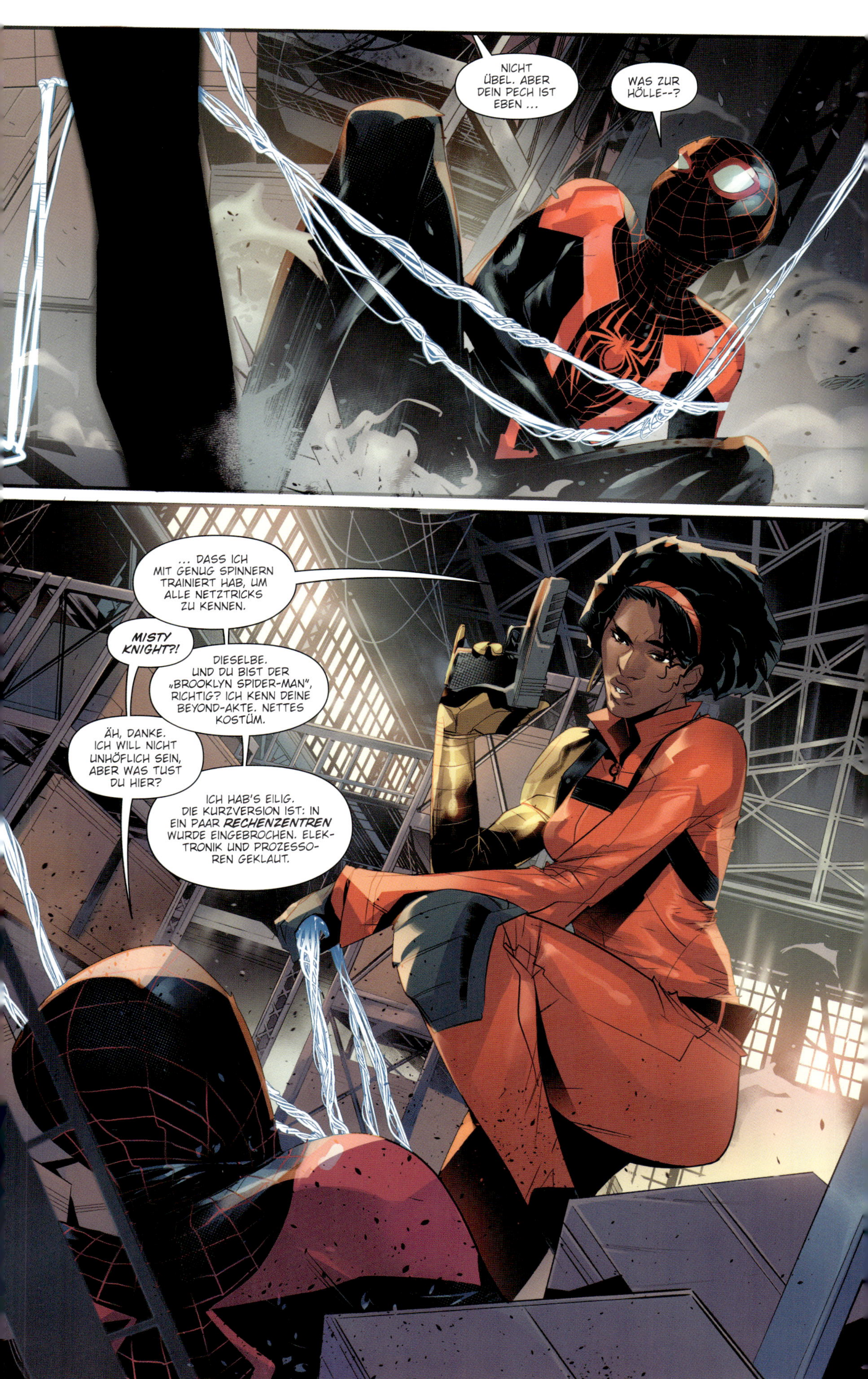
NICHT ÜBEL. ABER DEIN PECH IST EBEN ...
WAS ZUR HÖLLE--?
... DASS ICH MIT GENUG SPINNERN TRAINIERT HAB, UM ALLE NETZTRICKS ZU KENNEN.
MISTY KNIGHT?!
DIESELBE. UND DU BIST DER „BROOKLYN SPIDER-MAN", RICHTIG? ICH KENN DEINE BEYOND-AKTE. NETTES KOSTÜM.
ÄH, DANKE. ICH WILL NICHT UNHÖFLICH SEIN, ABER WAS TUST DU HIER?
ICH HAB'S EILIG. DIE KURZVERSION IST: IN EIN PAAR RECHENZENTREN WURDE EINGEBROCHEN. ELEKTRONIK UND PROZESSOREN GEKLAUT.

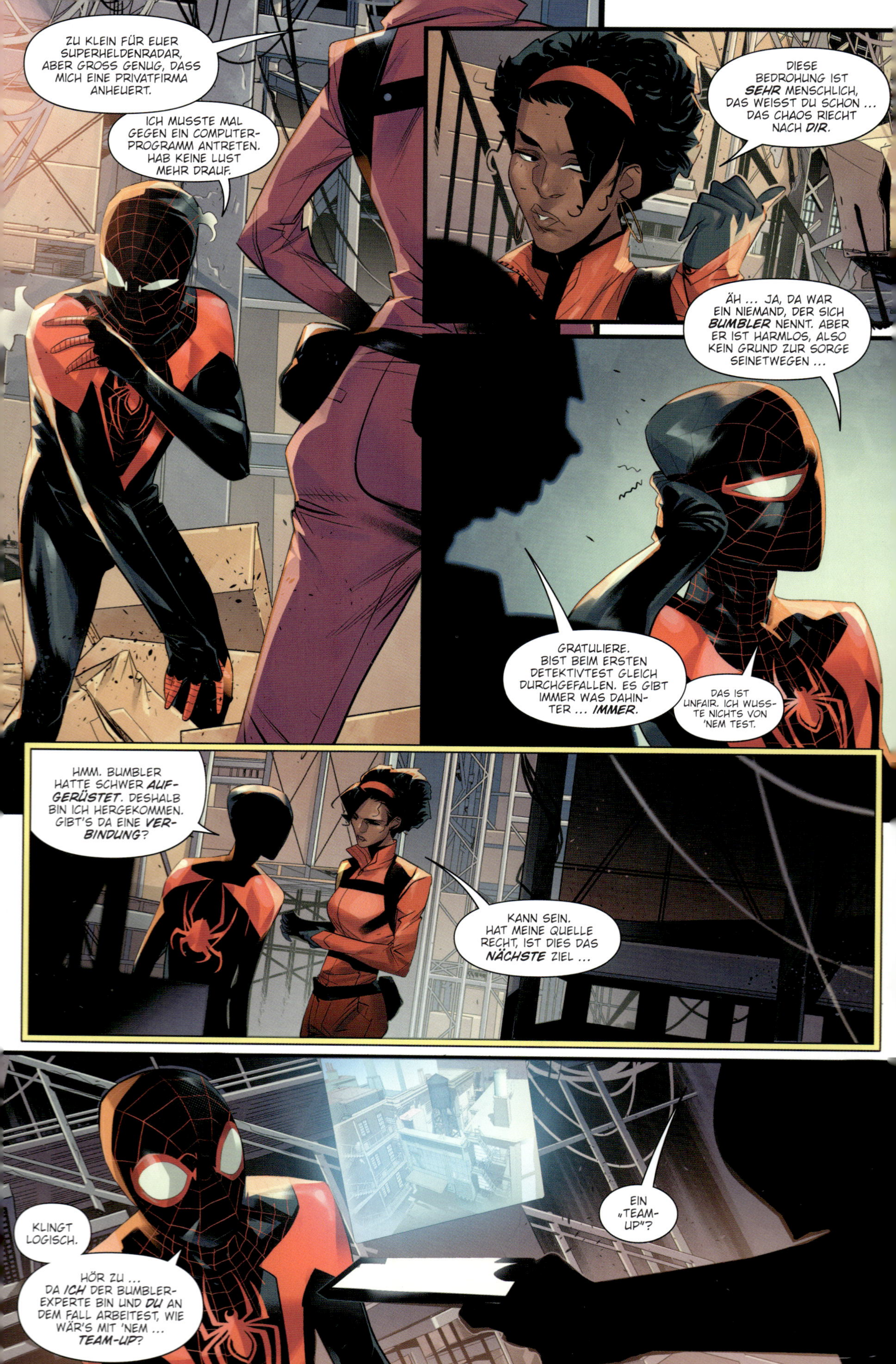
ZU KLEIN FÜR EUER SUPERHELDENRADAR, ABER GROSS GENUG, DASS MICH EINE PRIVATFIRMA ANHEUERT.
ICH MUSSTE MAL GEGEN EIN COMPUTER-PROGRAMM ANTRETEN. HAB KEINE LUST MEHR DRAUF.
DIESE BEDROHUNG IST SEHR MENSCHLICH, DAS WEISST DU SCHON ... DAS CHAOS RIECHT NACH DIR.
ÄH ... JA, DA WAR EIN NIEMAND, DER SICH BUMBLER NENNT. ABER ER IST HARMLOS, ALSO KEIN GRUND ZUR SORGE SEINETWEGEN ...
GRATULIERE. BIST BEIM ERSTEN DETEKTIVTEST GLEICH DURCHGEFALLEN. ES GIBT IMMER WAS DAHIN-TER ... IMMER.
DAS IST UNFAIR. ICH WUSS-TE NICHTS VON 'NEM TEST.
HMM. BUMBLER HATTE SCHWER AUF-GERÜSTET. DESHALB BIN ICH HERGEKOMMEN. GIBT'S DA EINE VER-BINDUNG?
KANN SEIN. HAT MEINE QUELLE RECHT, IST DIES DAS NÄCHSTE ZIEL ...
KLINGT LOGISCH.
HÖR ZU ... DA ICH DER BUMBLER-EXPERTE BIN UND DU AN DEM FALL ARBEITEST, WIE WÄR'S MIT 'NEM ... TEAM-UP?
EIN „TEAM-UP"?

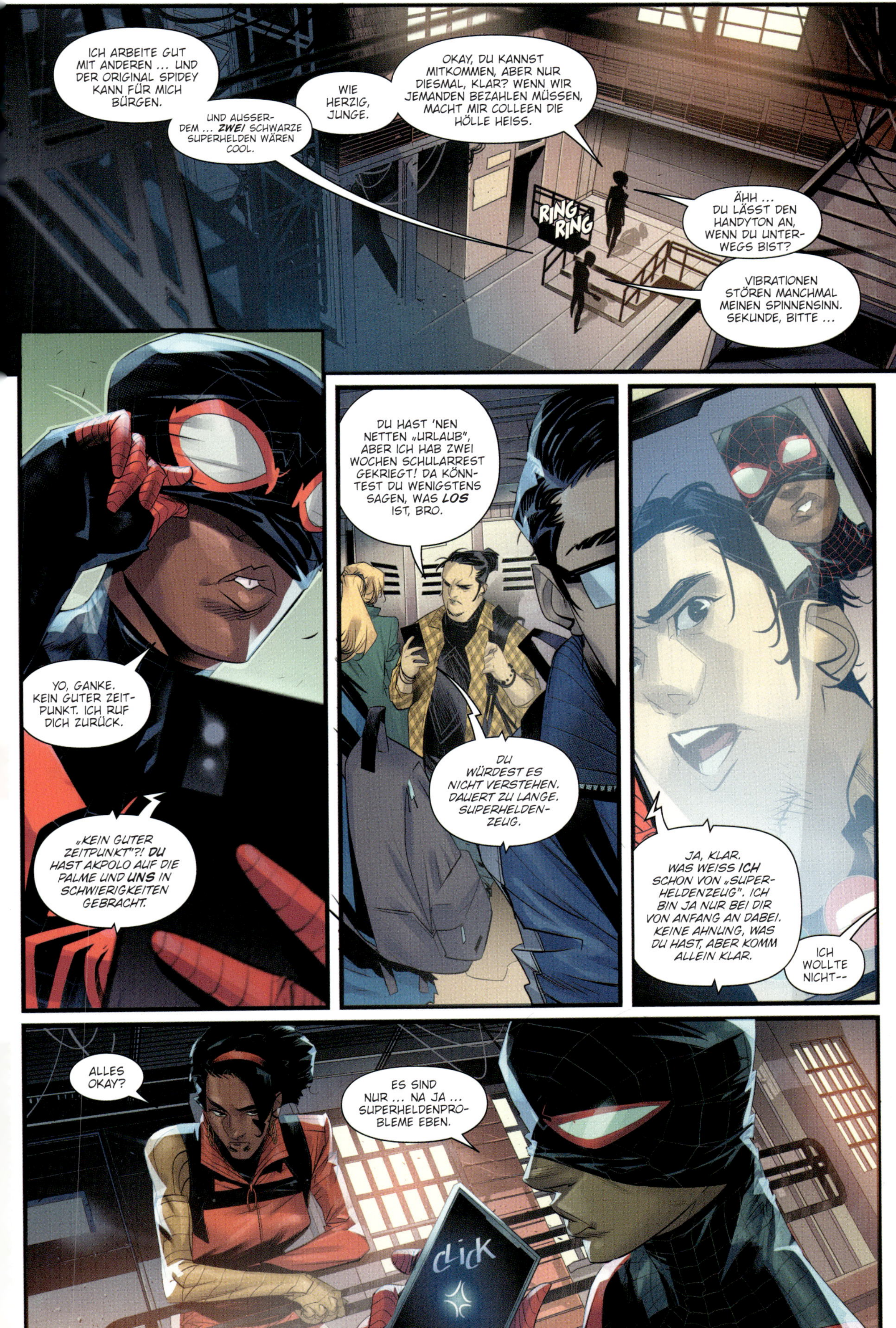
ICH ARBEITE GUT MIT ANDEREN ... UND DER ORIGINAL SPIDEY KANN FÜR MICH BÜRGEN.
UND AUSSERDEM ... ZWEI SCHWARZE SUPERHELDEN WÄREN COOL.
WIE HERZIG, JUNGE.
OKAY, DU KANNST MITKOMMEN, ABER NUR DIESMAL, KLAR? WENN WIR JEMANDEN BEZAHLEN MÜSSEN, MACHT MIR COLLEEN DIE HÖLLE HEISS.
RING RING
ÄHH ... DU LÄSST DEN HANDYTON AN, WENN DU UNTERWEGS BIST?
VIBRATIONEN STÖREN MANCHMAL MEINEN SPINNENSINN. SEKUNDE, BITTE ...
YO, GANKE. KEIN GUTER ZEITPUNKT. ICH RUF DICH ZURÜCK.
„KEIN GUTER ZEITPUNKT"?! DU HAST AKPOLO AUF DIE PALME UND UNS IN SCHWIERIGKEITEN GEBRACHT.
DU HAST 'NEN NETTEN „URLAUB", ABER ICH HAB ZWEI WOCHEN SCHULARREST GEKRIEGT! DA KÖNNTEST DU WENIGSTENS SAGEN, WAS LOS IST, BRO.
DU WÜRDEST ES NICHT VERSTEHEN. DAUERT ZU LANGE. SUPERHELDENZEUG.
JA, KLAR. WAS WEISS ICH SCHON VON „SUPERHELDENZEUG". ICH BIN JA NUR BEI DIR VON ANFANG AN DABEI. KEINE AHNUNG, WAS DU HAST, ABER KOMM ALLEIN KLAR.
ICH WOLLTE NICHT--
ALLES OKAY?
ES SIND NUR ... NA JA ... SUPERHELDENPROBLEME EBEN.
CLICK

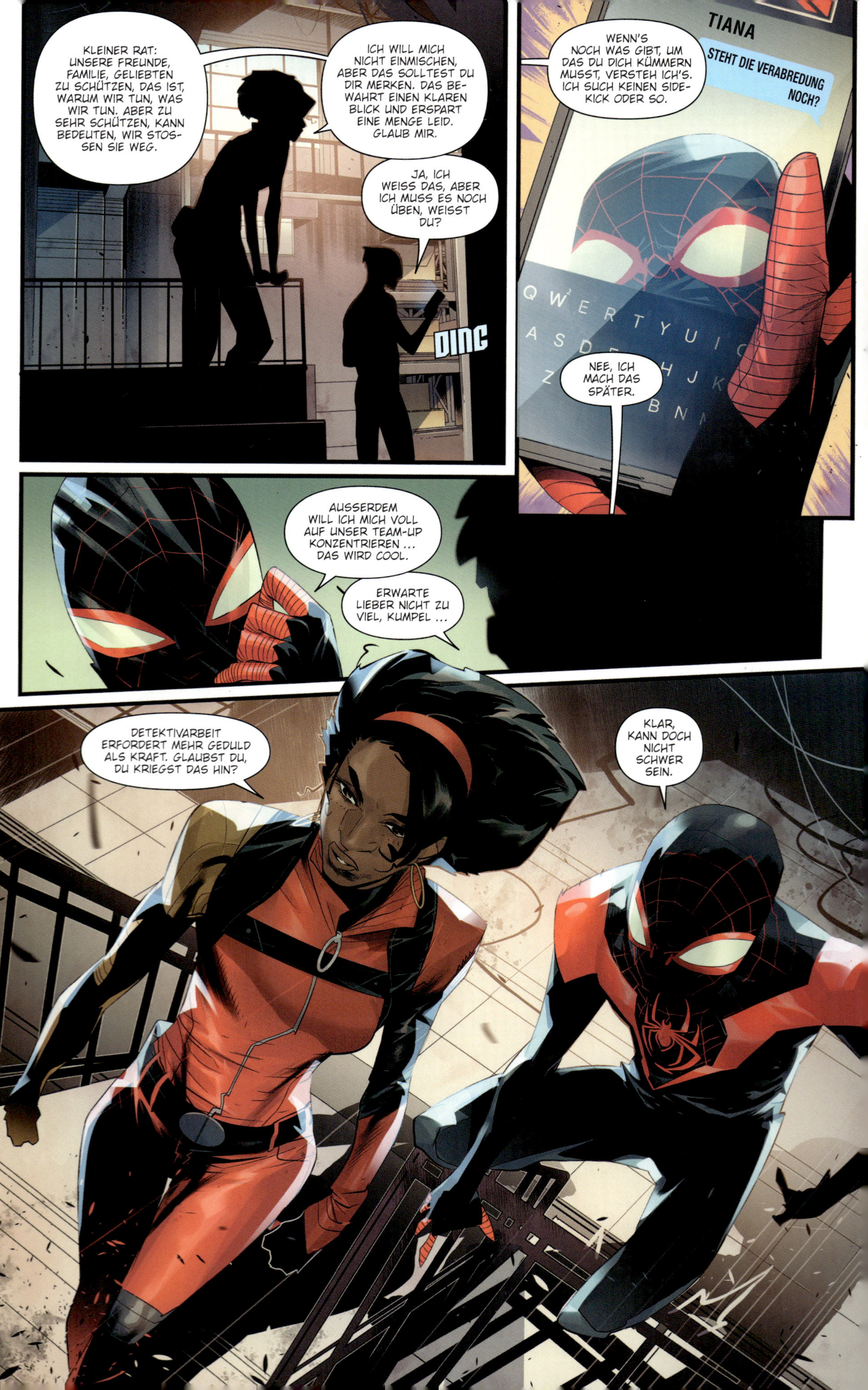
KLEINER RAT: UNSERE FREUNDE, FAMILIE, GELIEBTEN ZU SCHÜTZEN, DAS IST, WARUM WIR TUN, WAS WIR TUN. ABER ZU SEHR SCHÜTZEN, KANN BEDEUTEN, WIR STOSSEN SIE WEG.
ICH WILL MICH NICHT EINMISCHEN, ABER DAS SOLLTEST DU DIR MERKEN. DAS BEWAHRT EINEN KLAREN BLICK UND ERSPART EINE MENGE LEID. GLAUB MIR.
JA, ICH WEISS DAS, ABER ICH MUSS ES NOCH ÜBEN, WEISST DU?
DING
TIANA
STEHT DIE VERABREDUNG NOCH?
WENN'S NOCH WAS GIBT, UM DAS DU DICH KÜMMERN MUSST, VERSTEH ICH'S. ICH SUCH KEINEN SIDEKICK ODER SO.
NEE, ICH MACH DAS SPÄTER.
AUSSERDEM WILL ICH MICH VOLL AUF UNSER TEAM-UP KONZENTRIEREN ... DAS WIRD COOL.
ERWARTE LIEBER NICHT ZU VIEL, KUMPEL ...
DETEKTIVARBEIT ERFORDERT MEHR GEDULD ALS KRAFT. GLAUBST DU, DU KRIEGST DAS HIN?
KLAR, KANN DOCH NICHT SCHWER SEIN.

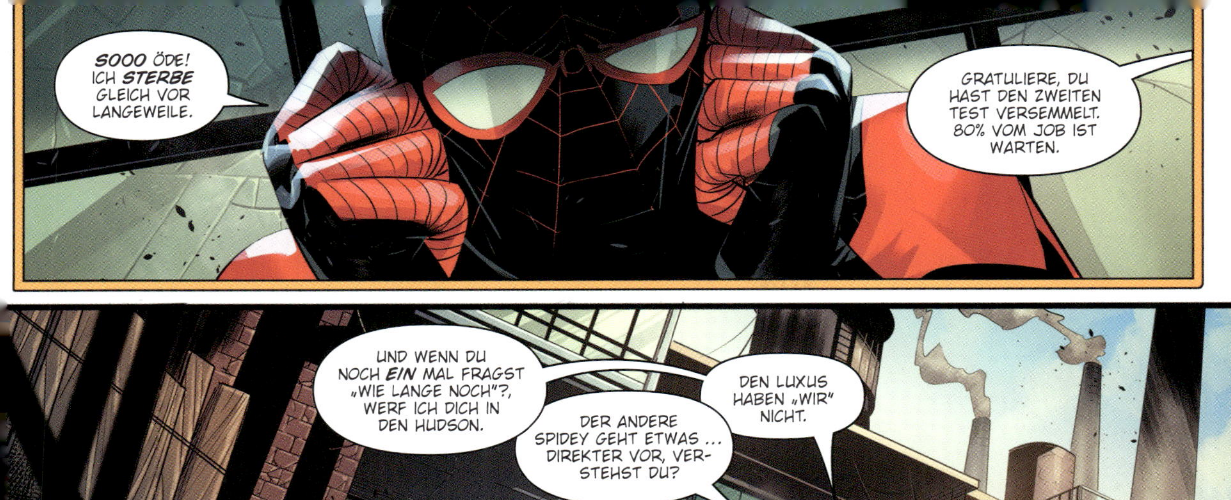
SOOO ÖDE! ICH **STERBE** GLEICH VOR LANGEWEILE.
GRATULIERE, DU HAST DEN ZWEITEN TEST VERSEMMELT. 80% VOM JOB IST WARTEN.

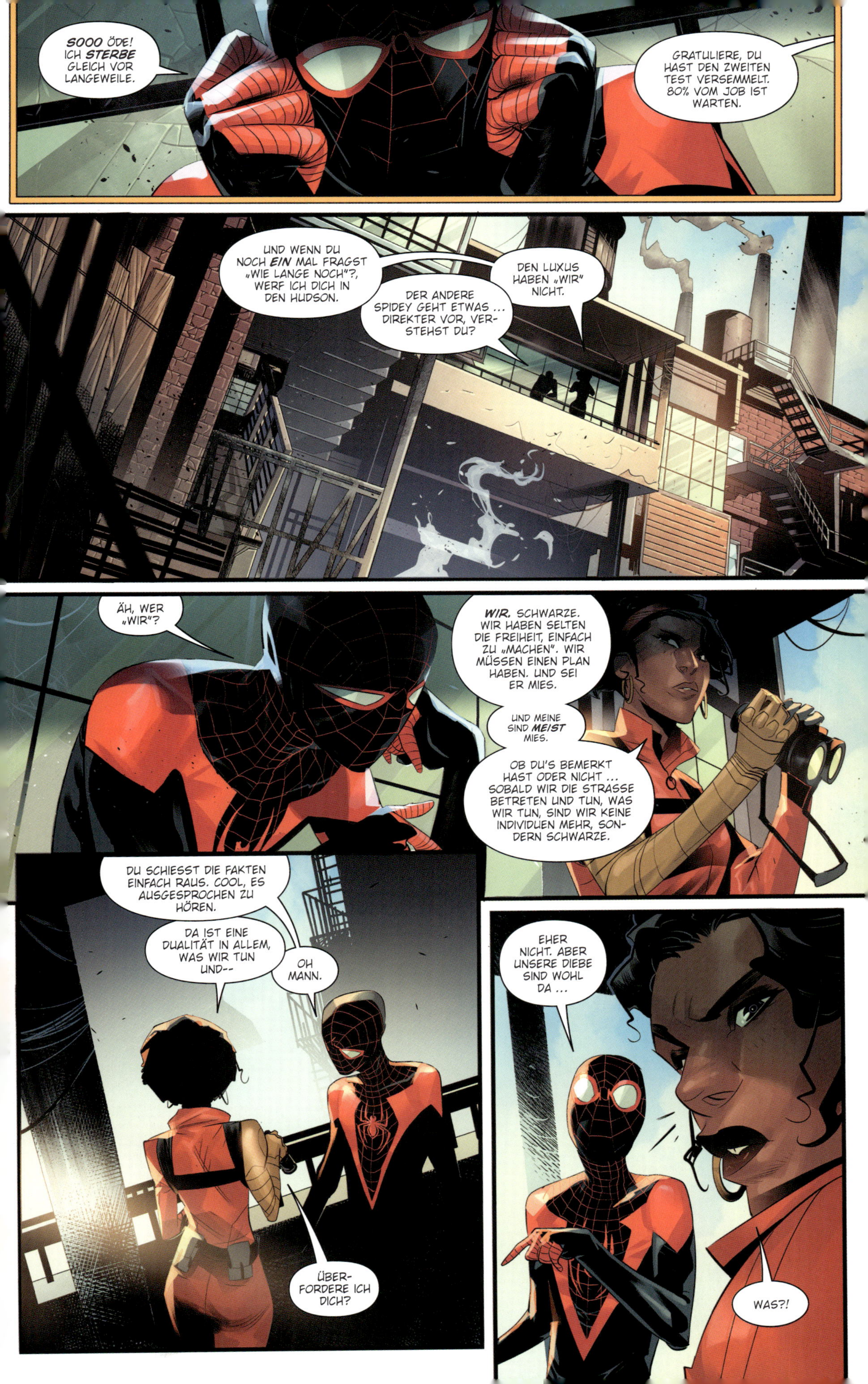

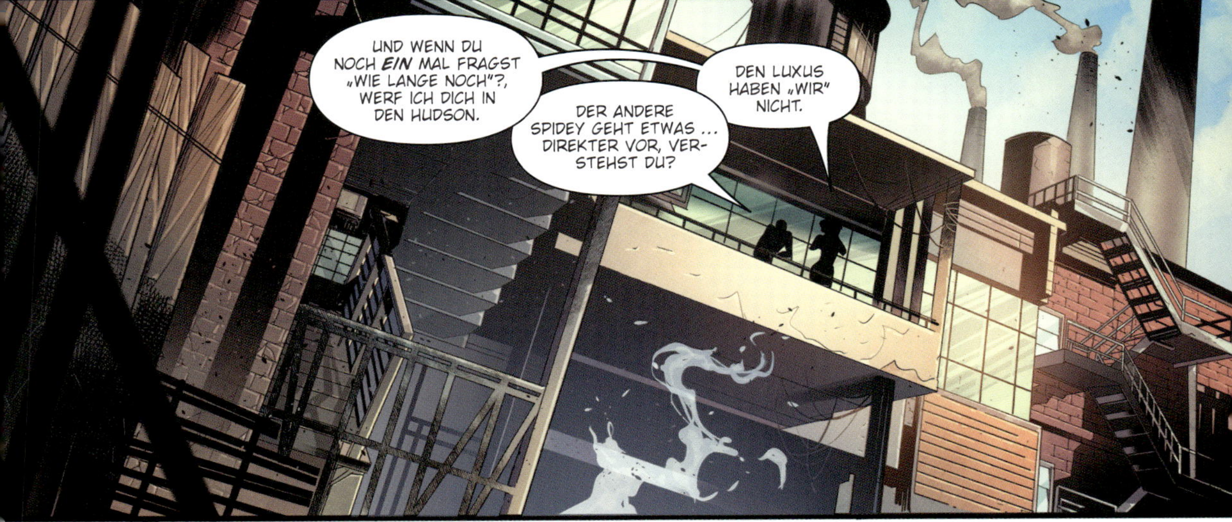
UND WENN DU NOCH **EIN** MAL FRAGST „WIE LANGE NOCH"?, WERF ICH DICH IN DEN HUDSON.
DER ANDERE SPIDEY GEHT ETWAS ... DIREKTER VOR, VERSTEHST DU?
DEN LUXUS HABEN „WIR" NICHT.

ÄH, WER „WIR"?
WIR. SCHWARZE. WIR HABEN SELTEN DIE FREIHEIT, EINFACH ZU „MACHEN". WIR MÜSSEN EINEN PLAN HABEN. UND SEI ER MIES.
UND MEINE SIND **MEIST** MIES.
OB DU'S BEMERKT HAST ODER NICHT ... SOBALD WIR DIE STRASSE BETRETEN UND TUN, WAS WIR TUN, SIND WIR KEINE INDIVIDUEN MEHR, SONDERN SCHWARZE.
DU SCHIESST DIE FAKTEN EINFACH RAUS. COOL, ES AUSGESPROCHEN ZU HÖREN.
DA IST EINE DUALITÄT IN ALLEM, WAS WIR TUN UND--
OH MANN.
ÜBERFORDERE ICH DICH?
EHER NICHT. ABER UNSERE DIEBE SIND WOHL DA ...
WAS?!

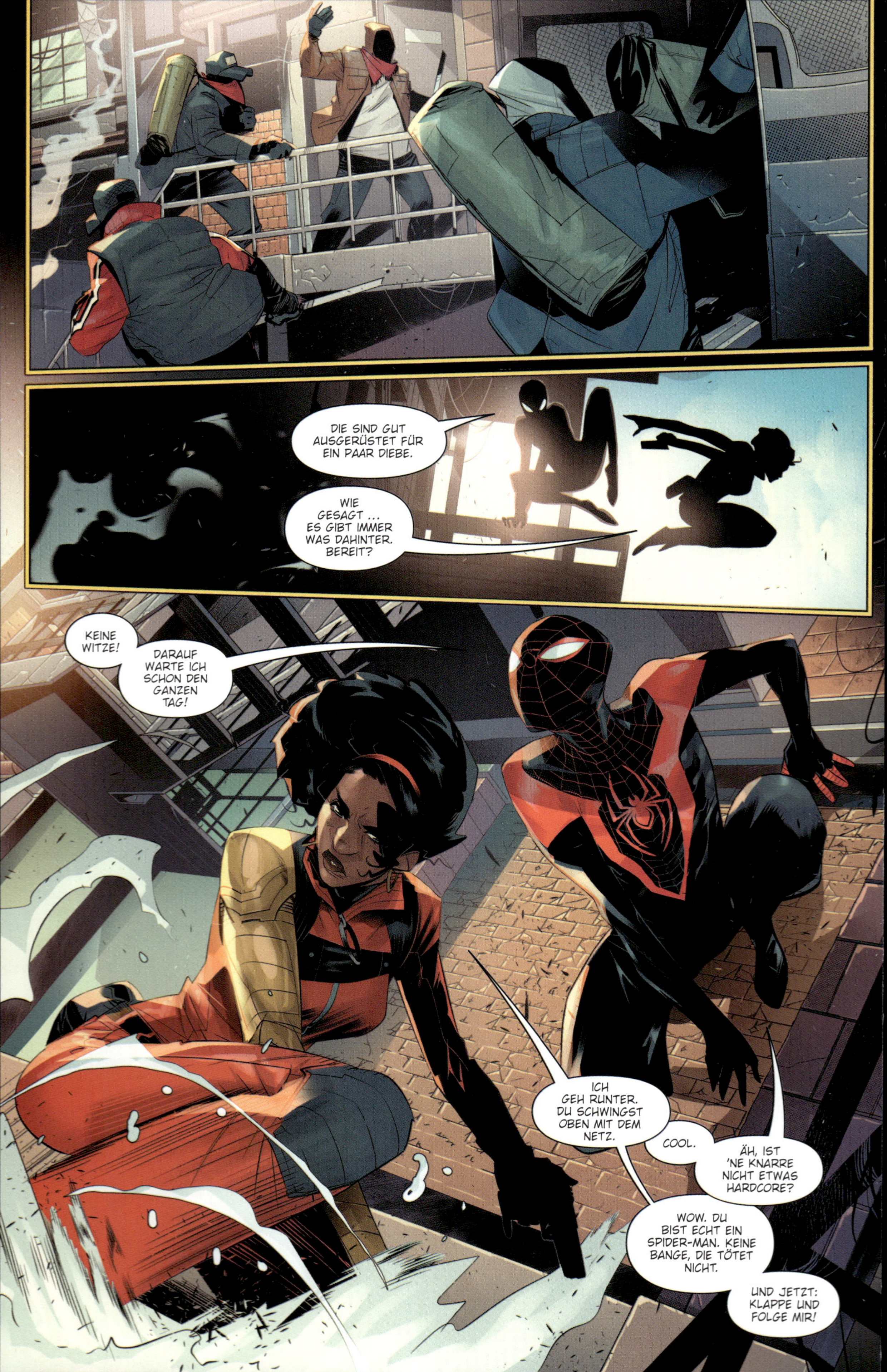
DIE SIND GUT AUSGERÜSTET FÜR EIN PAAR DIEBE.
WIE GESAGT ... ES GIBT IMMER WAS DAHINTER. BEREIT?
KEINE WITZE!
DARAUF WARTE ICH SCHON DEN GANZEN TAG!
ICH GEH RUNTER. DU SCHWINGST OBEN MIT DEM NETZ.
COOL.
ÄH, IST 'NE KNARRE NICHT ETWAS HARDCORE?
WOW. DU BIST ECHT EIN SPIDER-MAN. KEINE BANGE, DIE TÖTET NICHT.
UND JETZT: KLAPPE UND FOLGE MIR!

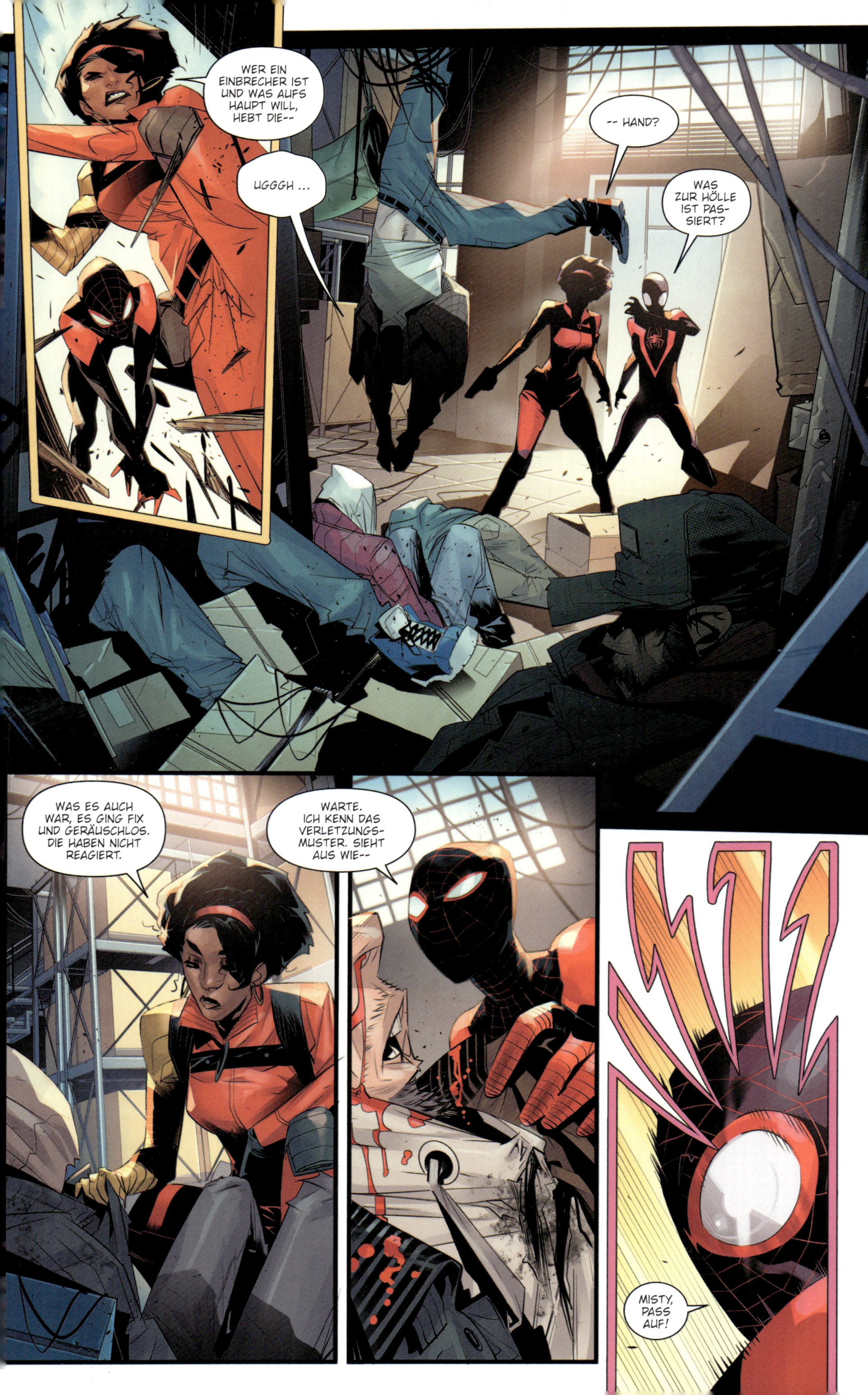
WER EIN EINBRECHER IST UND WAS AUFS HAUPT WILL, HEBT DIE--
UGGGH ...
-- HAND?
WAS ZUR HÖLLE IST PASSIERT?
WAS ES AUCH WAR, ES GING FIX UND GERÄUSCHLOS. DIE HABEN NICHT REAGIERT.
WARTE. ICH KENN DAS VERLETZUNGSMUSTER. SIEHT AUS WIE--
MISTY, PASS AUF!

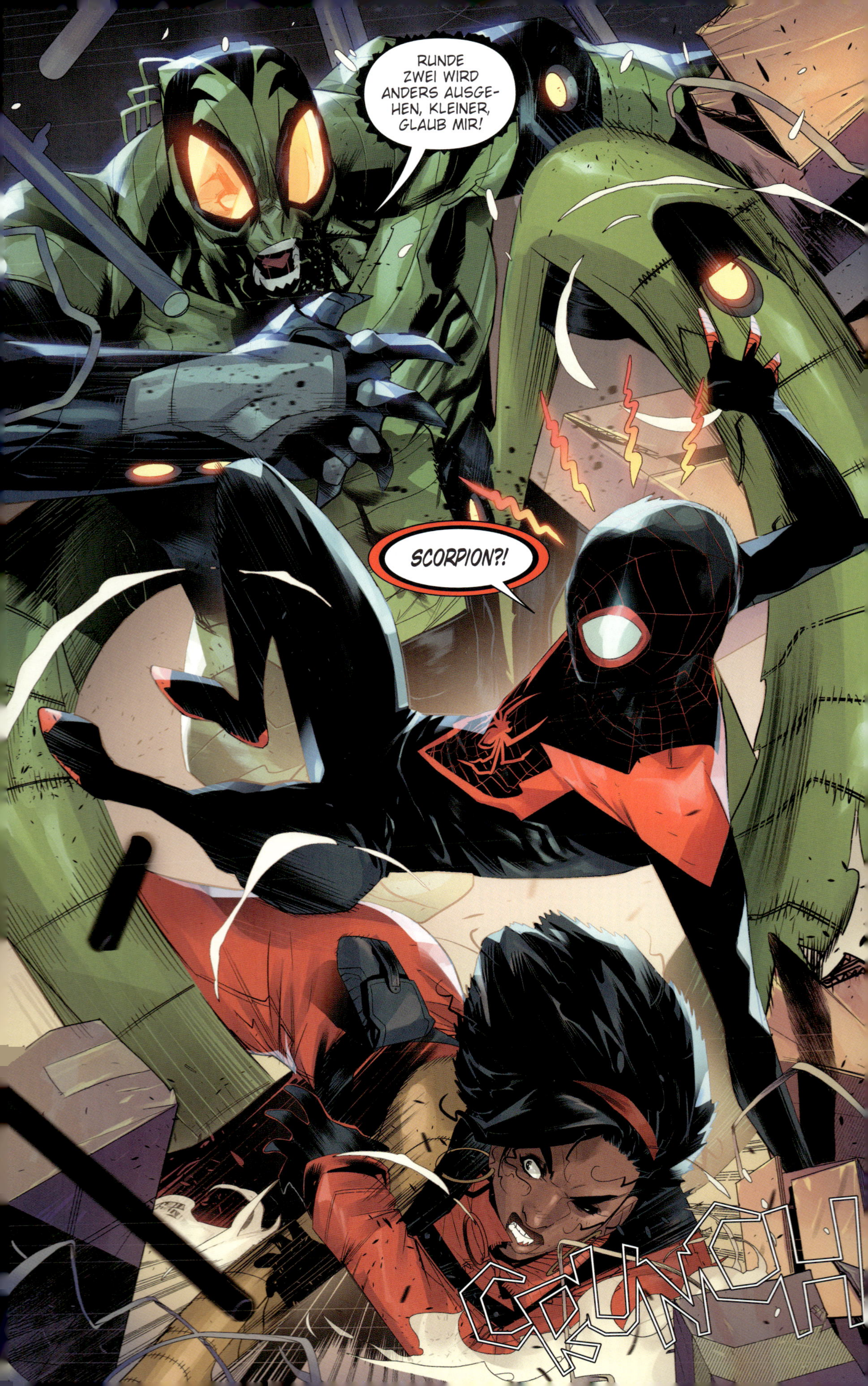
RUNDE ZWEI WIRD ANDERS AUSGEHEN, KLEINER, GLAUB MIR!
SCORPION?!
CRUNCH

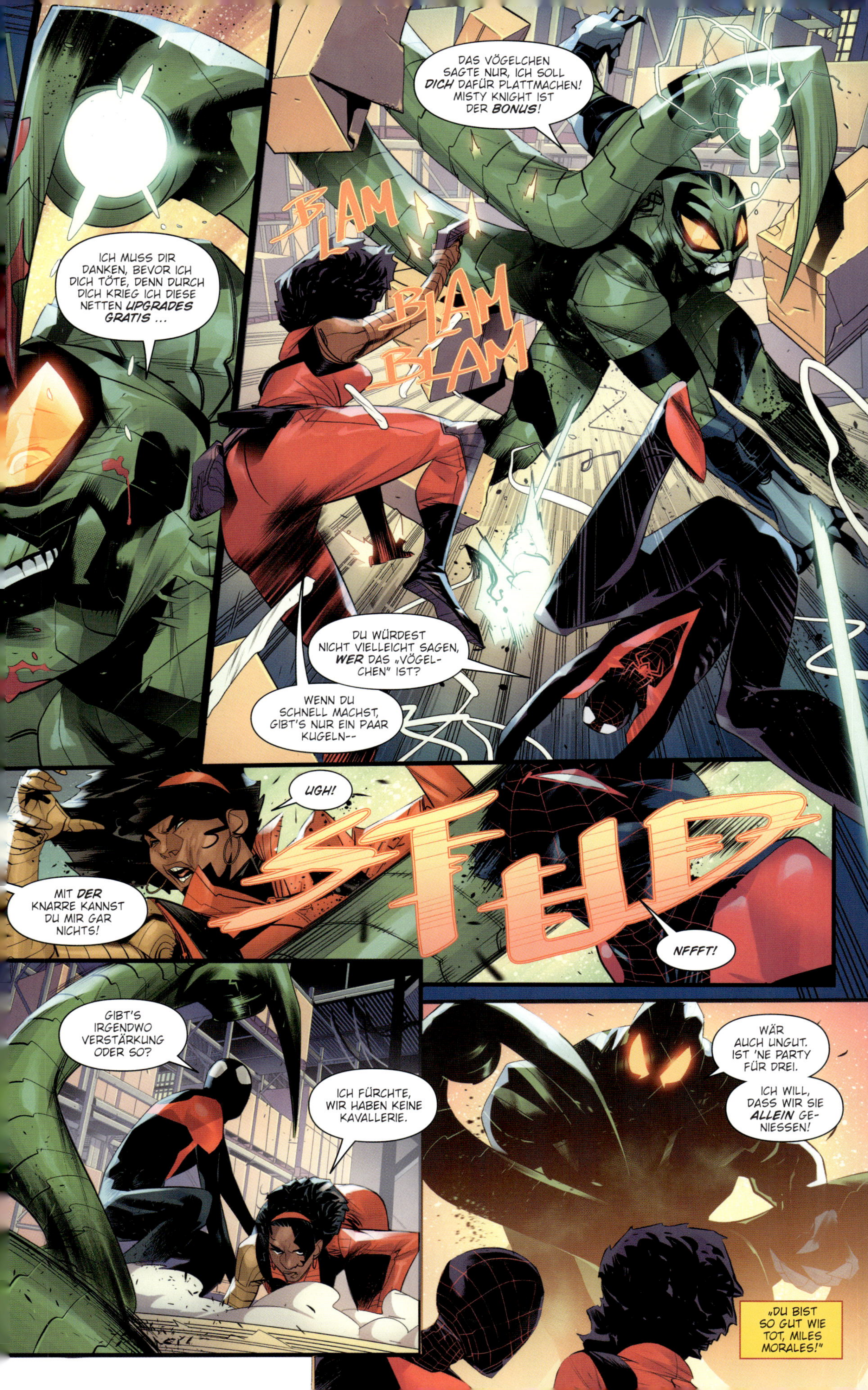
ICH MUSS DIR DANKEN, BEVOR ICH DICH TÖTE, DENN DURCH DICH KRIEG ICH DIESE NETTEN UPGRADES GRATIS ...
DAS VÖGELCHEN SAGTE NUR, ICH SOLL DICH DAFÜR PLATTMACHEN! MISTY KNIGHT IST DER BONUS!
BLAM
BLAM
BLAM
DU WÜRDEST NICHT VIELLEICHT SAGEN, WER DAS „VÖGELCHEN" IST?
WENN DU SCHNELL MACHST, GIBT'S NUR EIN PAAR KUGELN--
UGH!
STHD
MIT DER KNARRE KANNST DU MIR GAR NICHTS!
NFFFT!
GIBT'S IRGENDWO VERSTÄRKUNG ODER SO?
ICH FÜRCHTE, WIR HABEN KEINE KAVALLERIE.
WÄR AUCH UNGUT. IST 'NE PARTY FÜR DREI.
ICH WILL, DASS WIR SIE ALLEIN GENIESSEN!
„DU BIST SO GUT WIE TOT, MILES MORALES!"

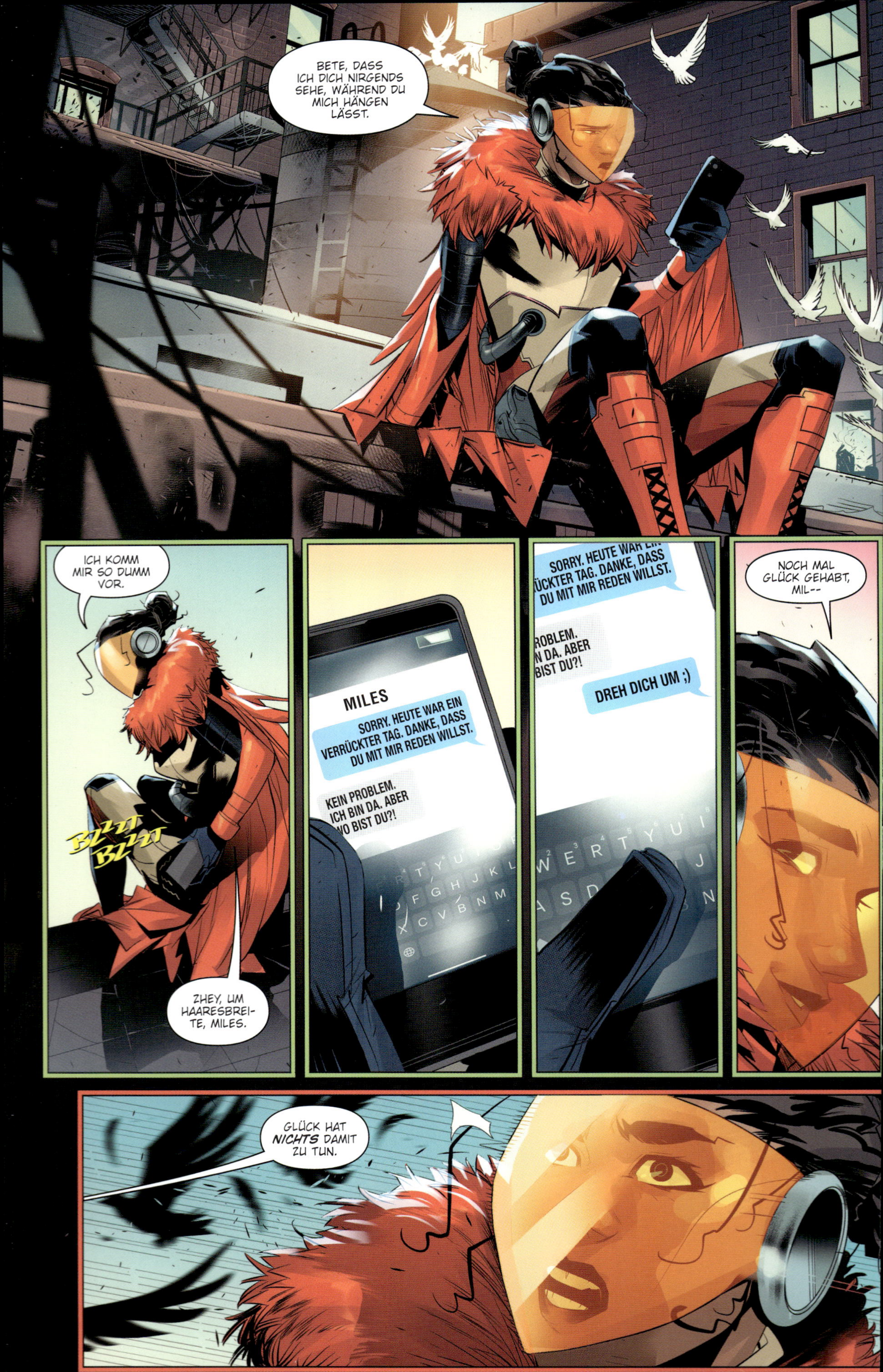

BETE, DASS ICH DICH NIRGENDS SEHE, WÄHREND DU MICH HÄNGEN LÄSST.

ICH KOMM MIR SO DUMM VOR.

BZZZT BZZZT

ZHEY, UM HAARESBREI-TE, MILES.

MILES

SORRY. HEUTE WAR EIN VERRÜCKTER TAG. DANKE, DASS DU MIT MIR REDEN WILLST.

KEIN PROBLEM. ICH BIN DA. ABER WO BIST DU?!

DREH DICH UM ;)

NOCH MAL GLÜCK GEHABT, MIL--

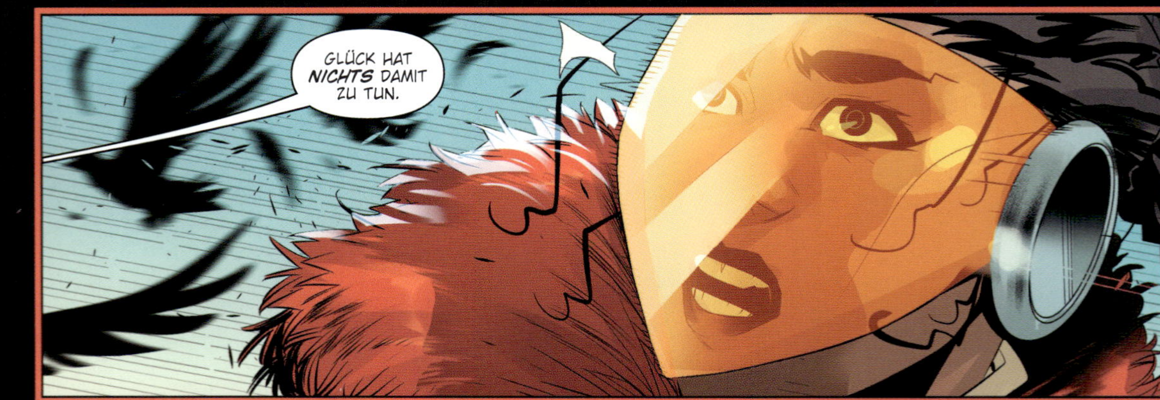

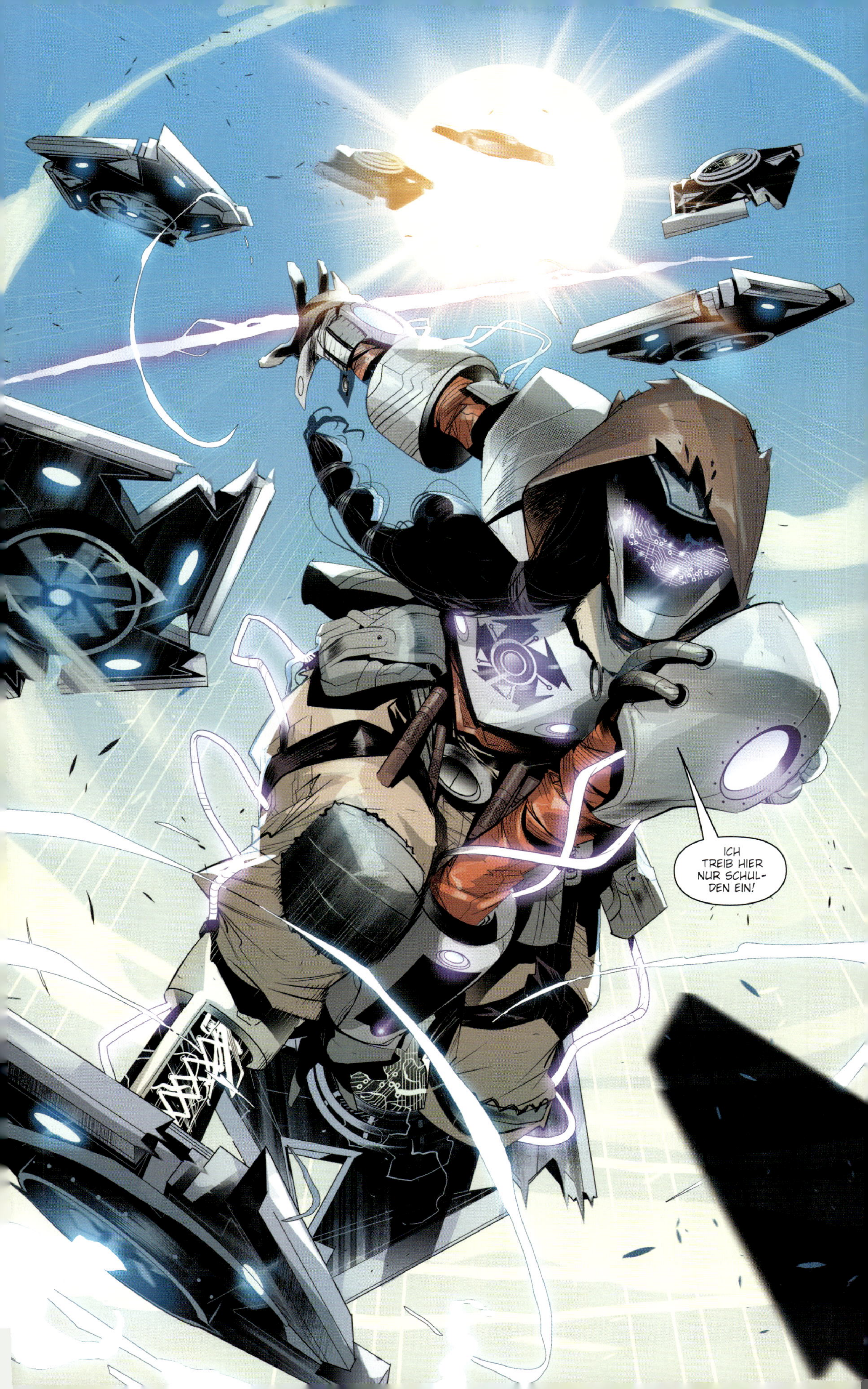
ICH TREIB HIER NUR SCHUL-DEN EIN!

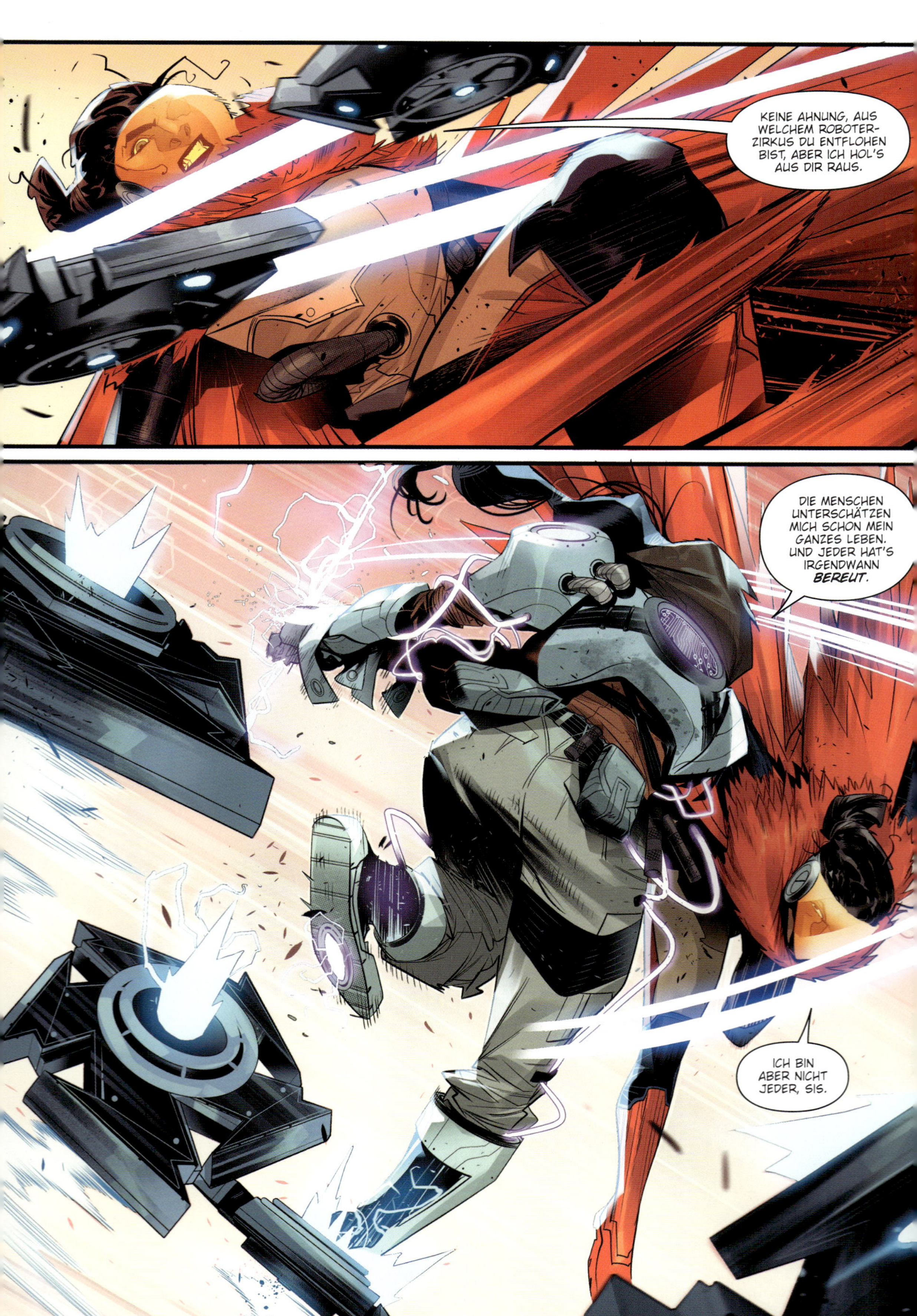
KEINE AHNUNG, AUS WELCHEM ROBOTER-ZIRKUS DU ENTFLOHEN BIST, ABER ICH HOL'S AUS DIR RAUS.
DIE MENSCHEN UNTERSCHÄTZEN MICH SCHON MEIN GANZES LEBEN. UND JEDER HAT'S IRGENDWANN ***BEREUT***.
ICH BIN ABER NICHT JEDER, SIS.

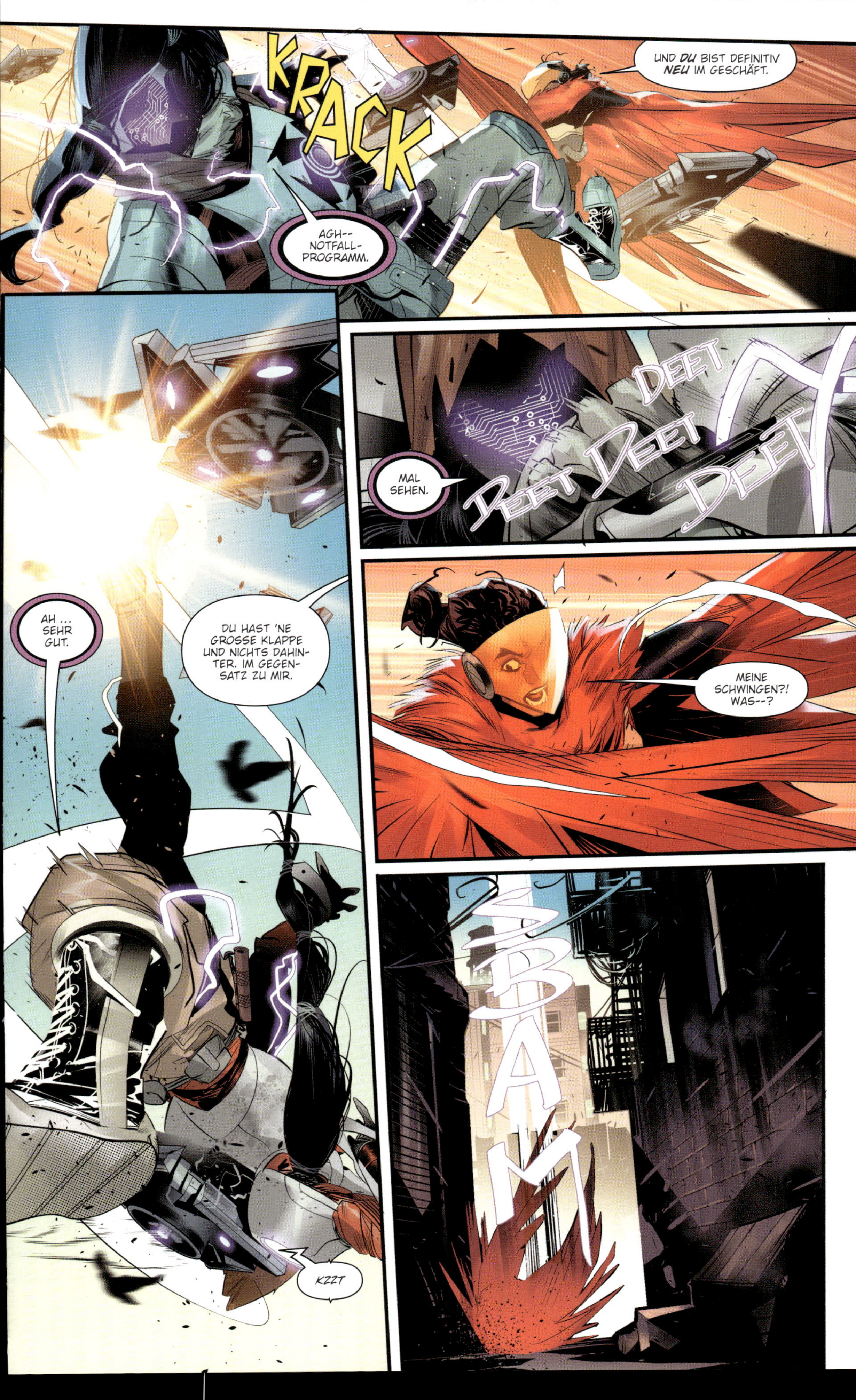
KRACK
UND DU BIST DEFINITIV NEU IM GESCHÄFT.
AGH-- NOTFALL-PROGRAMM.
MAL SEHEN.
DEET DEET DEET DEET DEET
AH ... SEHR GUT.
DU HAST 'NE GROSSE KLAPPE UND NICHTS DAHINTER. IM GEGENSATZ ZU MIR.
MEINE SCHWINGEN?! WAS--?
KZZT
SBAM

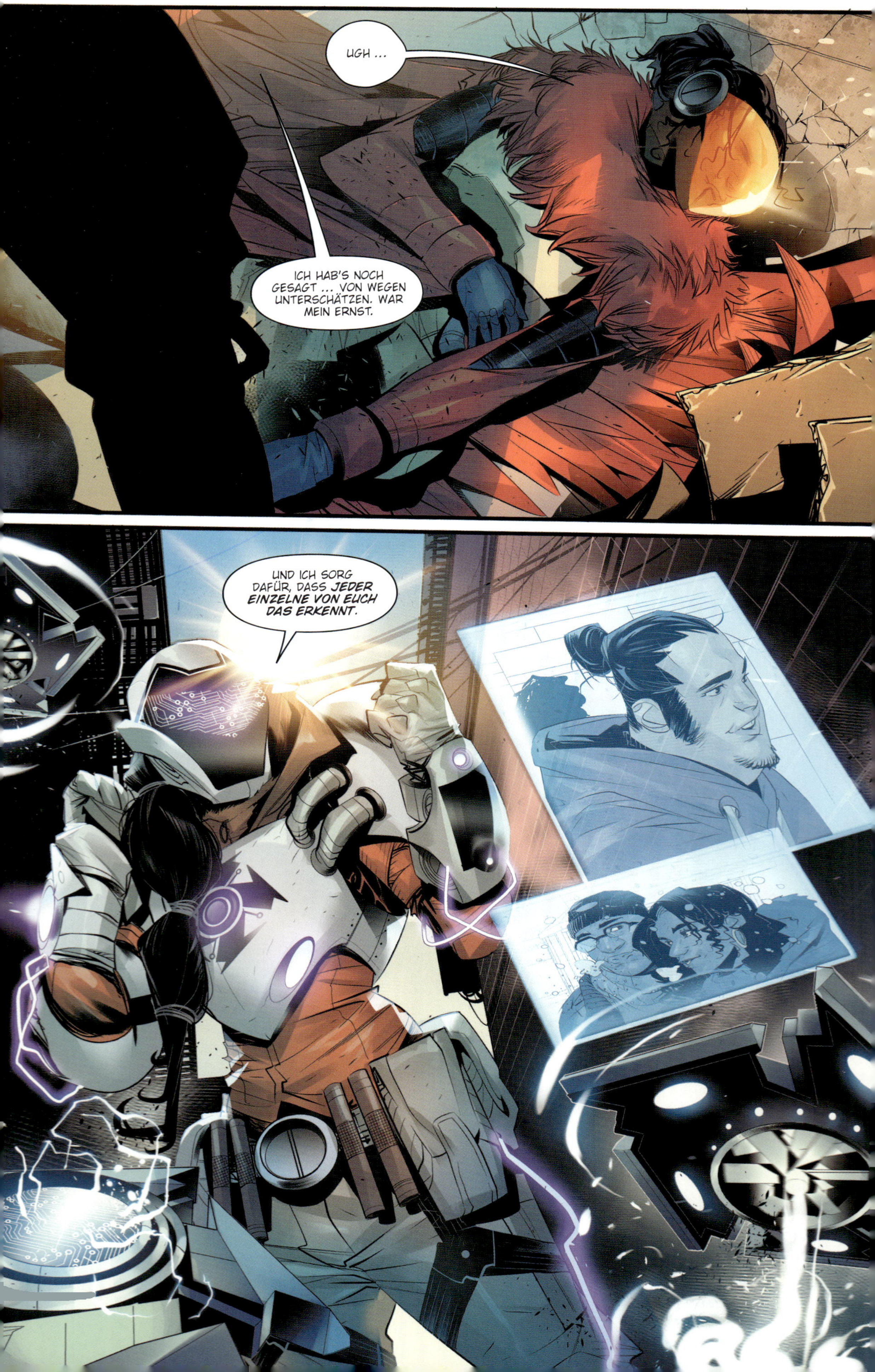

UGH ...
ICH HAB'S NOCH GESAGT ... VON WEGEN UNTERSCHÄTZEN. WAR MEIN ERNST.
UND ICH SORG DAFÜR, DASS ***JEDER EINZELNE VON EUCH DAS ERKENNT.***

DIE GROSSE HERAUSFORDERUNG, TEIL 3

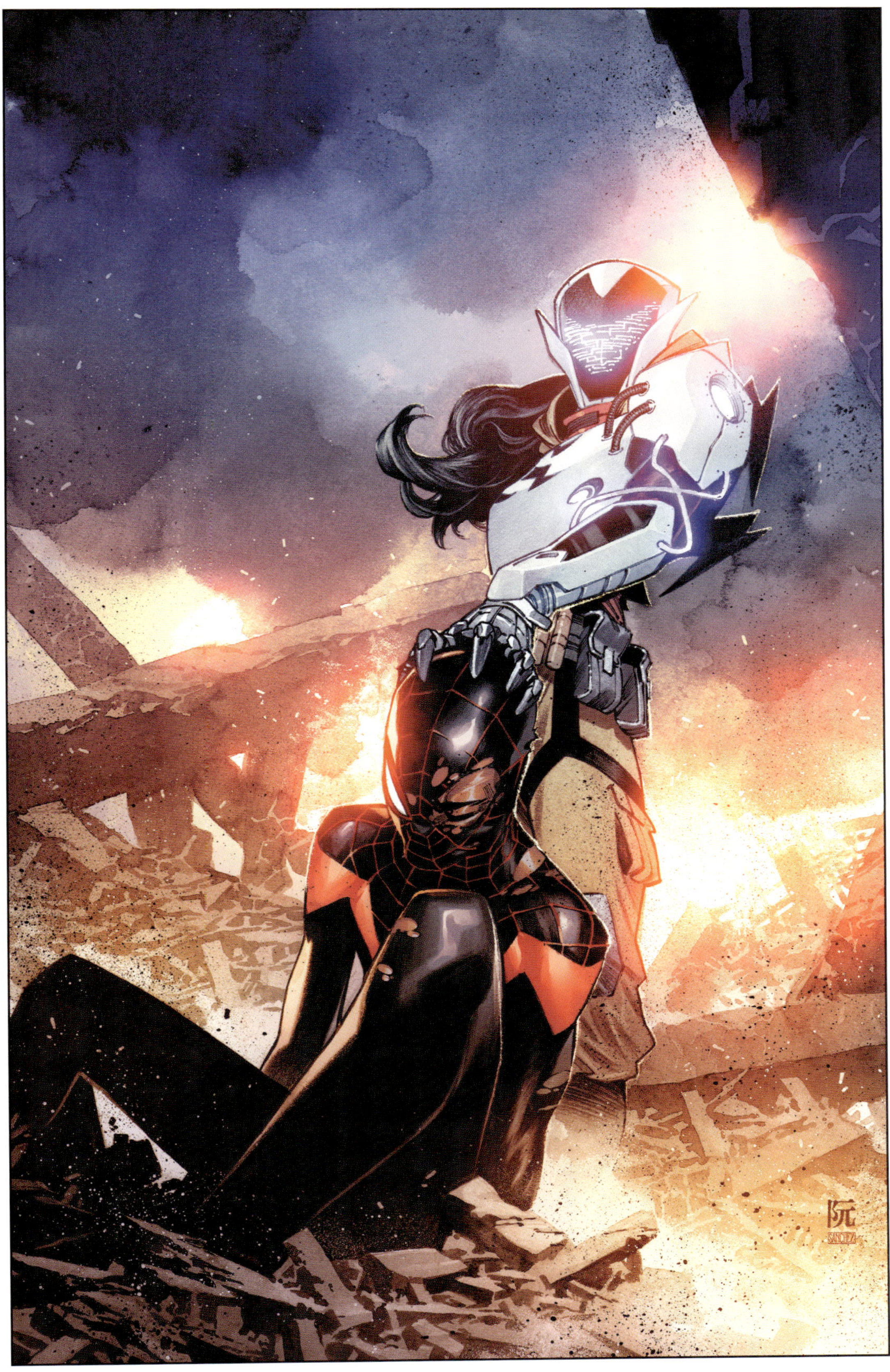

Miles Morales: Spider-Man (2022) 3
Cover von **DIKE RUAN**

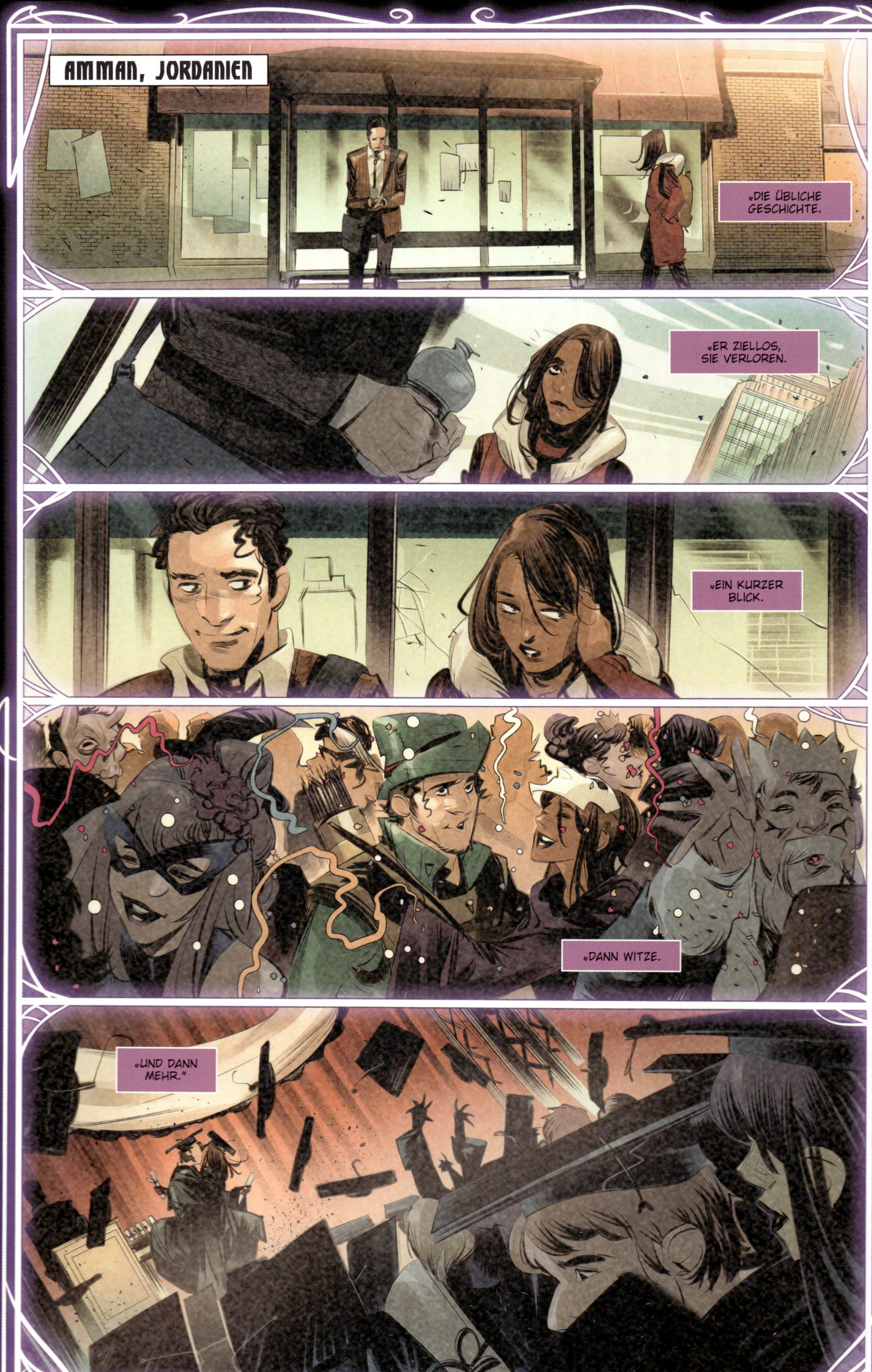
AMMAN, JORDANIEN
„DIE ÜBLICHE GESCHICHTE.
„ER ZIELLOS, SIE VERLOREN.
„EIN KURZER BLICK.
„DANN WITZE.
„UND DANN MEHR."

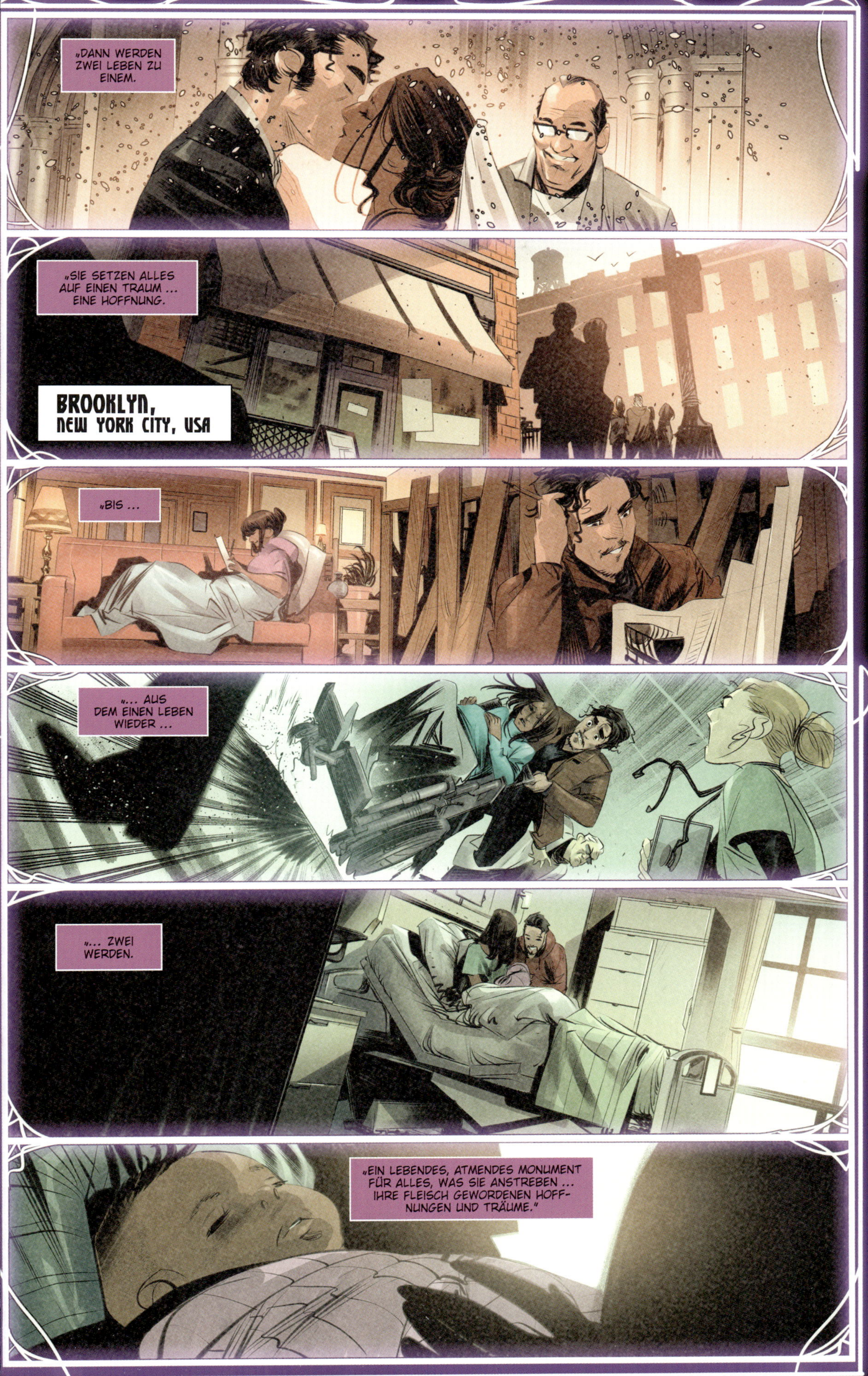
„DANN WERDEN ZWEI LEBEN ZU EINEM.
„SIE SETZEN ALLES AUF EINEN TRAUM ... EINE HOFFNUNG.
BROOKLYN, NEW YORK CITY, USA
„BIS ...
„... AUS DEM EINEN LEBEN WIEDER ...
„... ZWEI WERDEN.
„EIN LEBENDES, ATMENDES MONUMENT FÜR ALLES, WAS SIE ANSTREBEN ... IHRE FLEISCH GEWORDENEN HOFF-NUNGEN UND TRÄUME."

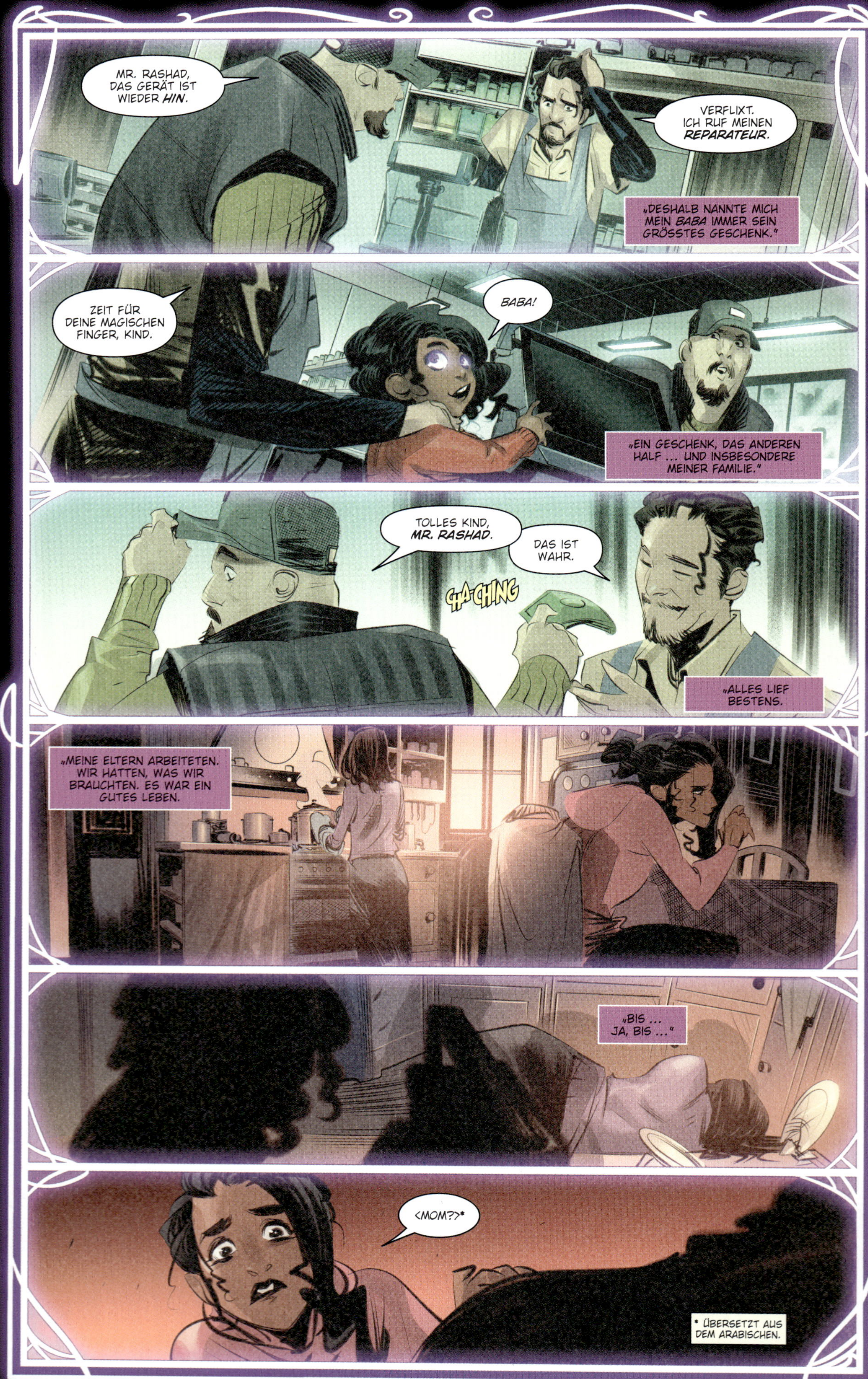
MR. RASHAD, DAS GERÄT IST WIEDER *HIN*.
VERFLIXT. ICH RUF MEINEN *REPARATEUR*.
„DESHALB NANNTE MICH MEIN *BABA* IMMER SEIN GRÖSSTES GESCHENK."
ZEIT FÜR DEINE MAGISCHEN FINGER, KIND.
BABA!
„EIN GESCHENK, DAS ANDEREN HALF ... UND INSBESONDERE MEINER FAMILIE."
TOLLES KIND, *MR. RASHAD*.
DAS IST WAHR.
CHA-CHING
„ALLES LIEF BESTENS.
„MEINE ELTERN ARBEITETEN. WIR HATTEN, WAS WIR BRAUCHTEN. ES WAR EIN GUTES LEBEN.
„BIS ... JA, BIS ..."
<MOM?>*
* ÜBERSETZT AUS DEM ARABISCHEN.

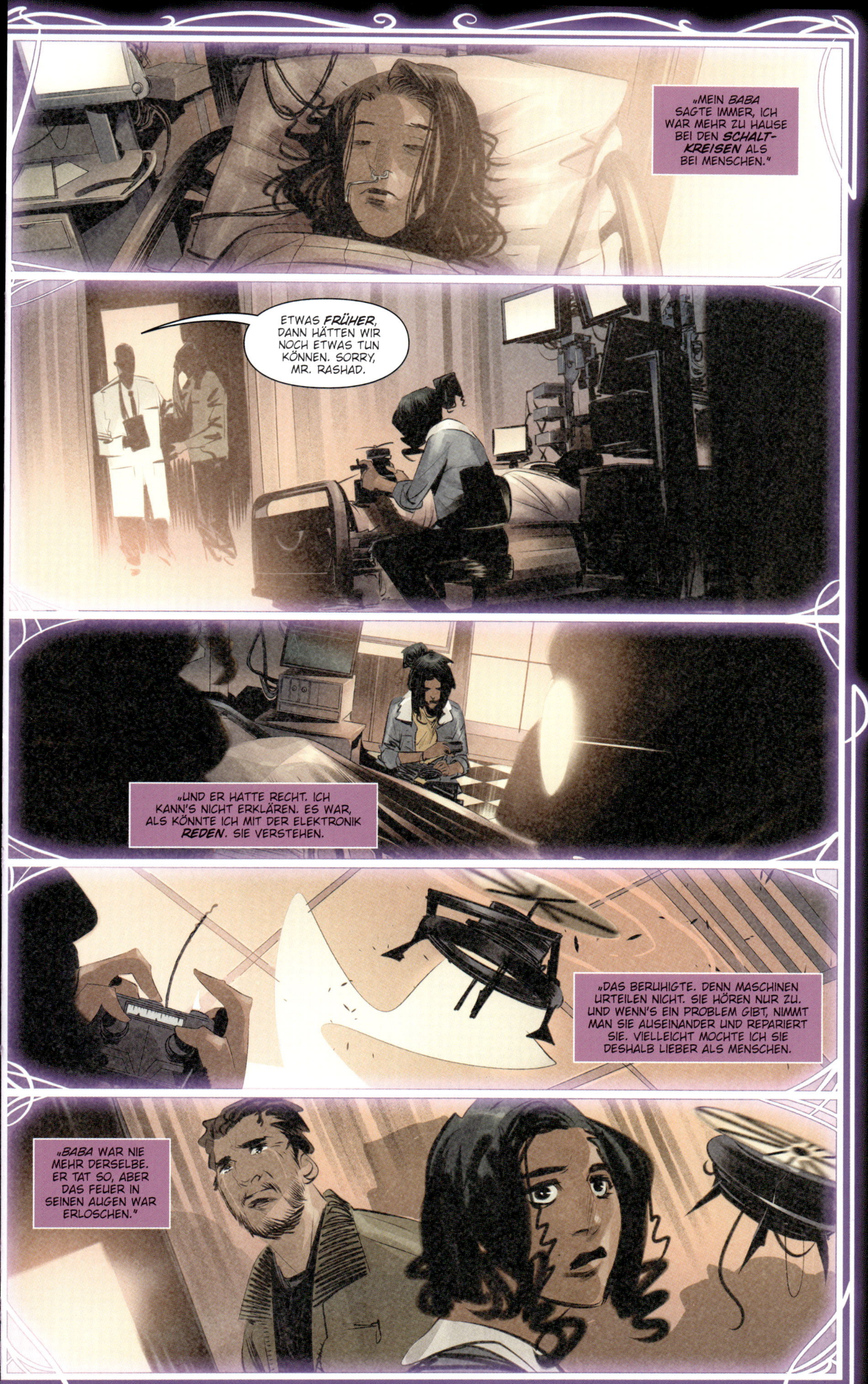
„MEIN *BABA* SAGTE IMMER, ICH WAR MEHR ZU HAUSE BEI DEN ***SCHALT-KREISEN*** ALS BEI MENSCHEN."
ETWAS ***FRÜHER***, DANN HÄTTEN WIR NOCH ETWAS TUN KÖNNEN. SORRY, MR. RASHAD.
„UND ER HATTE RECHT. ICH KANN'S NICHT ERKLÄREN. ES WAR, ALS KÖNNTE ICH MIT DER ELEKTRONIK ***REDEN***. SIE VERSTEHEN.
„DAS BERUHIGTE. DENN MASCHINEN URTEILEN NICHT. SIE HÖREN NUR ZU. UND WENN'S EIN PROBLEM GIBT, NIMMT MAN SIE AUSEINANDER UND REPARIERT SIE. VIELLEICHT MOCHTE ICH SIE DESHALB LIEBER ALS MENSCHEN.
„*BABA* WAR NIE MEHR DERSELBE. ER TAT SO, ABER DAS FEUER IN SEINEN AUGEN WAR ERLOSCHEN."

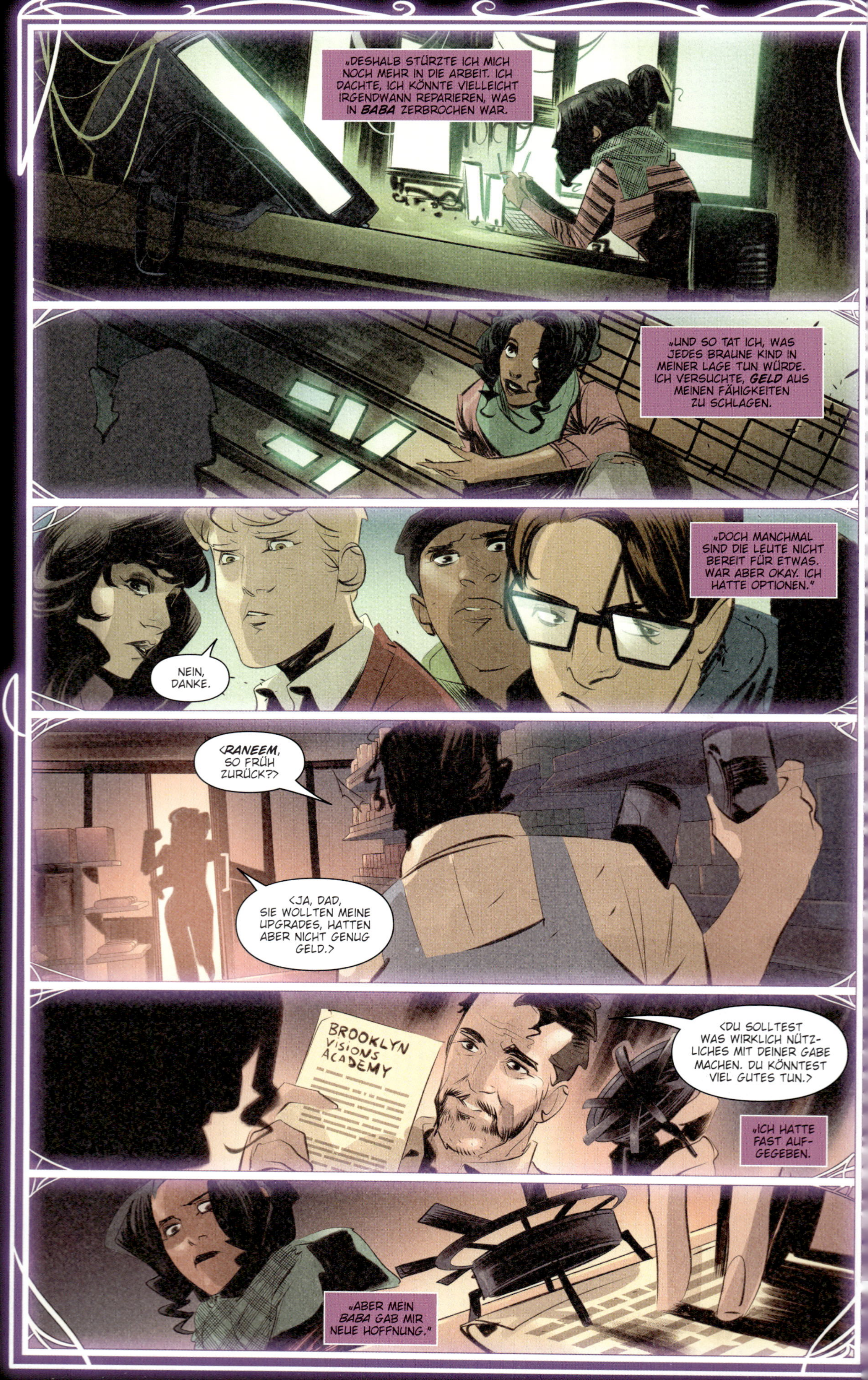
„DESHALB STÜRZTE ICH MICH NOCH MEHR IN DIE ARBEIT. ICH DACHTE, ICH KÖNNTE VIELLEICHT IRGENDWANN REPARIEREN, WAS IN BABA ZERBROCHEN WAR.
„UND SO TAT ICH, WAS JEDES BRAUNE KIND IN MEINER LAGE TUN WÜRDE. ICH VERSUCHTE, GELD AUS MEINEN FÄHIGKEITEN ZU SCHLAGEN.
„DOCH MANCHMAL SIND DIE LEUTE NICHT BEREIT FÜR ETWAS. WAR ABER OKAY. ICH HATTE OPTIONEN."
NEIN, DANKE.
<RANEEM, SO FRÜH ZURÜCK?>
<JA, DAD, SIE WOLLTEN MEINE UPGRADES, HATTEN ABER NICHT GENUG GELD.>
BROOKLYN VISIONS ACADEMY
<DU SOLLTEST WAS WIRKLICH NÜTZLICHES MIT DEINER GABE MACHEN. DU KÖNNTEST VIEL GUTES TUN.>
„ICH HATTE FAST AUFGEGEBEN.
„ABER MEIN BABA GAB MIR NEUE HOFFNUNG."

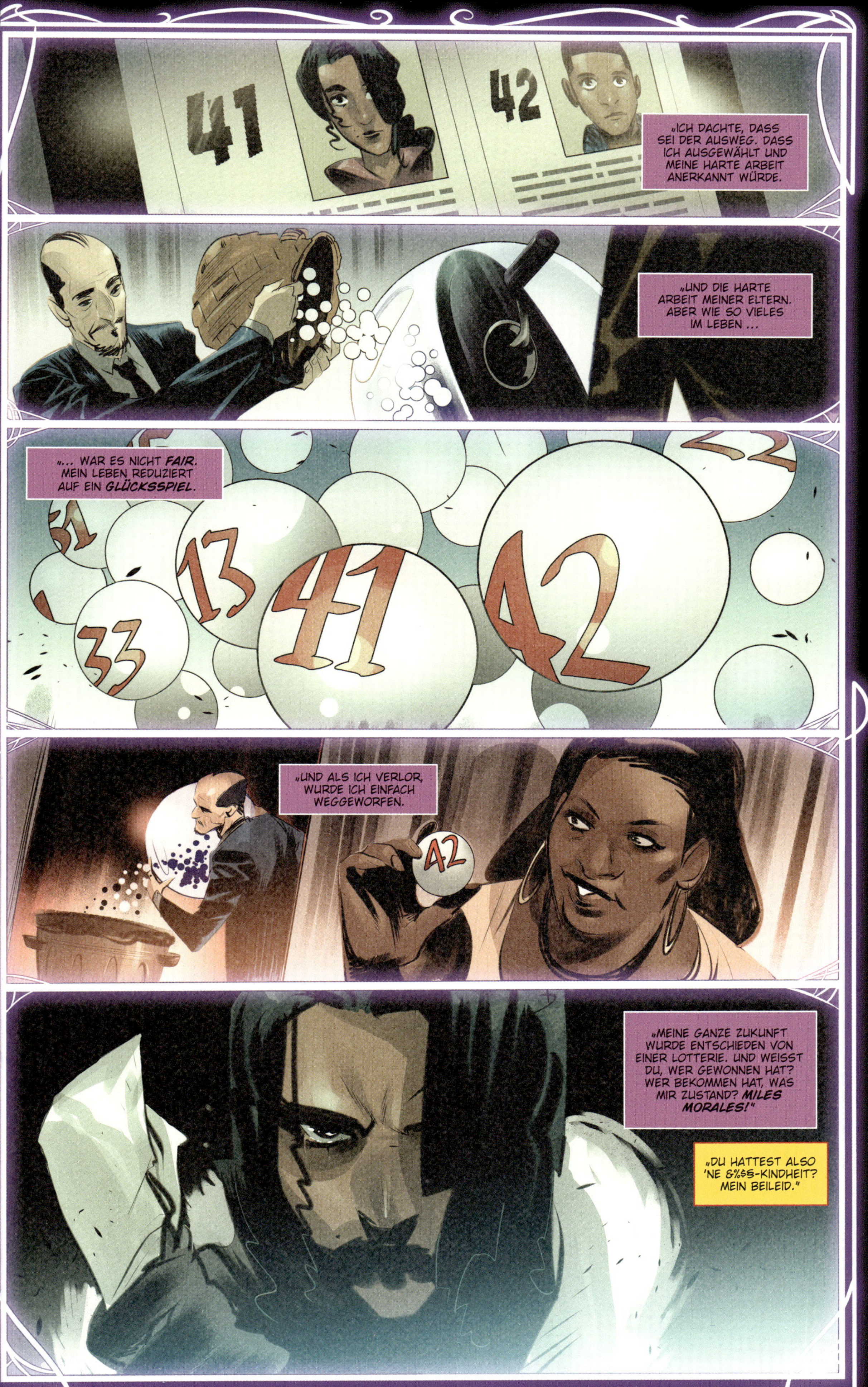
„ICH DACHTE, DASS SEI DER AUSWEG. DASS ICH AUSGEWÄHLT UND MEINE HARTE ARBEIT ANERKANNT WÜRDE.
„UND DIE HARTE ARBEIT MEINER ELTERN. ABER WIE SO VIELES IM LEBEN …
„… WAR ES NICHT FAIR. MEIN LEBEN REDUZIERT AUF EIN GLÜCKSSPIEL.
„UND ALS ICH VERLOR, WURDE ICH EINFACH WEGGEWORFEN.
„MEINE GANZE ZUKUNFT WURDE ENTSCHIEDEN VON EINER LOTTERIE. UND WEISST DU, WER GEWONNEN HAT? WER BEKOMMEN HAT, WAS MIR ZUSTAND? MILES MORALES!"
„DU HATTEST ALSO 'NE &%$$-KINDHEIT? MEIN BEILEID."

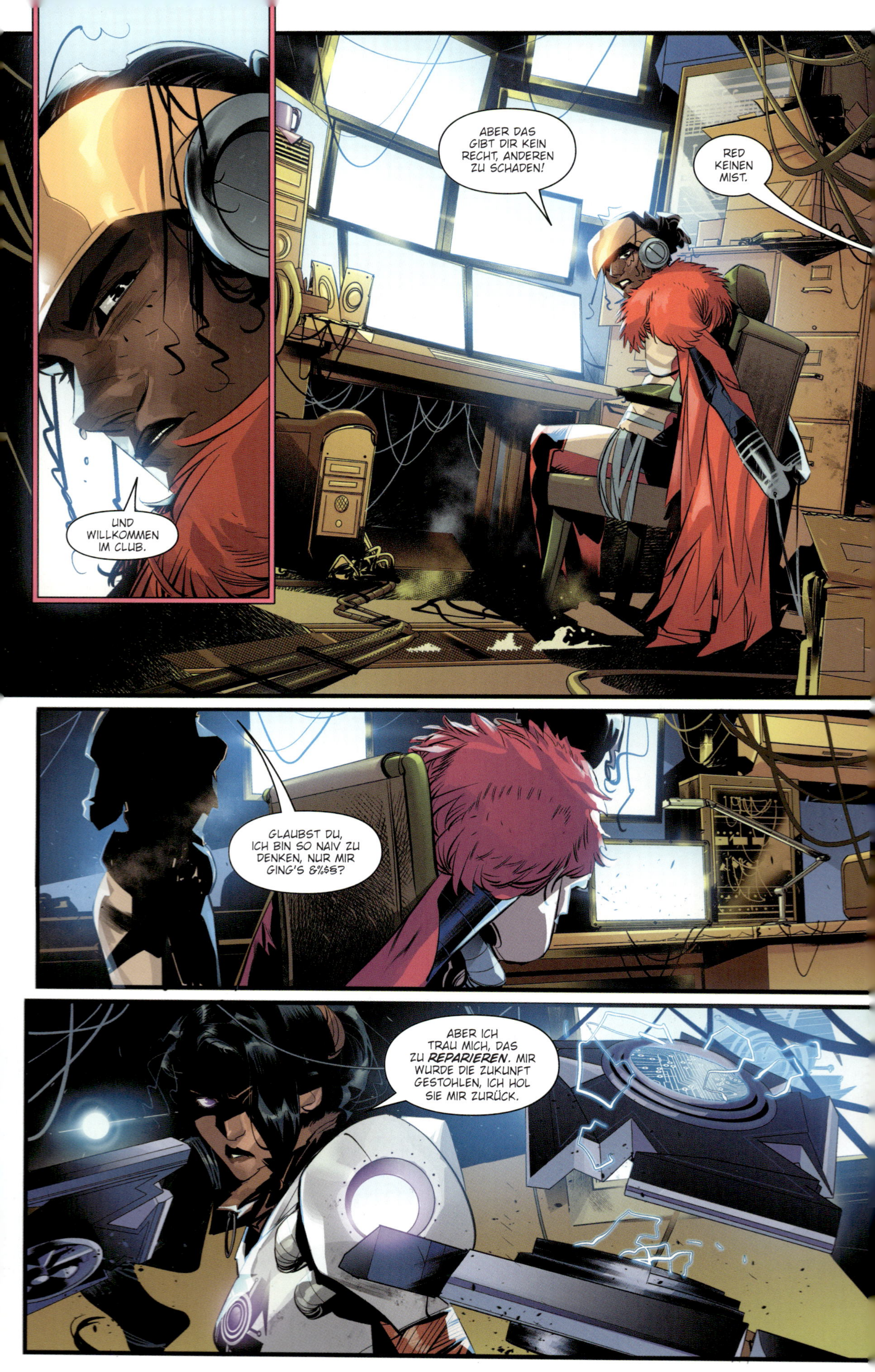

UND WILLKOMMEN IM CLUB.

ABER DAS GIBT DIR KEIN RECHT, ANDEREN ZU SCHADEN!

RED KEINEN MIST.

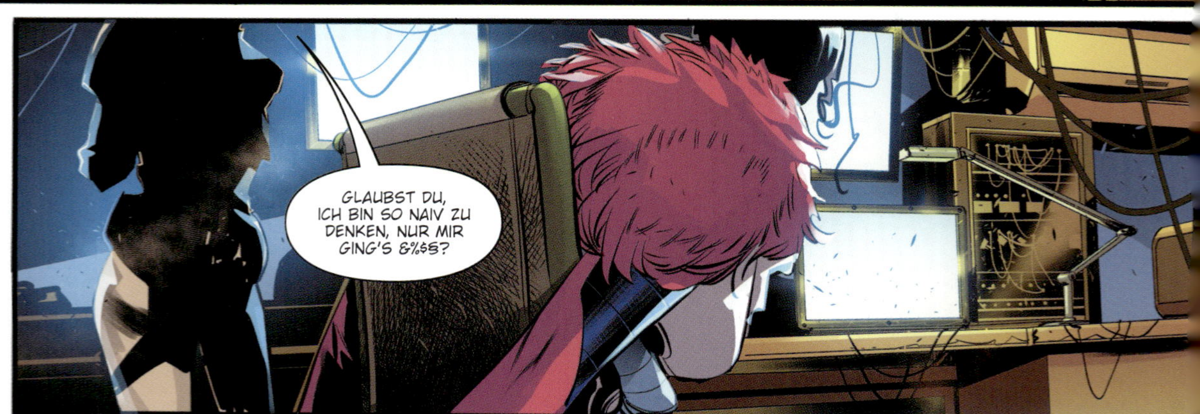

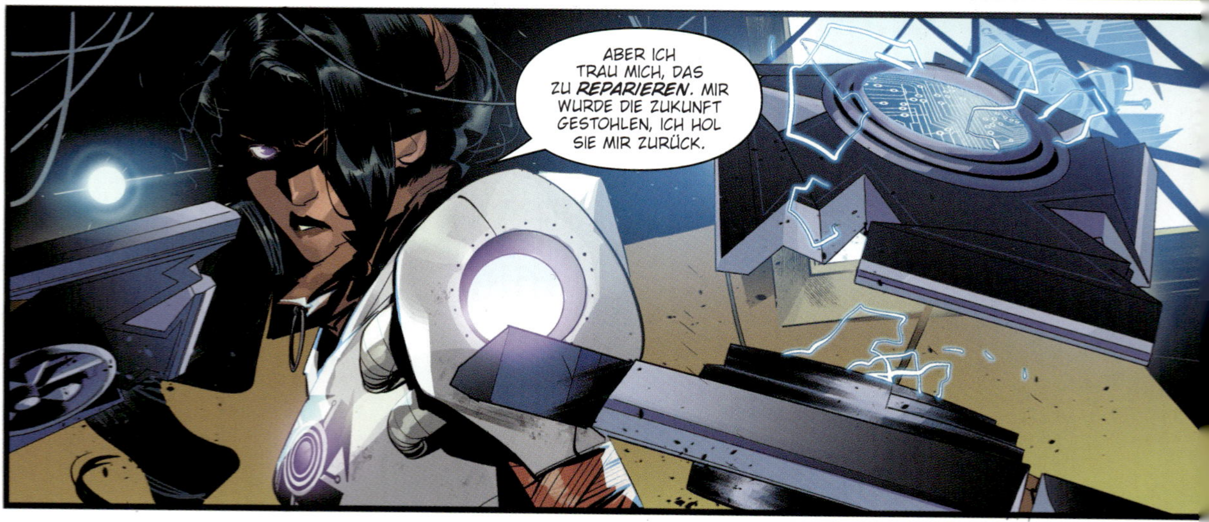

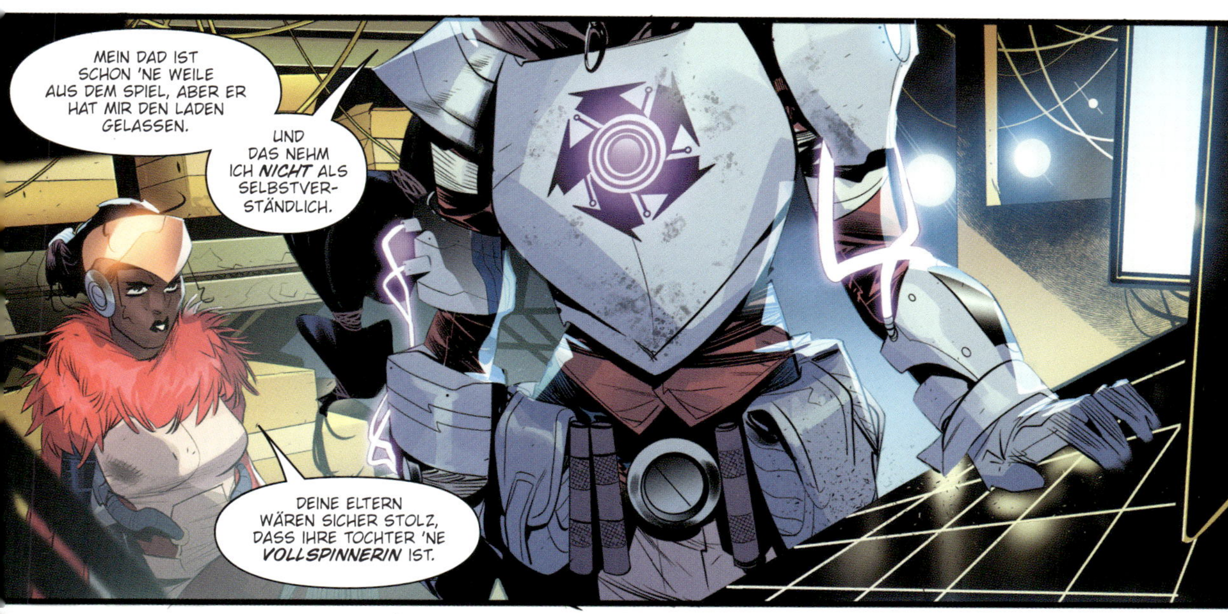
MEIN DAD IST SCHON 'NE WEILE AUS DEM SPIEL, ABER ER HAT MIR DEN LADEN GELASSEN.
UND DAS NEHM ICH *NICHT* ALS SELBSTVERSTÄNDLICH.
DEINE ELTERN WÄREN SICHER STOLZ, DASS IHRE TOCHTER 'NE *VOLLSPINNERIN* IST.

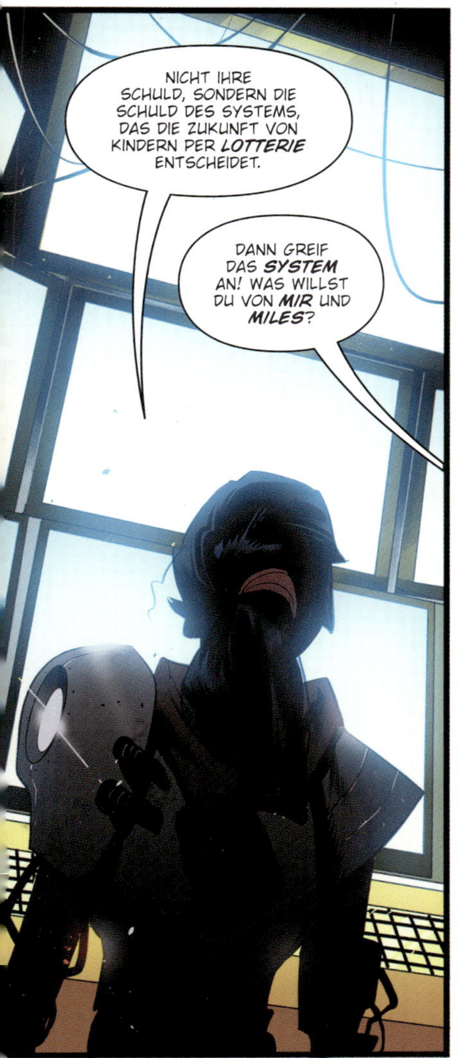
NICHT IHRE SCHULD, SONDERN DIE SCHULD DES SYSTEMS, DAS DIE ZUKUNFT VON KINDERN PER *LOTTERIE* ENTSCHEIDET.
DANN GREIF DAS *SYSTEM* AN! WAS WILLST DU VON *MIR* UND *MILES*?

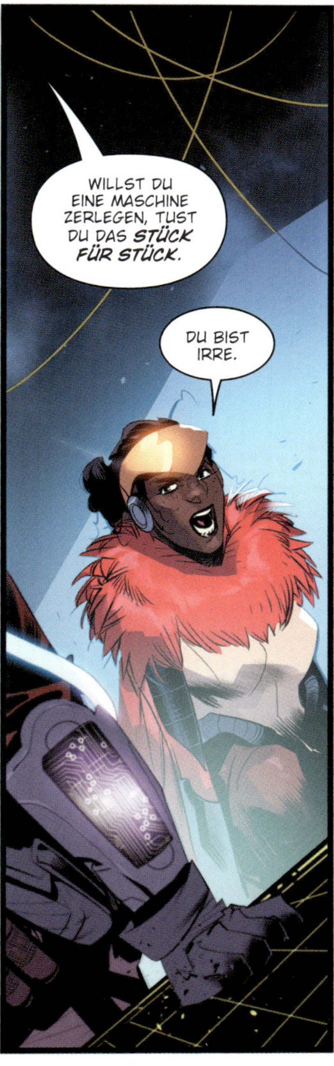
WILLST DU EINE MASCHINE ZERLEGEN, TUST DU DAS *STÜCK FÜR STÜCK*.
DU BIST IRRE.

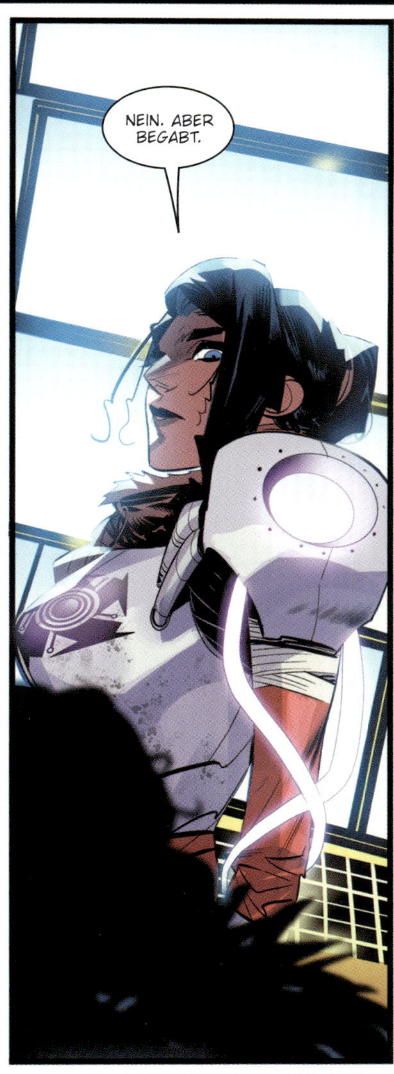
NEIN. ABER BEGABT.

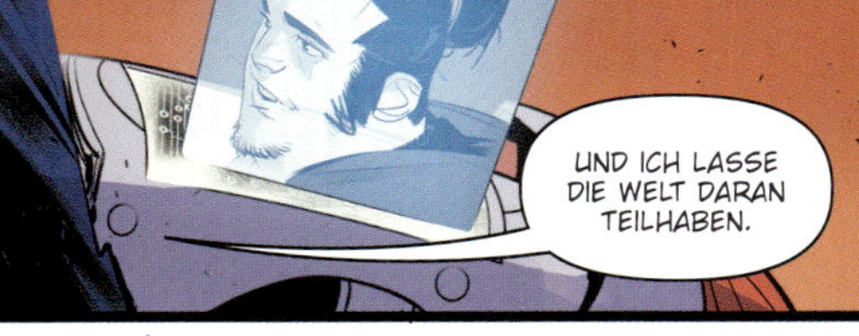
UND ICH LASSE DIE WELT DARAN TEILHABEN.

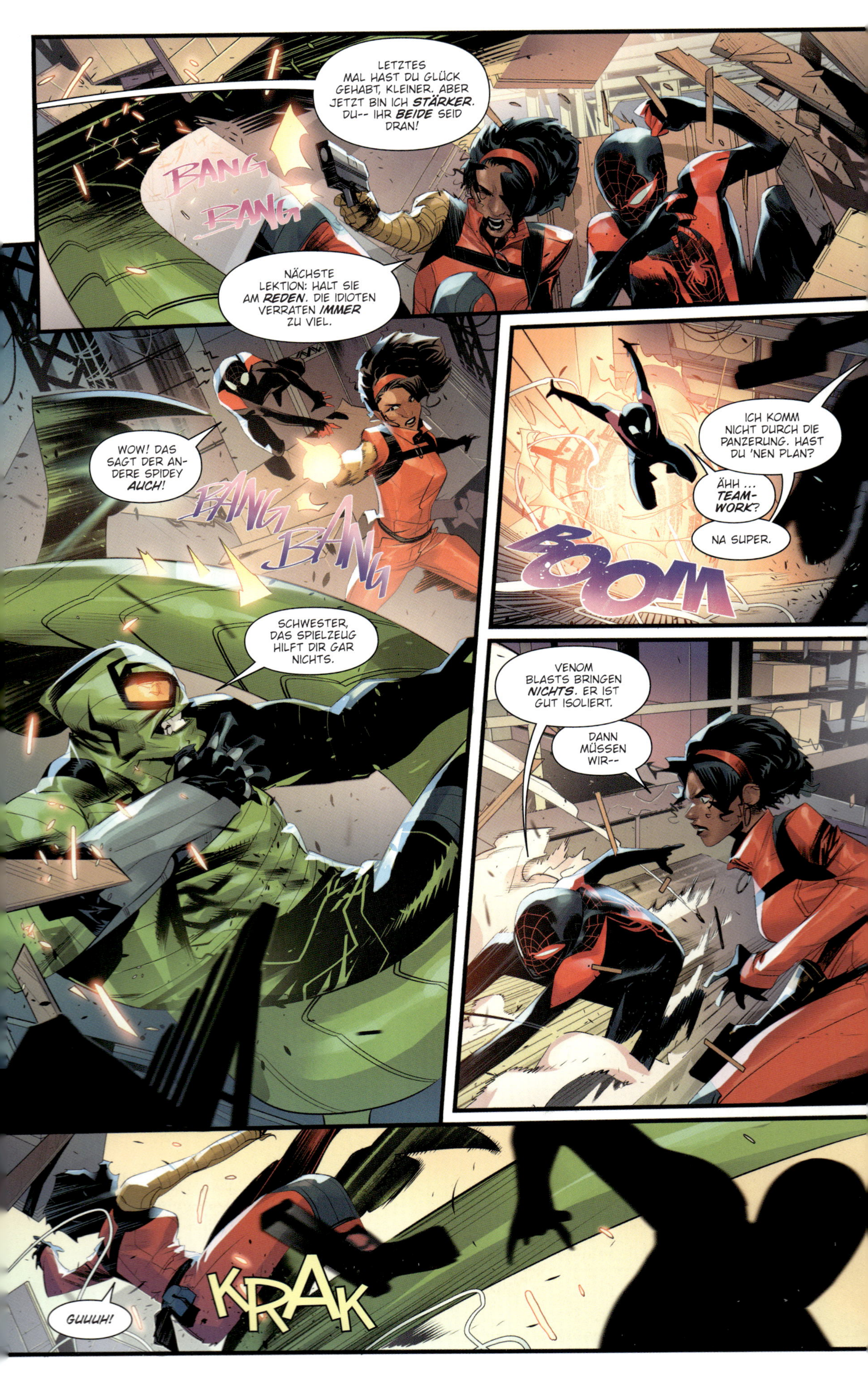
LETZTES MAL HAST DU GLÜCK GEHABT, KLEINER. ABER JETZT BIN ICH STÄRKER. DU-- IHR BEIDE SEID DRAN!
BANG
BANG
NÄCHSTE LEKTION: HALT SIE AM REDEN. DIE IDIOTEN VERRATEN IMMER ZU VIEL.
WOW! DAS SAGT DER ANDERE SPIDEY AUCH!
BANG
BANG
SCHWESTER, DAS SPIELZEUG HILFT DIR GAR NICHTS.
ICH KOMM NICHT DURCH DIE PANZERUNG. HAST DU 'NEN PLAN?
ÄHH ... TEAMWORK?
NA SUPER.
BOOM
VENOM BLASTS BRINGEN NICHTS. ER IST GUT ISOLIERT.
DANN MÜSSEN WIR--
KRAK
GUUUH!

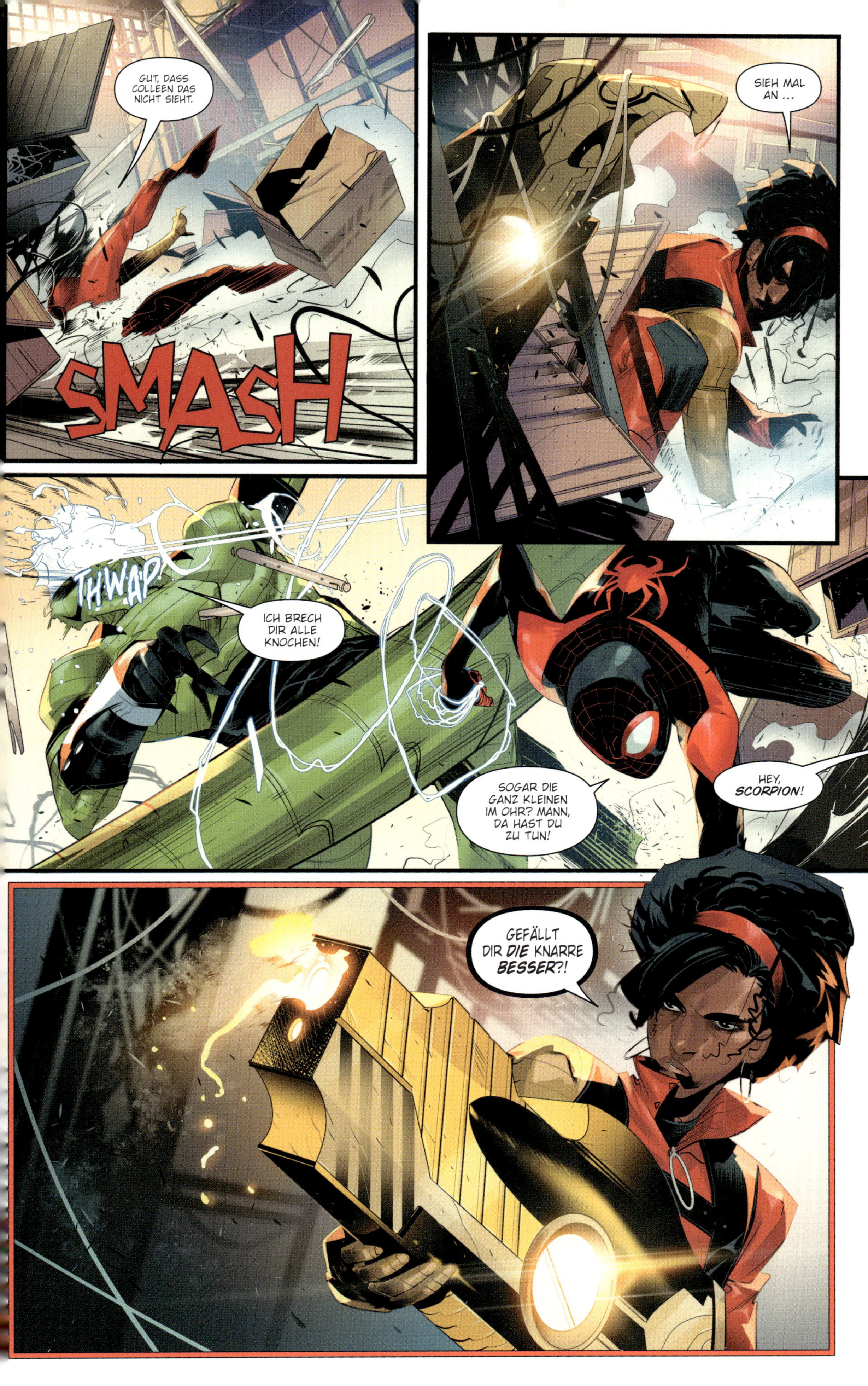

GUT, DASS COLLEEN DAS NICHT SIEHT.
SMASH
SIEH MAL AN ...
THWAP
ICH BRECH DIR ALLE KNOCHEN!
SOGAR DIE GANZ KLEINEN IM OHR? MANN, DA HAST DU ZU TUN!
HEY, SCORPION!
GEFÄLLT DIR DIE KNARRE BESSER?!

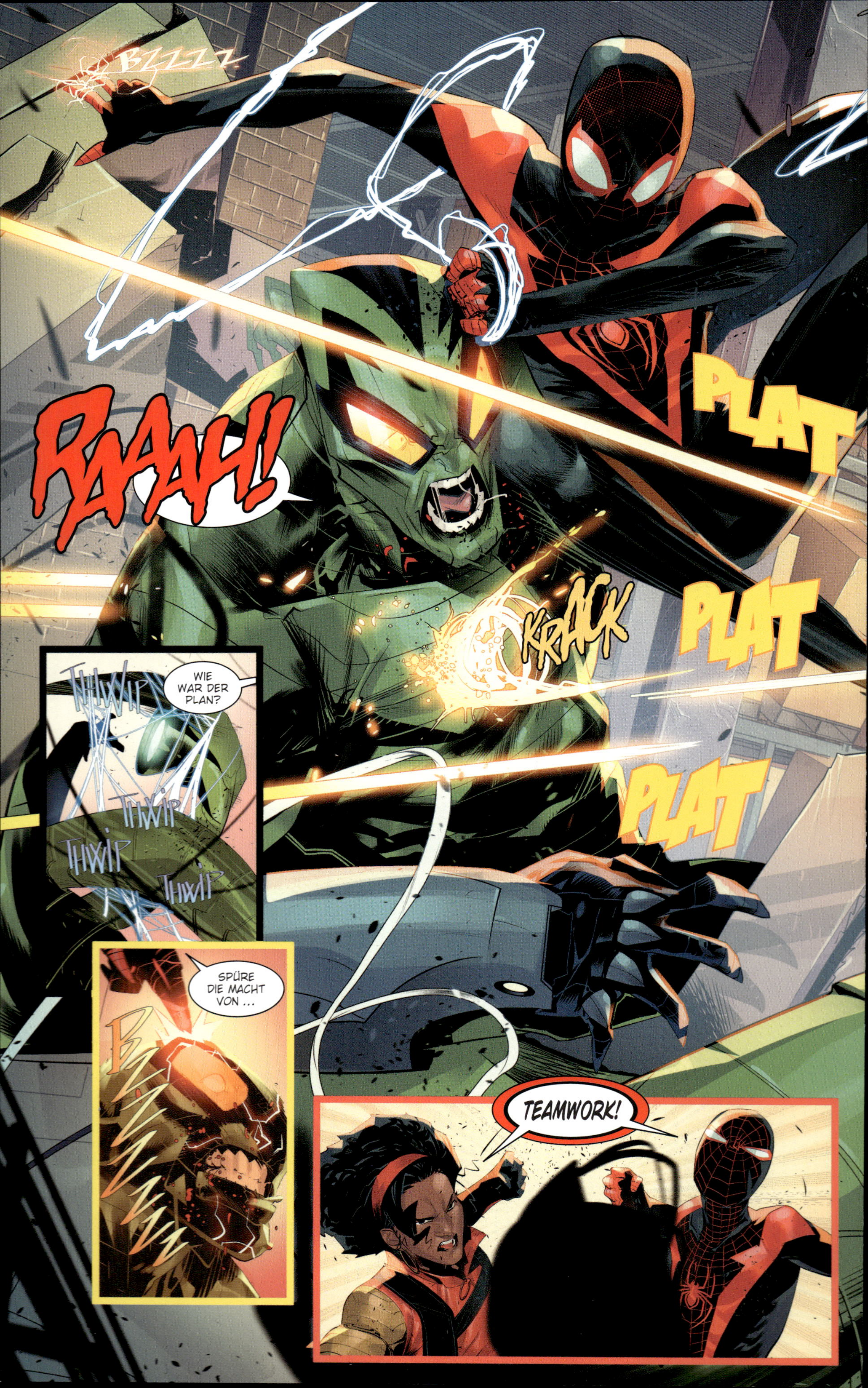
BZZZZ
RAAAH!
PLAT
KRACK
PLAT
PLAT
THWIP
WIE WAR DER PLAN?
THWIP
THWIP
THWIP
SPÜRE DIE MACHT VON ...
TEAMWORK!

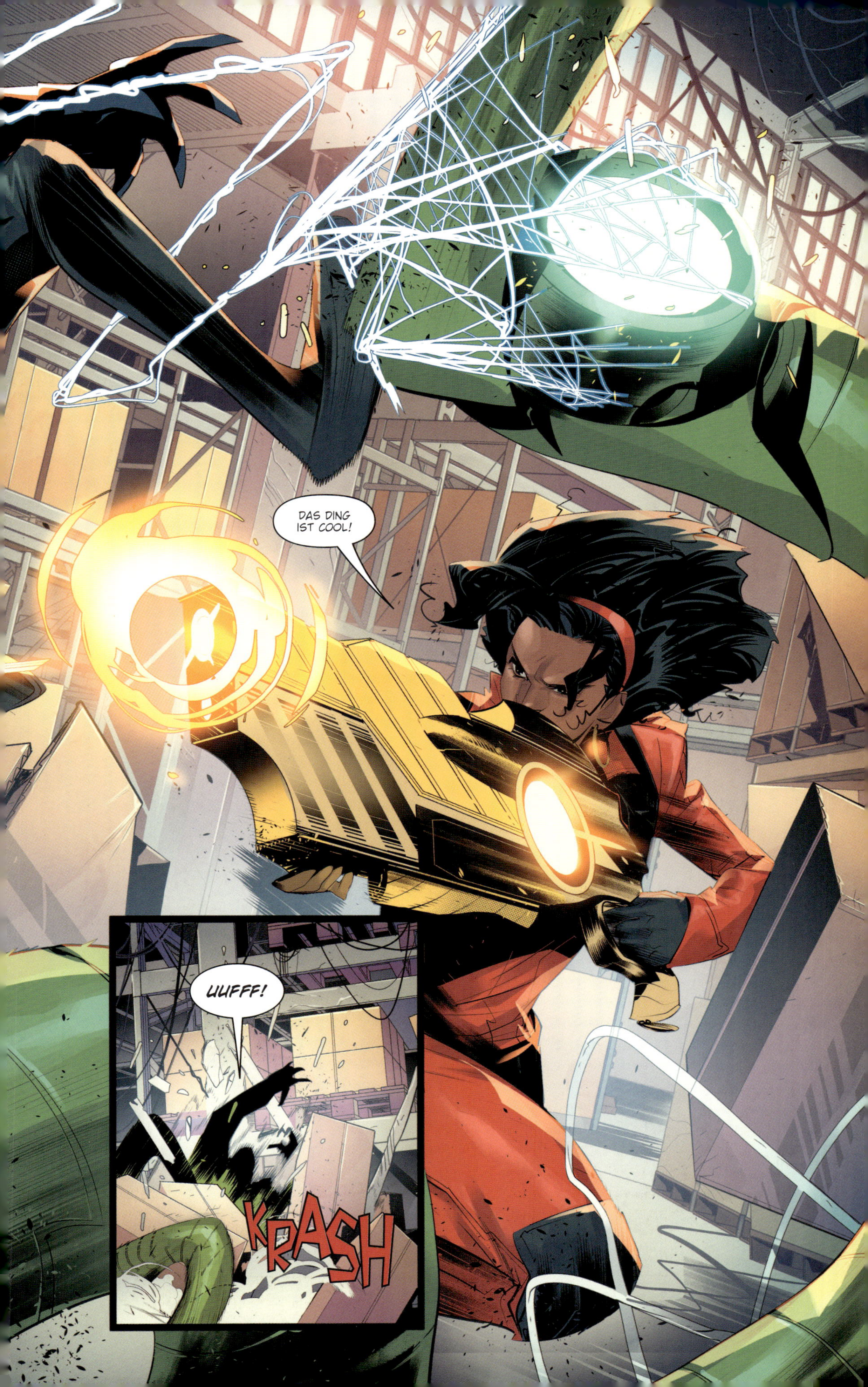
DAS DING IST COOL!
UUFFF!
KRASH

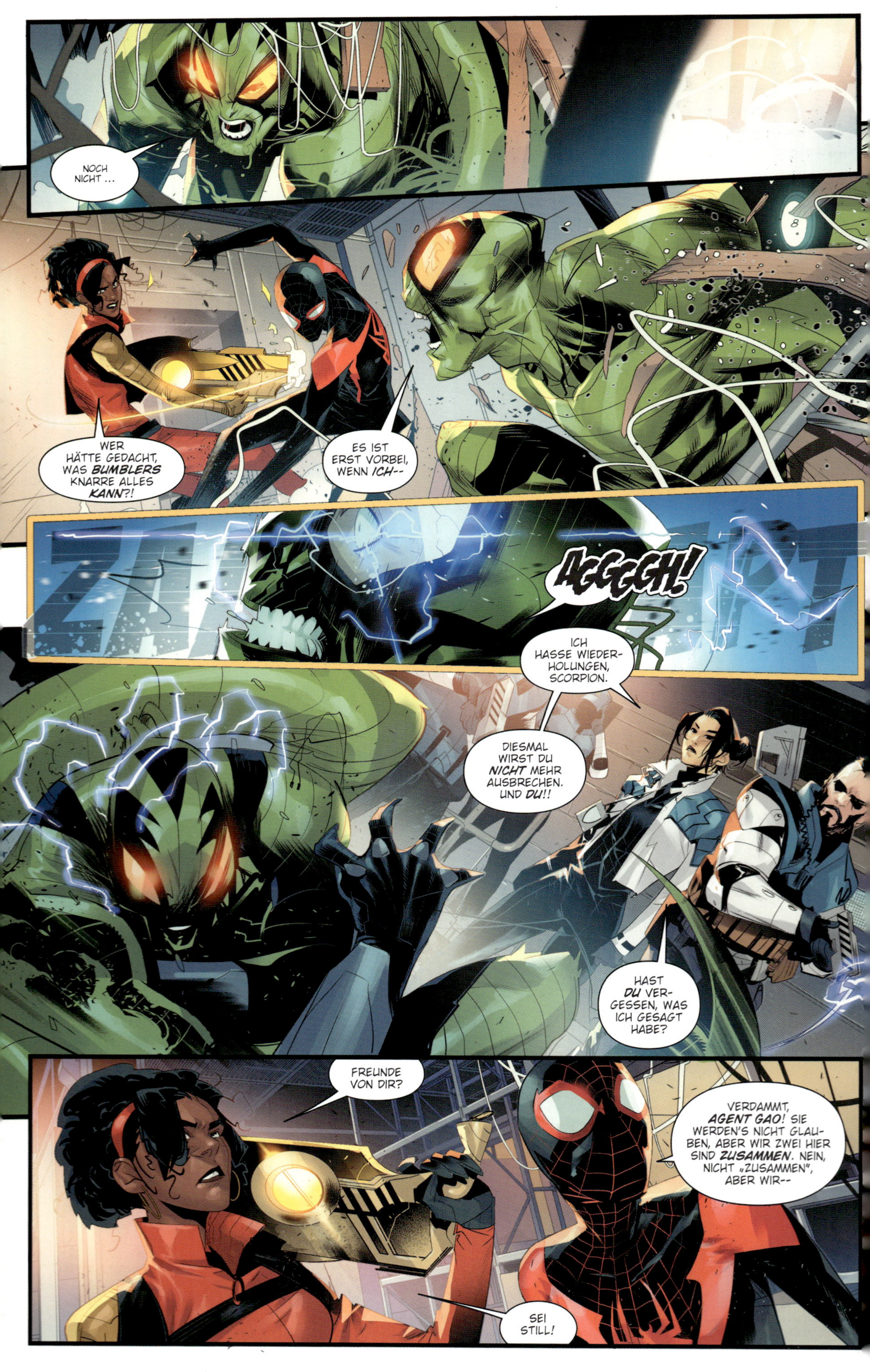
NOCH NICHT ...
WER HÄTTE GEDACHT, WAS **BUMBLERS** KNARRE ALLES **KANN**?!
ES IST ERST VORBEI, WENN *ICH*--
AGGGGH!
ICH HASSE WIEDERHOLUNGEN, SCORPION.
DIESMAL WIRST DU **NICHT** MEHR AUSBRECHEN. UND **DU**!!
HAST **DU** VERGESSEN, WAS ICH GESAGT HABE?
FREUNDE VON DIR?
VERDAMMT, **AGENT GAO**! SIE WERDEN'S NICHT GLAUBEN, ABER WIR ZWEI HIER SIND **ZUSAMMEN**. NEIN, NICHT „ZUSAMMEN", ABER WIR--
SEI STILL!

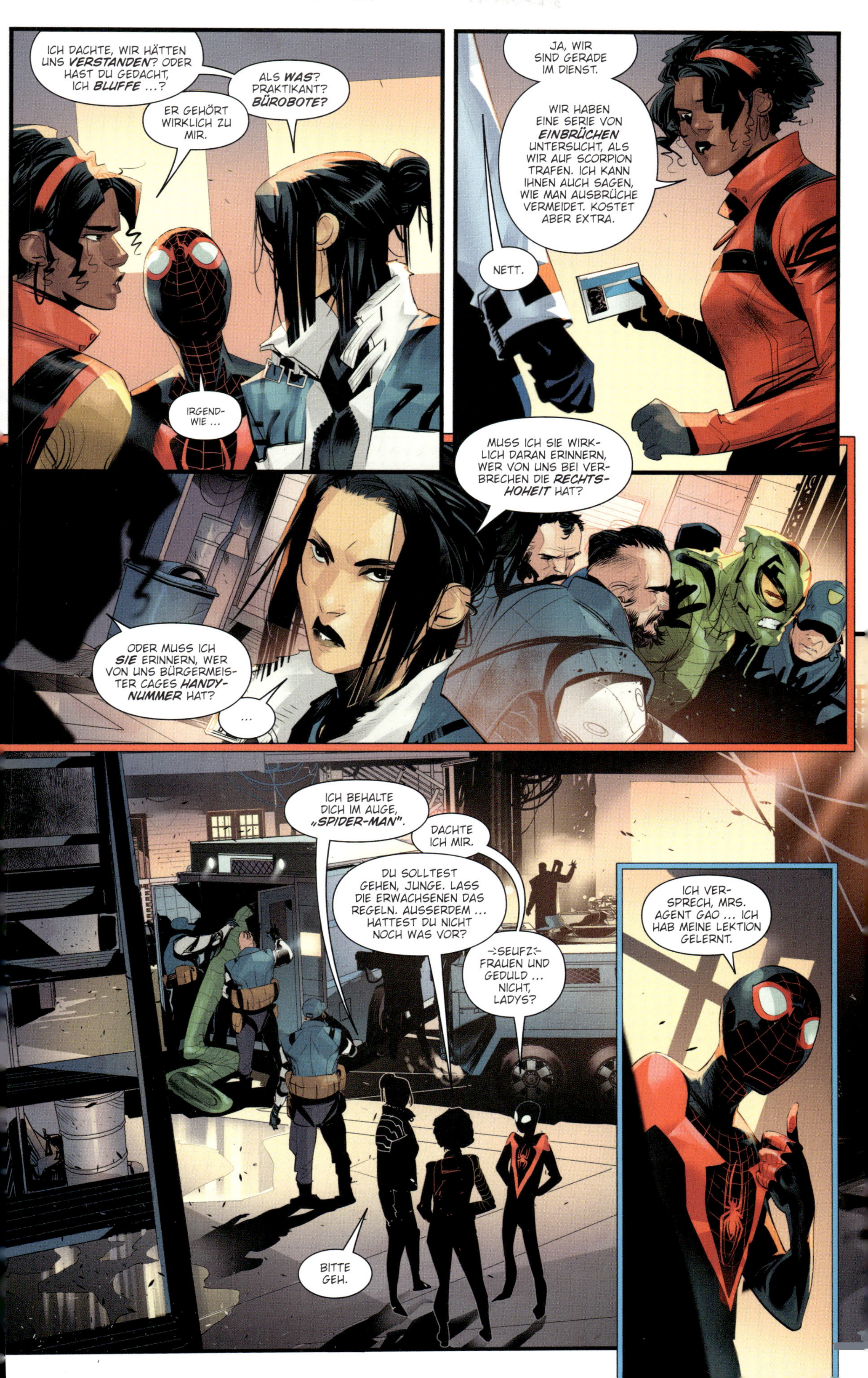
ICH DACHTE, WIR HÄTTEN UNS VERSTANDEN? ODER HAST DU GEDACHT, ICH BLUFFE ...?
ALS WAS? PRAKTIKANT? BÜROBOTE?
ER GEHÖRT WIRKLICH ZU MIR.
IRGEND-WIE ...
JA, WIR SIND GERADE IM DIENST.
WIR HABEN EINE SERIE VON EINBRÜCHEN UNTERSUCHT, ALS WIR AUF SCORPION TRAFEN. ICH KANN IHNEN AUCH SAGEN, WIE MAN AUSBRÜCHE VERMEIDET. KOSTET ABER EXTRA.
NETT.
MUSS ICH SIE WIRK-LICH DARAN ERINNERN, WER VON UNS BEI VER-BRECHEN DIE RECHTS-HOHEIT HAT?
ODER MUSS ICH SIE ERINNERN, WER VON UNS BÜRGERMEIS-TER CAGES HANDY-NUMMER HAT?
...
ICH BEHALTE DICH IM AUGE, „SPIDER-MAN".
DACHTE ICH MIR.
DU SOLLTEST GEHEN, JUNGE. LASS DIE ERWACHSENEN DAS REGELN. AUSSERDEM ... HATTEST DU NICHT NOCH WAS VOR?
-SEUFZ- FRAUEN UND GEDULD ... NICHT, LADYS?
BITTE GEH.
ICH VER-SPRECH, MRS. AGENT GAO ... ICH HAB MEINE LEKTION GELERNT.

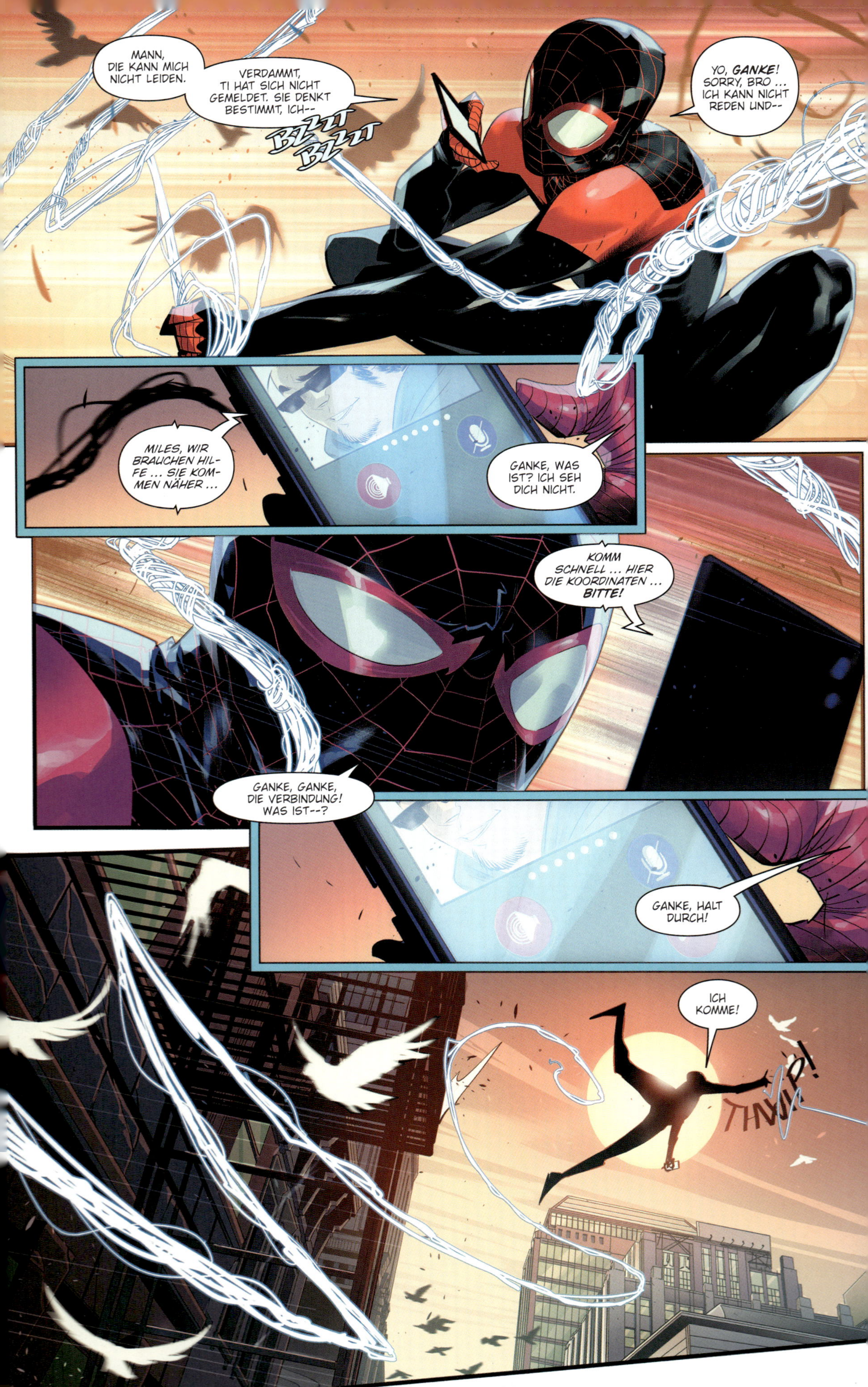
MANN, DIE KANN MICH NICHT LEIDEN.
VERDAMMT, TI HAT SICH NICHT GEMELDET. SIE DENKT BESTIMMT, ICH--
BZZZT BZZZT
YO, GANKE! SORRY, BRO ... ICH KANN NICHT REDEN UND--
MILES, WIR BRAUCHEN HILFE ... SIE KOMMEN NÄHER ...
GANKE, WAS IST? ICH SEH DICH NICHT.
KOMM SCHNELL ... HIER DIE KOORDINATEN ... BITTE!
GANKE, GANKE, DIE VERBINDUNG! WAS IST--?
GANKE, HALT DURCH!
ICH KOMME!
THWIP!

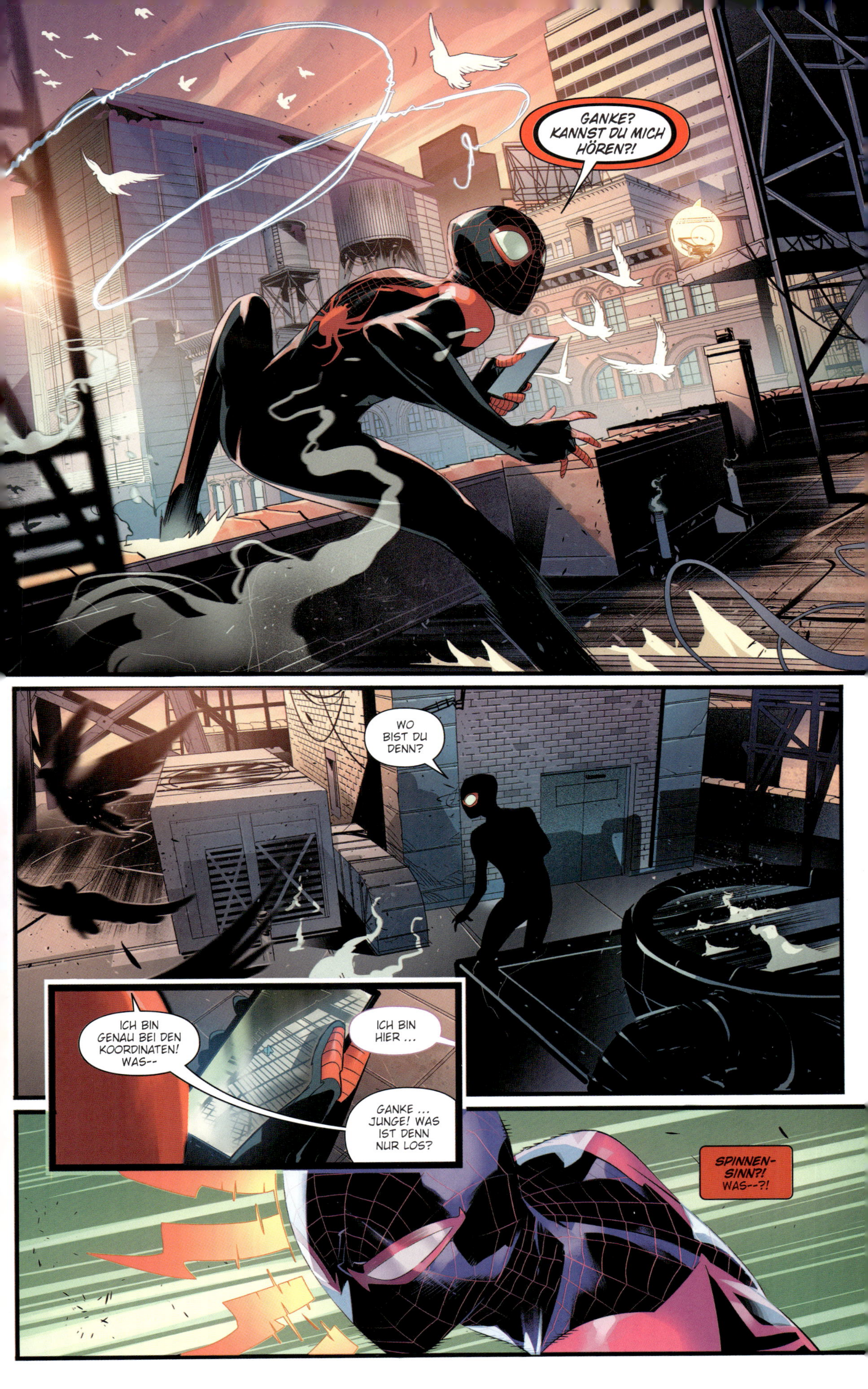

GANKE? KANNST DU MICH HÖREN?!
WO BIST DU DENN?
ICH BIN GENAU BEI DEN KOORDINATEN! WAS--
ICH BIN HIER ...
GANKE ... JUNGE! WAS IST DENN NUR LOS?
SPINNEN-SINN?! WAS--?!

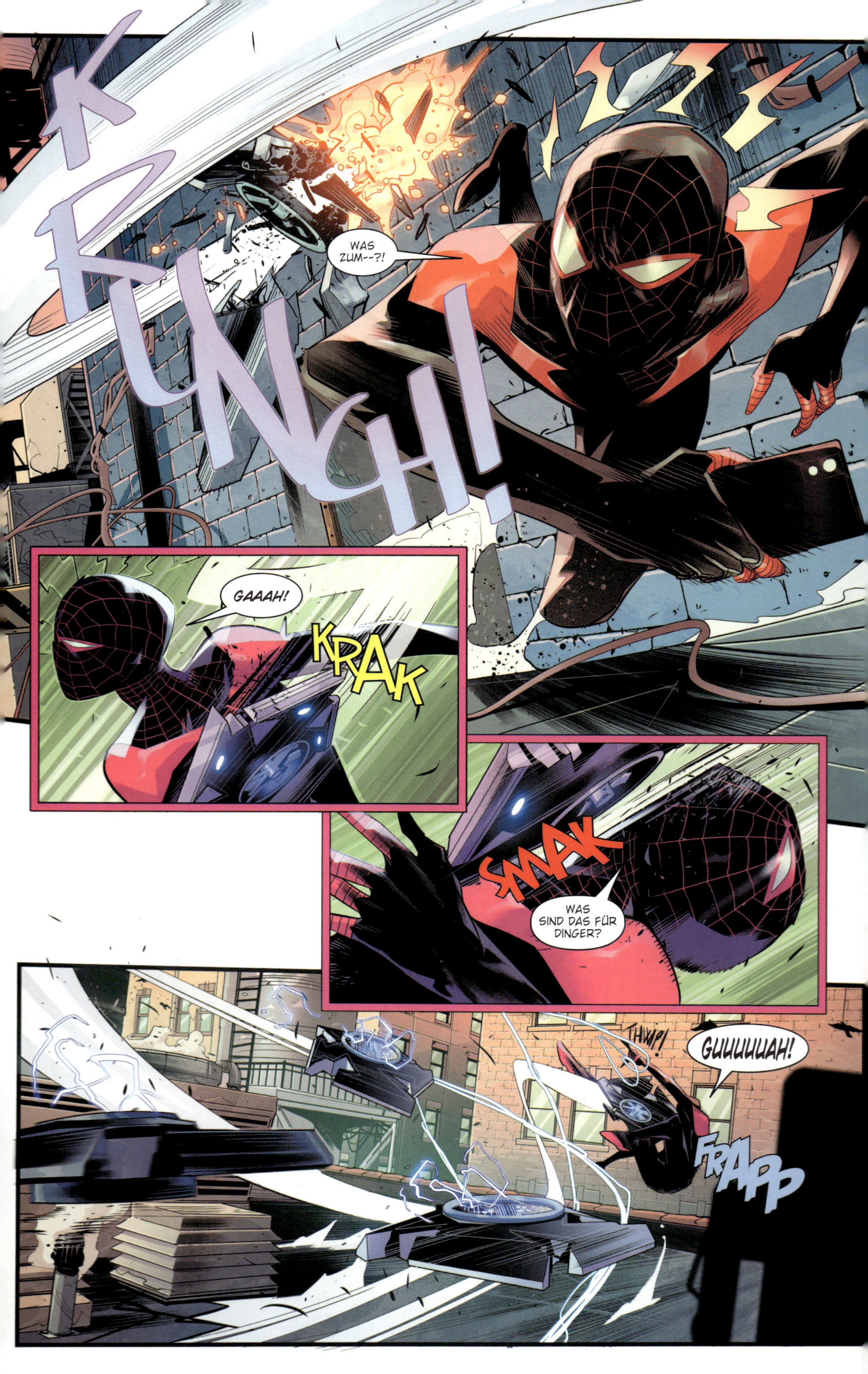
KRRUNCH!
WAS ZUM--?!
GAAAH!
KRAK
SMAK
WAS SIND DAS FÜR DINGER?
THWIP!
GUUUUUAH!
FRAPP

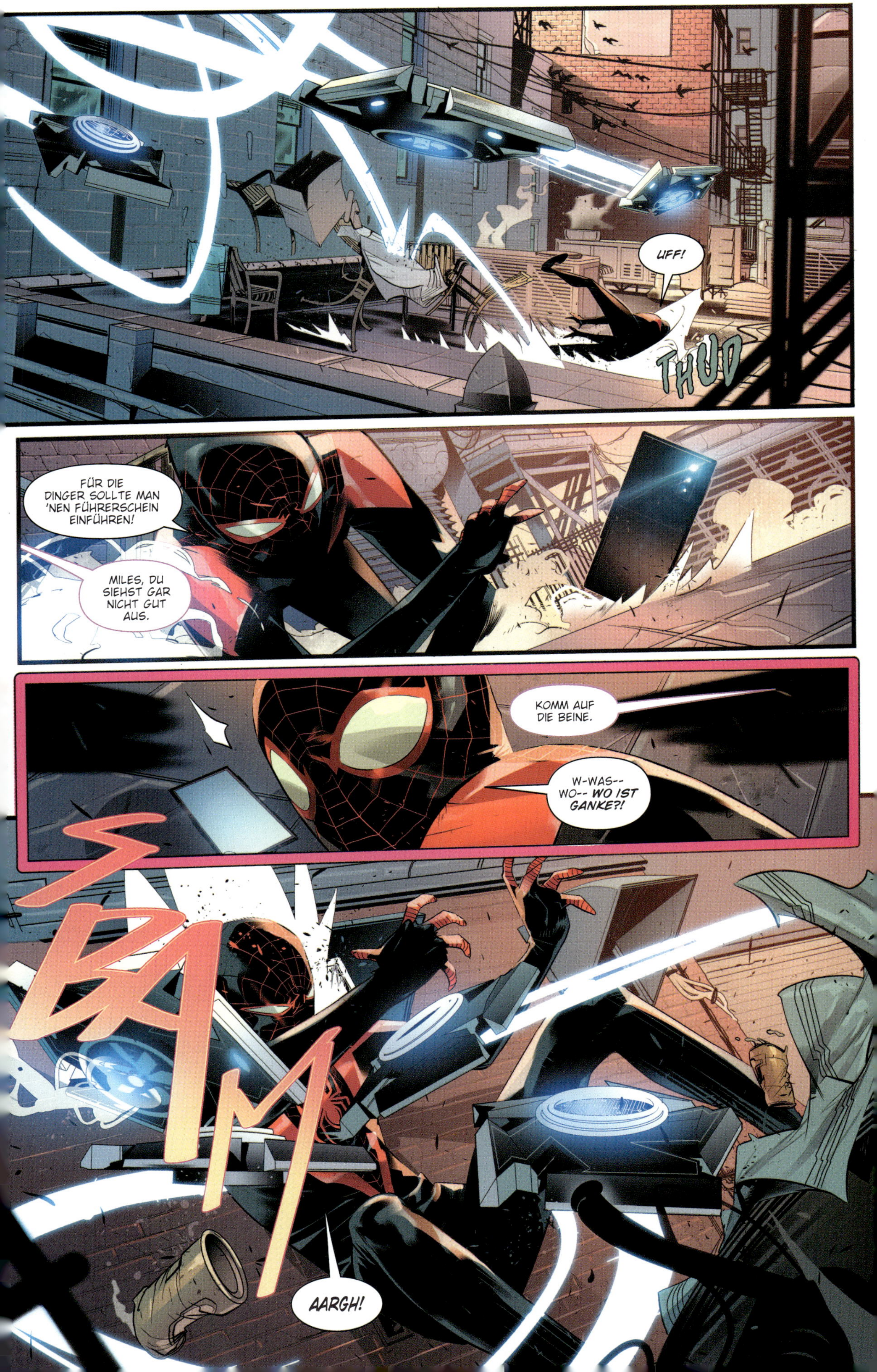

UFF!
THUD
FÜR DIE DINGER SOLLTE MAN 'NEN FÜHRERSCHEIN EINFÜHREN!
MILES, DU SIEHST GAR NICHT GUT AUS.
KOMM AUF DIE BEINE.
W-WAS-- WO-- WO IST GANKE?!
SBAM
AARGH!

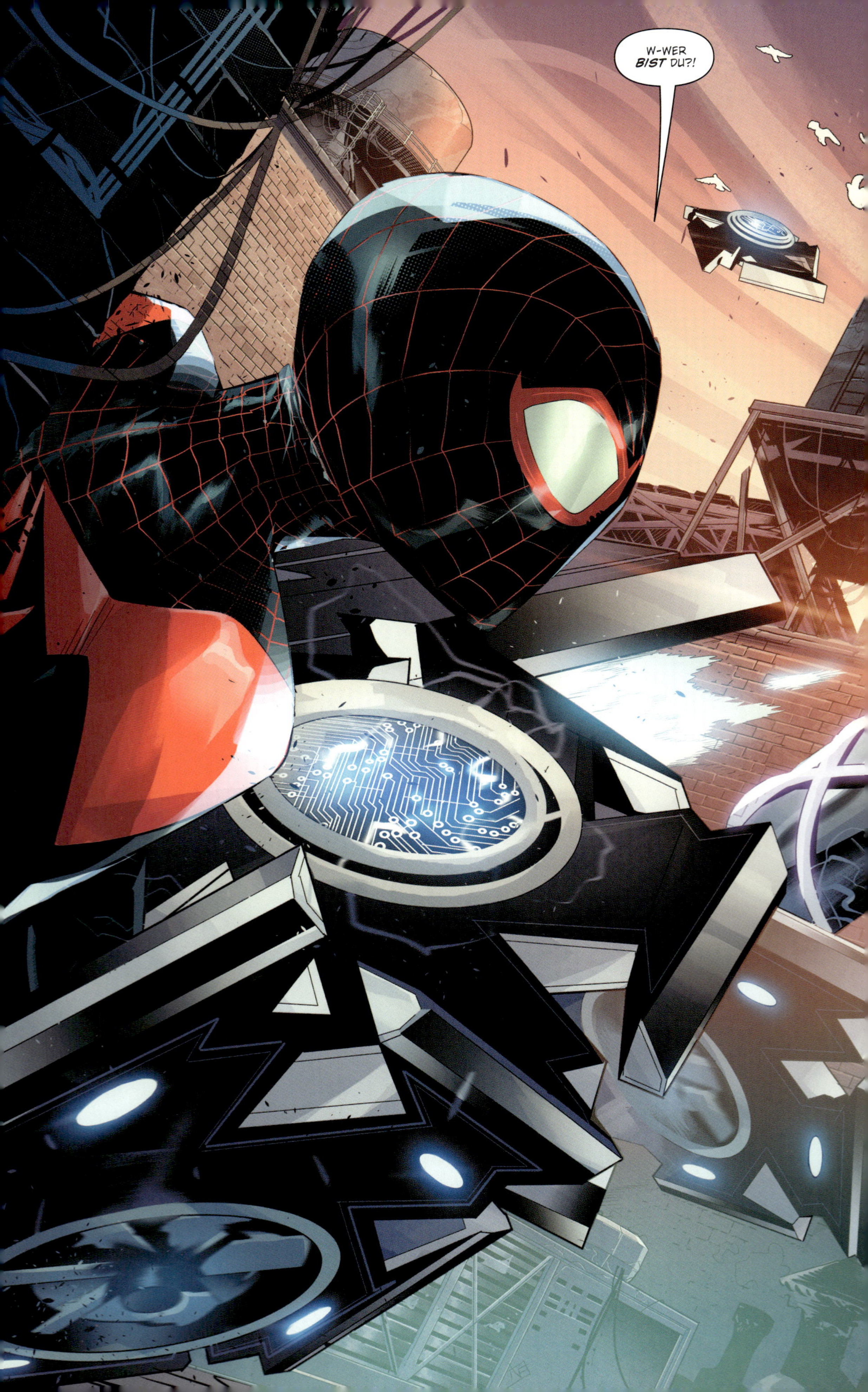
W-WER *BIST* DU?!

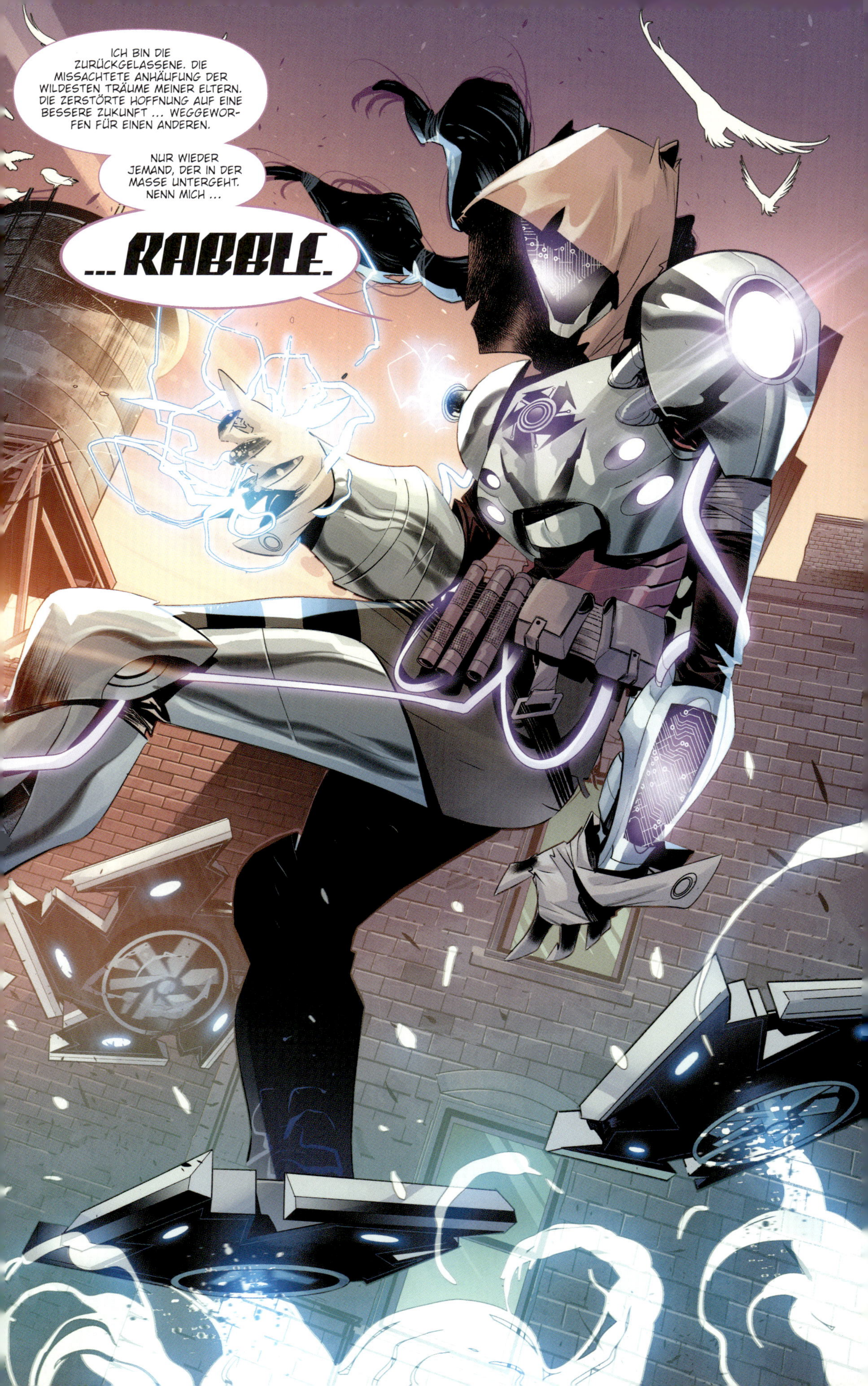
ICH BIN DIE ZURÜCKGELASSENE. DIE MISSACHTETE ANHÄUFUNG DER WILDESTEN TRÄUME MEINER ELTERN. DIE ZERSTÖRTE HOFFNUNG AUF EINE BESSERE ZUKUNFT ... WEGGEWORFEN FÜR EINEN ANDEREN.
NUR WIEDER JEMAND, DER IN DER MASSE UNTERGEHT. NENN MICH ...
... RABBLE.

DIE GROSSE HERAUSFORDERUNG, TEIL 4

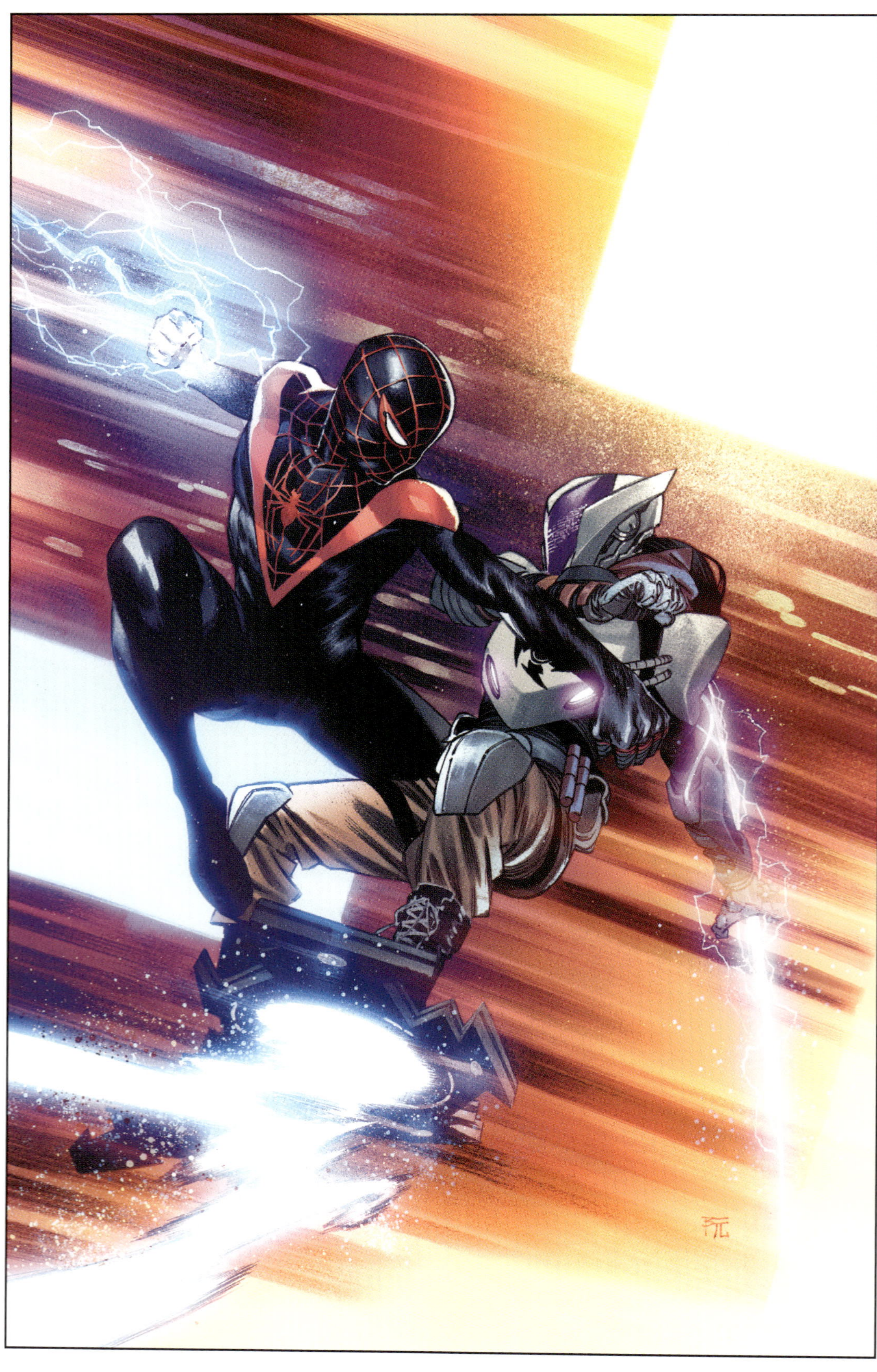

Miles Morales: Spider-Man (2022) 4
Cover von **DIKE RUAN**

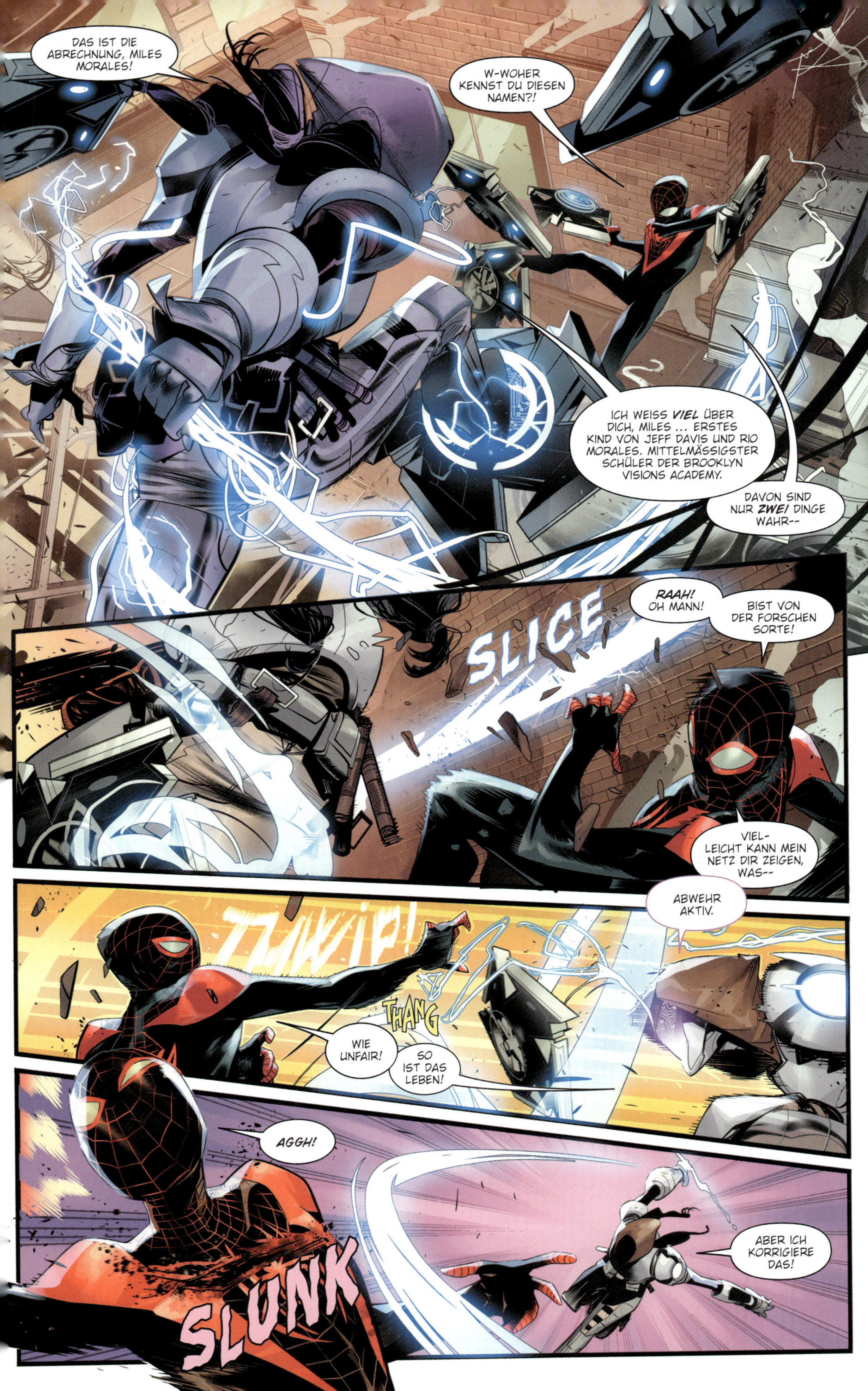
DAS IST DIE ABRECHNUNG, MILES MORALES!
W-WOHER KENNST DU DIESEN NAMEN?!
ICH WEISS VIEL ÜBER DICH, MILES ... ERSTES KIND VON JEFF DAVIS UND RIO MORALES. MITTELMÄSSIGSTER SCHÜLER DER BROOKLYN VISIONS ACADEMY.
DAVON SIND NUR ZWEI DINGE WAHR--
SLICE
RAAH! OH MANN!
BIST VON DER FORSCHEN SORTE!
VIELLEICHT KANN MEIN NETZ DIR ZEIGEN, WAS--
ABWEHR AKTIV.
TZWIP!
THANG
WIE UNFAIR!
SO IST DAS LEBEN!
AGGH!
ABER ICH KORRIGIERE DAS!
SLUNK

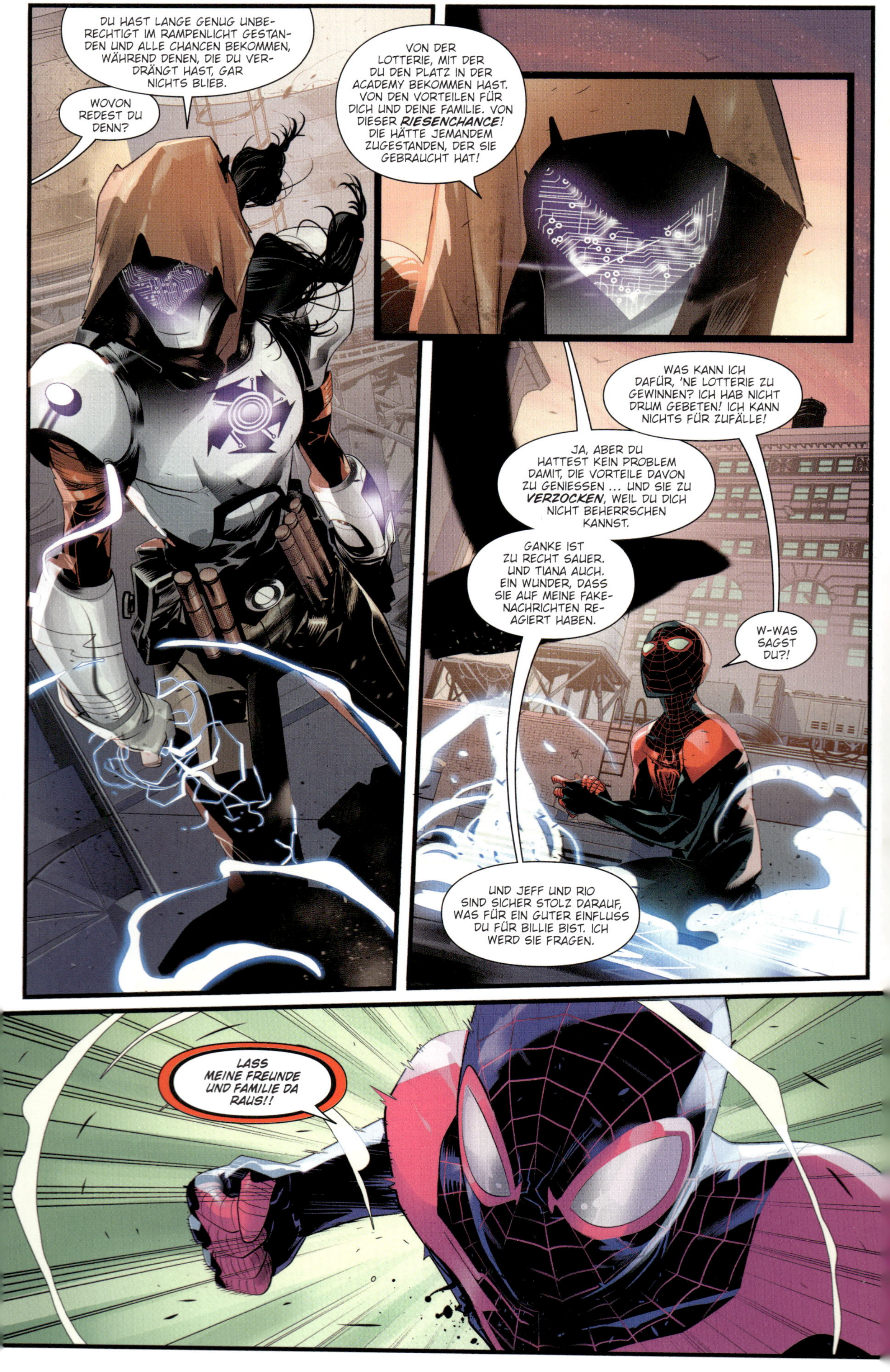

DU HAST LANGE GENUG UNBERECHTIGT IM RAMPENLICHT GESTANDEN UND ALLE CHANCEN BEKOMMEN, WÄHREND DENEN, DIE DU VERDRÄNGT HAST, GAR NICHTS BLIEB.

WOVON REDEST DU DENN?

VON DER LOTTERIE, MIT DER DU DEN PLATZ IN DER ACADEMY BEKOMMEN HAST. VON DEN VORTEILEN FÜR DICH UND DEINE FAMILIE. VON DIESER ***RIESENCHANCE!*** DIE HÄTTE JEMANDEM ZUGESTANDEN, DER SIE GEBRAUCHT HAT!

WAS KANN ICH DAFÜR, 'NE LOTTERIE ZU GEWINNEN? ICH HAB NICHT DRUM GEBETEN! ICH KANN NICHTS FÜR ZUFÄLLE!

JA, ABER DU HATTEST KEIN PROBLEM DAMIT, DIE VORTEILE DAVON ZU GENIESSEN ... UND SIE ZU ***VERZOCKEN***, WEIL DU DICH NICHT BEHERRSCHEN KANNST.

GANKE IST ZU RECHT SAUER. UND TIANA AUCH. EIN WUNDER, DASS SIE AUF MEINE FAKENACHRICHTEN REAGIERT HABEN.

W-WAS SAGST DU?!

UND JEFF UND RIO SIND SICHER STOLZ DARAUF, WAS FÜR EIN GUTER EINFLUSS DU FÜR BILLIE BIST. ICH WERD SIE FRAGEN.

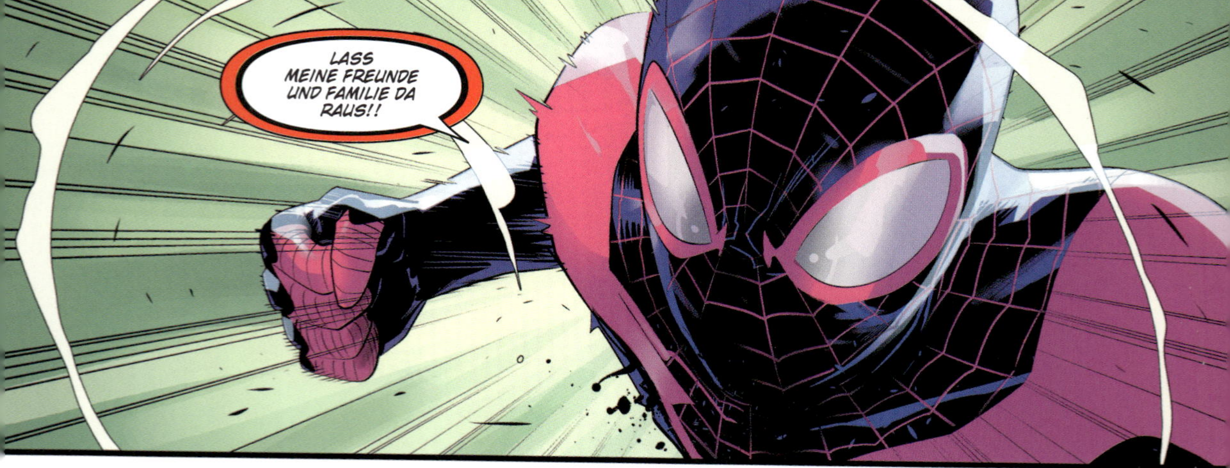

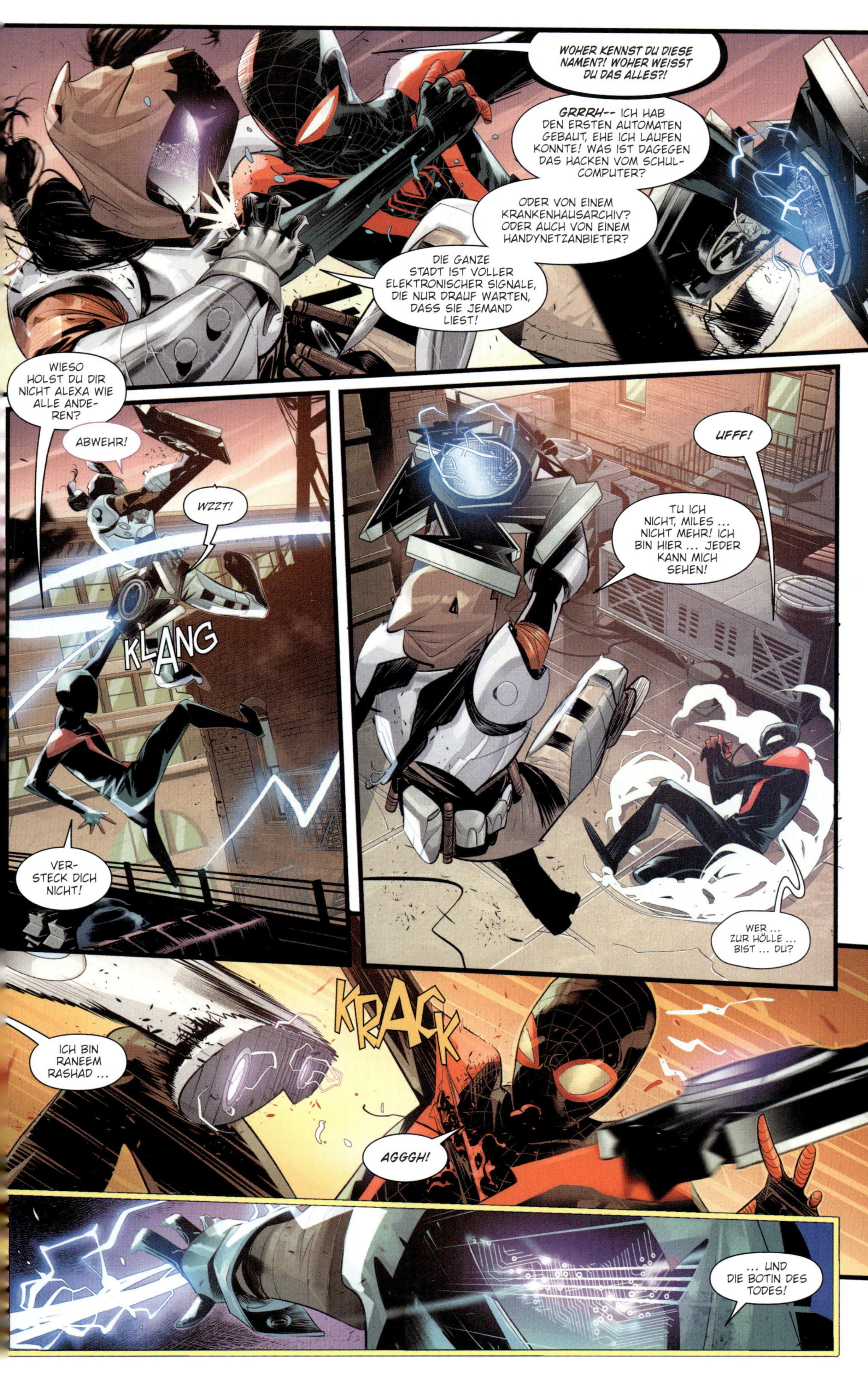
WOHER KENNST DU DIESE NAMEN?! WOHER WEISST DU DAS ALLES?!
GRRRH-- ICH HAB DEN ERSTEN AUTOMATEN GEBAUT, EHE ICH LAUFEN KONNTE! WAS IST DAGEGEN DAS HACKEN VOM SCHUL-COMPUTER?
ODER VON EINEM KRANKENHAUSARCHIV? ODER AUCH VON EINEM HANDYNETZANBIETER?
DIE GANZE STADT IST VOLLER ELEKTRONISCHER SIGNALE, DIE NUR DRAUF WARTEN, DASS SIE JEMAND LIEST!
WIESO HOLST DU DIR NICHT ALEXA WIE ALLE ANDEREN?
ABWEHR!
WZZT!
KLANG
VER-STECK DICH NICHT!
UFFF!
TU ICH NICHT, MILES ... NICHT MEHR! ICH BIN HIER ... JEDER KANN MICH SEHEN!
WER ... ZUR HÖLLE ... BIST ... DU?
KRACK
ICH BIN RANEEM RASHAD ...
AGGGH!
... UND DIE BOTIN DES TODES!

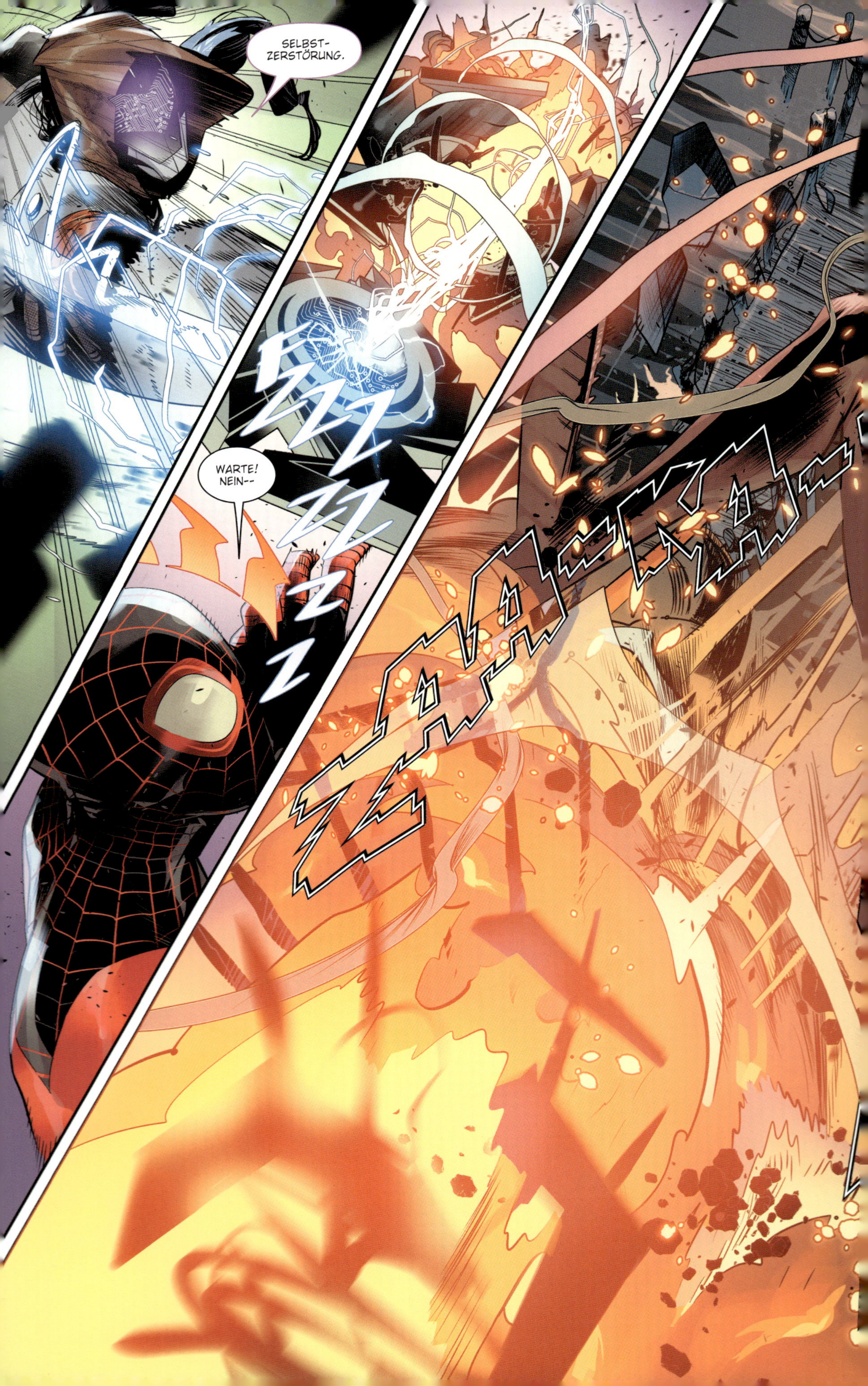
SELBST-
ZERSTÖRUNG.
WARTE!
NEIN--

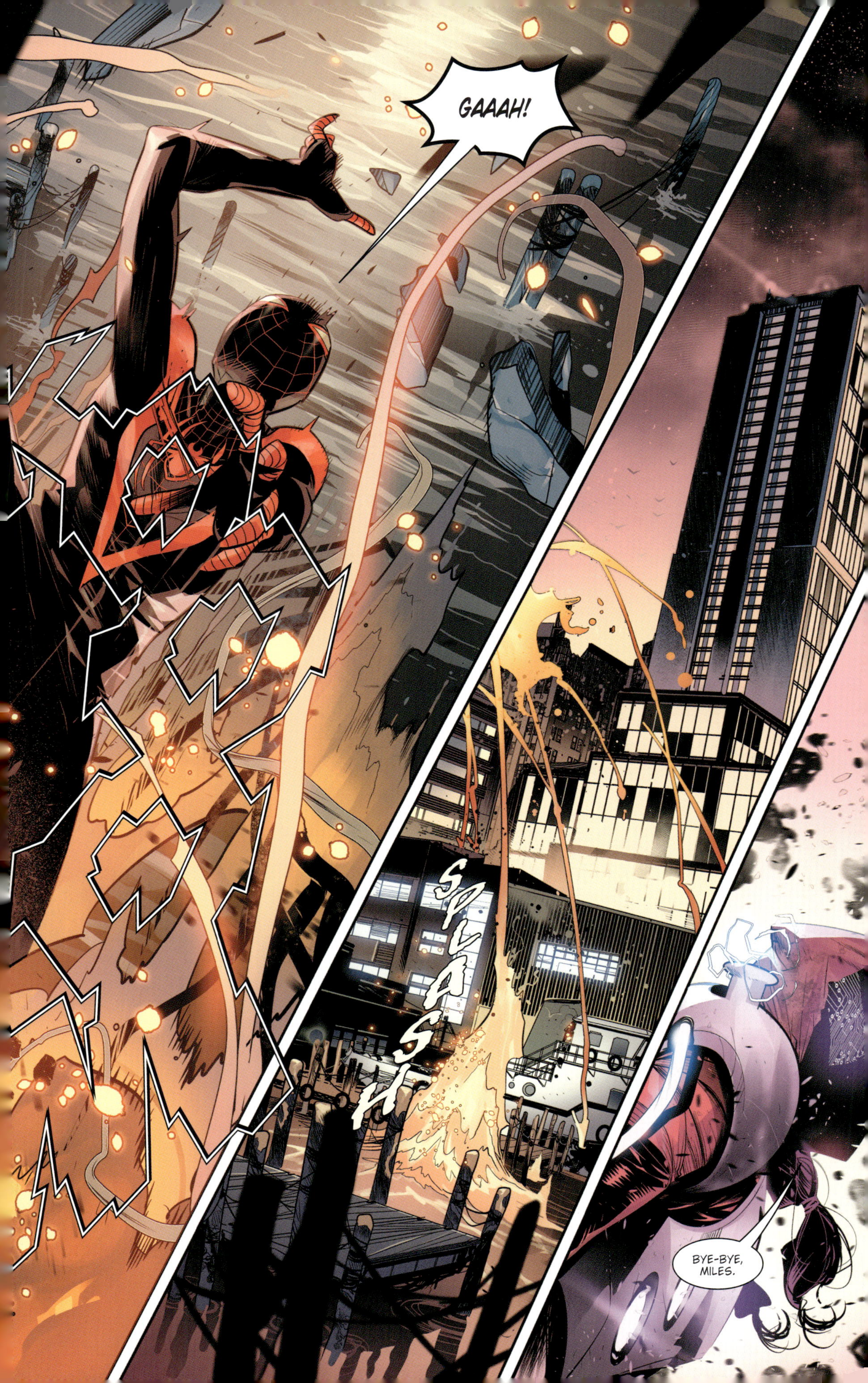
GAAAH!
SPLASH
BYE-BYE, MILES.

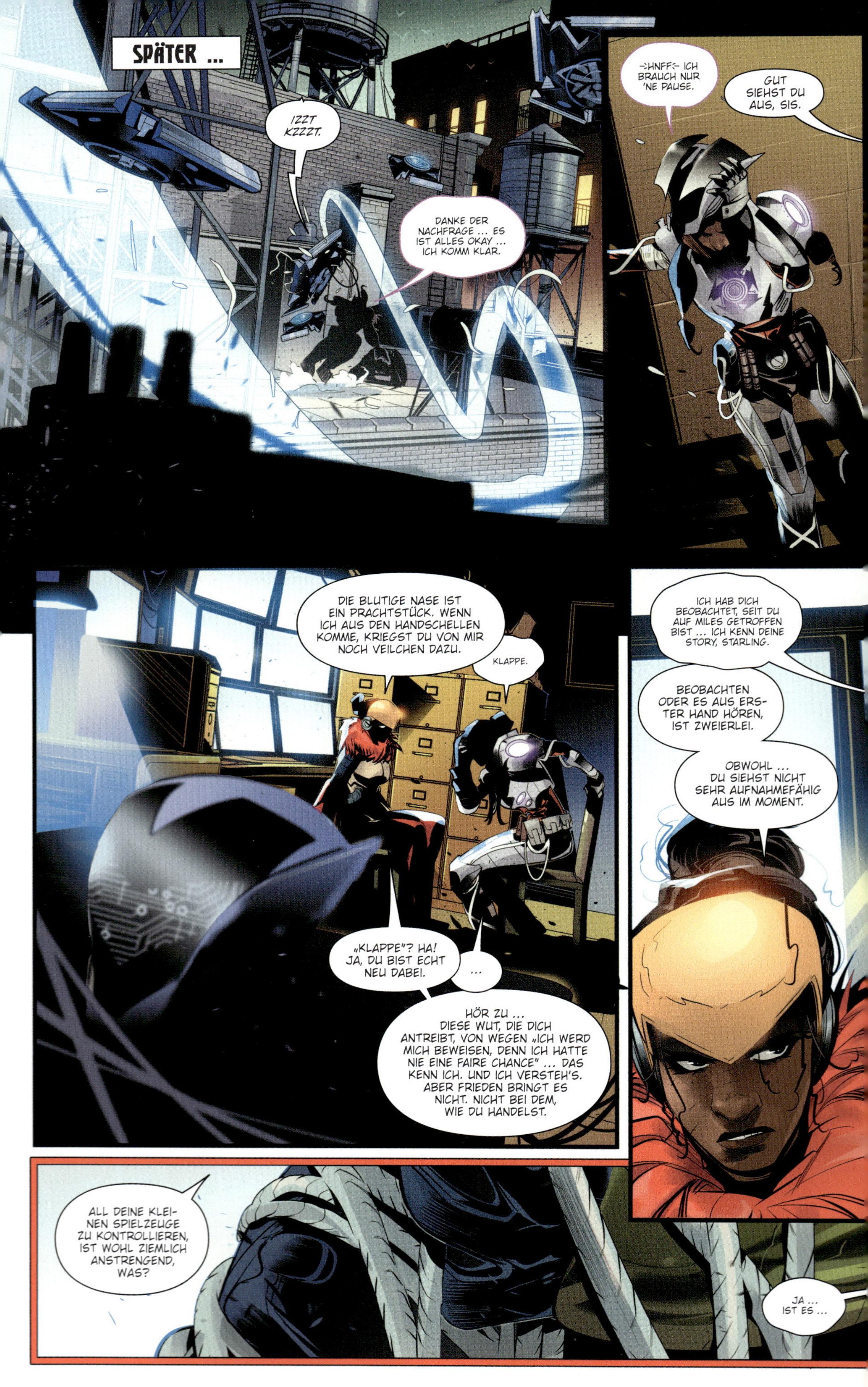
SPÄTER ...
IZZT KZZZT.
DANKE DER NACHFRAGE ... ES IST ALLES OKAY ... ICH KOMM KLAR.
–HNFF– ICH BRAUCH NUR 'NE PAUSE.
GUT SIEHST DU AUS, SIS.
DIE BLUTIGE NASE IST EIN PRACHTSTÜCK. WENN ICH AUS DEN HANDSCHELLEN KOMME, KRIEGST DU VON MIR NOCH VEILCHEN DAZU.
KLAPPE.
„KLAPPE"? HA! JA, DU BIST ECHT NEU DABEI.
...
HÖR ZU ... DIESE WUT, DIE DICH ANTREIBT, VON WEGEN „ICH WERD MICH BEWEISEN, DENN ICH HATTE NIE EINE FAIRE CHANCE" ... DAS KENN ICH. UND ICH VERSTEH'S. ABER FRIEDEN BRINGT ES NICHT. NICHT BEI DEM, WIE DU HANDELST.
ICH HAB DICH BEOBACHTET, SEIT DU AUF MILES GETROFFEN BIST ... ICH KENN DEINE STORY, STARLING.
BEOBACHTEN ODER ES AUS ERSTER HAND HÖREN, IST ZWEIERLEI.
OBWOHL ... DU SIEHST NICHT SEHR AUFNAHMEFÄHIG AUS IM MOMENT.
ALL DEINE KLEINEN SPIELZEUGE ZU KONTROLLIEREN, IST WOHL ZIEMLICH ANSTRENGEND, WAS?
JA ... IST ES ...

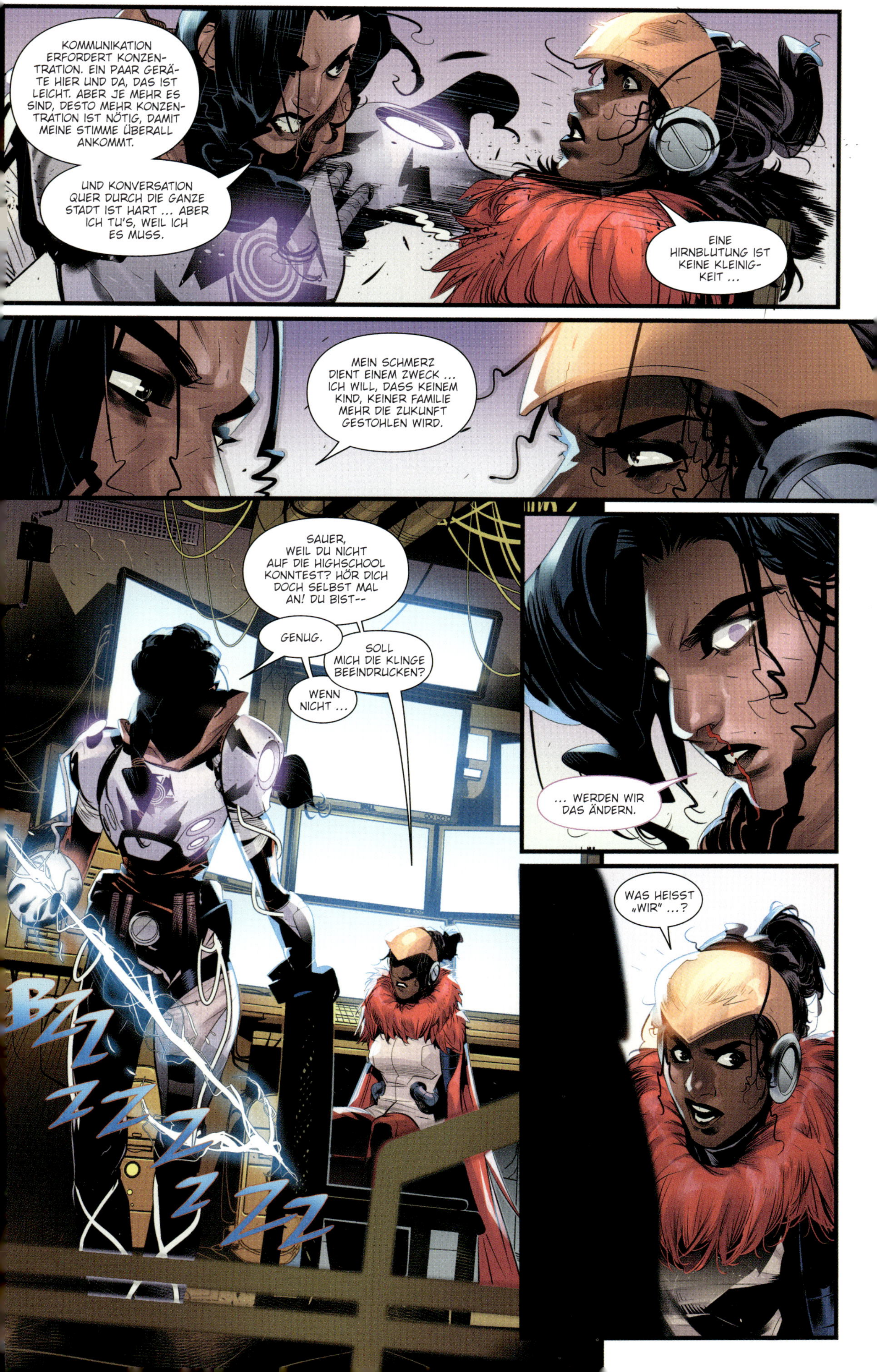

KOMMUNIKATION ERFORDERT KONZENTRATION. EIN PAAR GERÄTE HIER UND DA, DAS IST LEICHT. ABER JE MEHR ES SIND, DESTO MEHR KONZENTRATION IST NÖTIG, DAMIT MEINE STIMME ÜBERALL ANKOMMT.
UND KONVERSATION QUER DURCH DIE GANZE STADT IST HART ... ABER ICH TU'S, WEIL ICH ES MUSS.
EINE HIRNBLUTUNG IST KEINE KLEINIGKEIT ...
MEIN SCHMERZ DIENT EINEM ZWECK ... ICH WILL, DASS KEINEM KIND, KEINER FAMILIE MEHR DIE ZUKUNFT GESTOHLEN WIRD.
SAUER, WEIL DU NICHT AUF DIE HIGHSCHOOL KONNTEST? HÖR DICH DOCH SELBST MAL AN! DU BIST--
GENUG.
SOLL MICH DIE KLINGE BEEINDRUCKEN?
WENN NICHT ...
BZZZZZZZZ
... WERDEN WIR DAS ÄNDERN.
WAS HEISST „WIR“ ...?

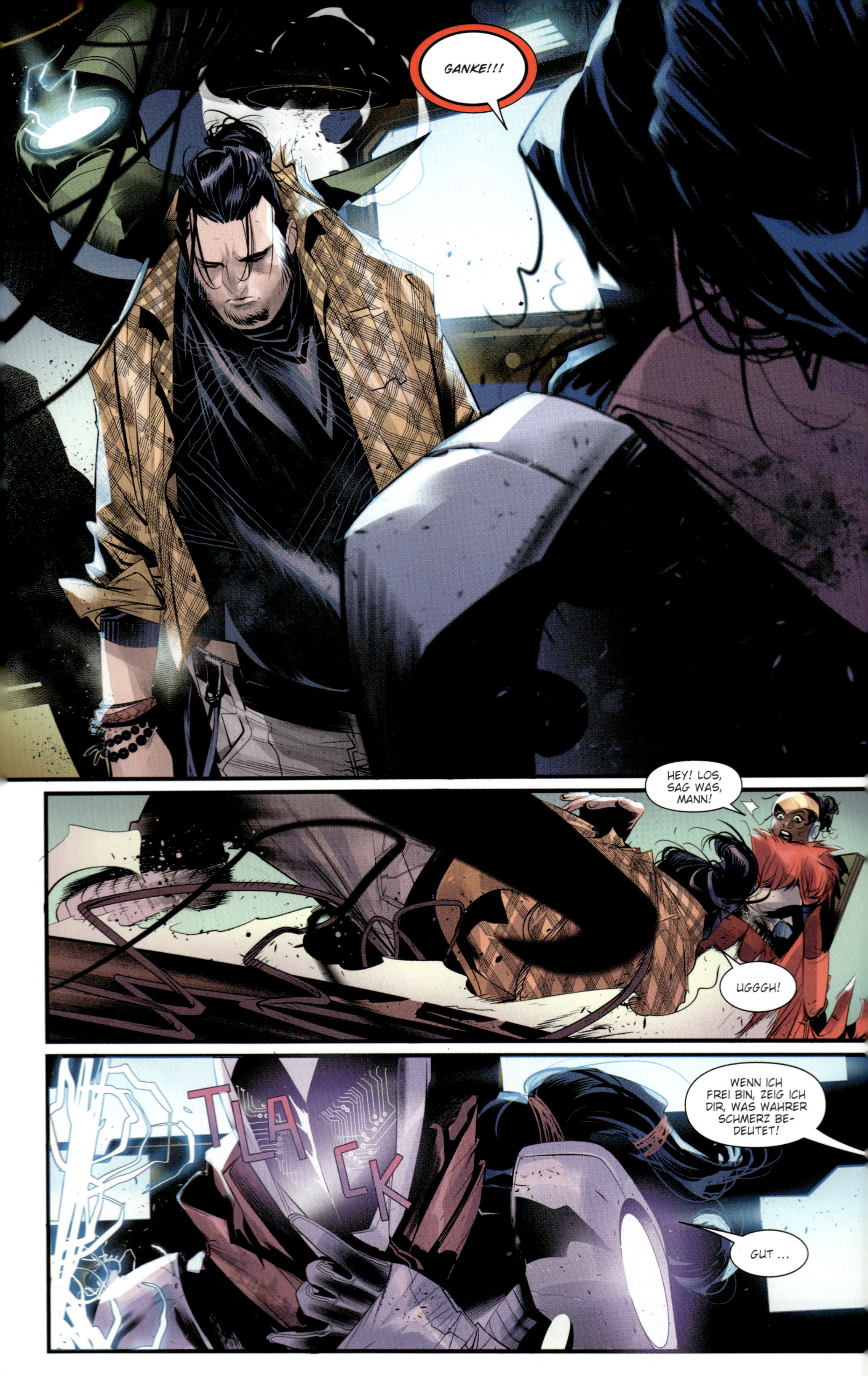
GANKE!!!
HEY! LOS, SAG WAS, MANN!
UGGGH!
TLACK
WENN ICH FREI BIN, ZEIG ICH DIR, WAS WAHRER SCHMERZ BEDEUTET!
GUT ...

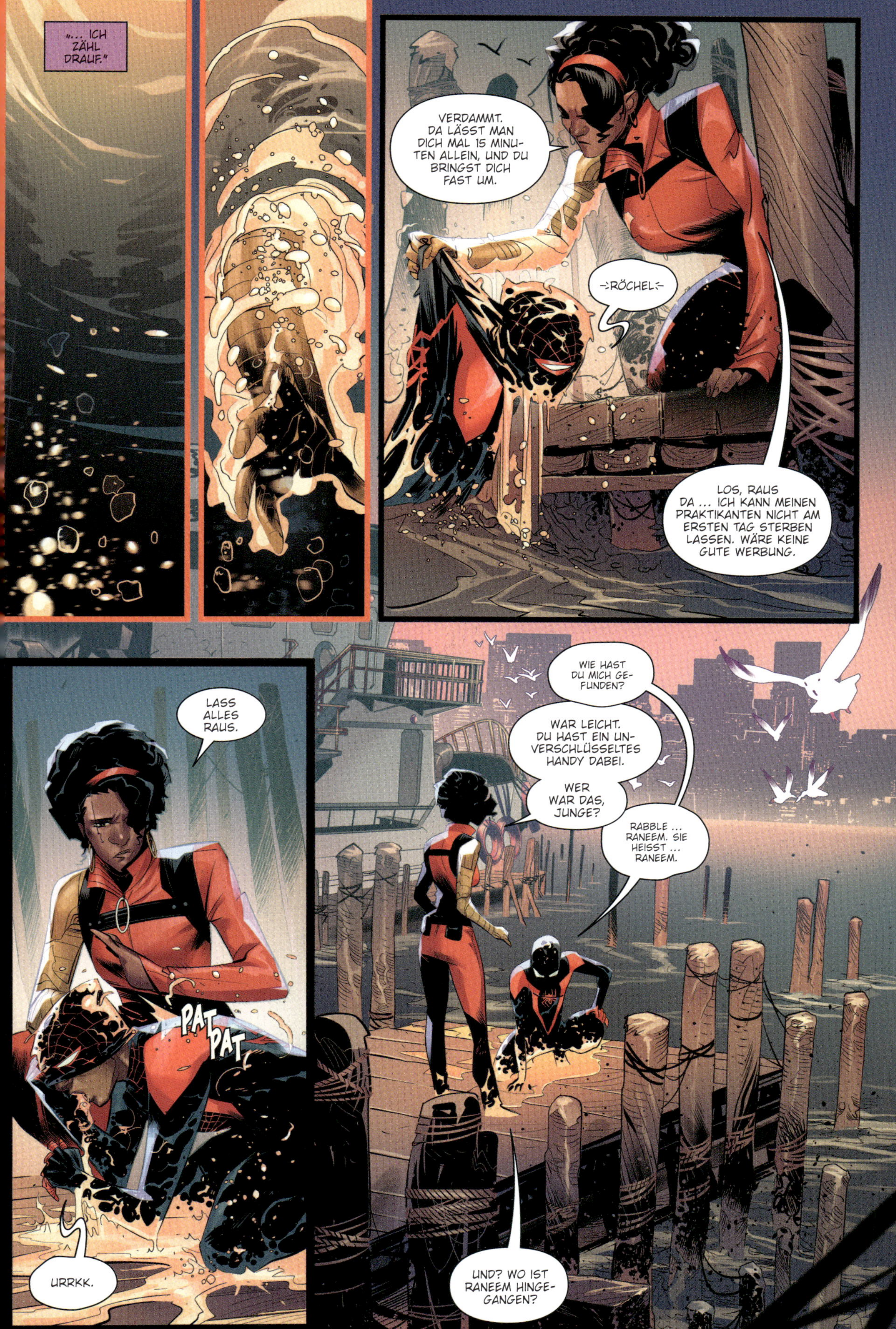
"... ICH ZÄHL DRAUF."
VERDAMMT. DA LÄSST MAN DICH MAL 15 MINUTEN ALLEIN, UND DU BRINGST DICH FAST UM.
-RÖCHEL-
LOS, RAUS DA ... ICH KANN MEINEN PRAKTIKANTEN NICHT AM ERSTEN TAG STERBEN LASSEN. WÄRE KEINE GUTE WERBUNG.
LASS ALLES RAUS.
PAT PAT
URRKK.
WIE HAST DU MICH GEFUNDEN?
WAR LEICHT. DU HAST EIN UNVERSCHLÜSSELTES HANDY DABEI.
WER WAR DAS, JUNGE?
RABBLE ... RANEEM. SIE HEISST ... RANEEM.
UND? WO IST RANEEM HINGEGANGEN?

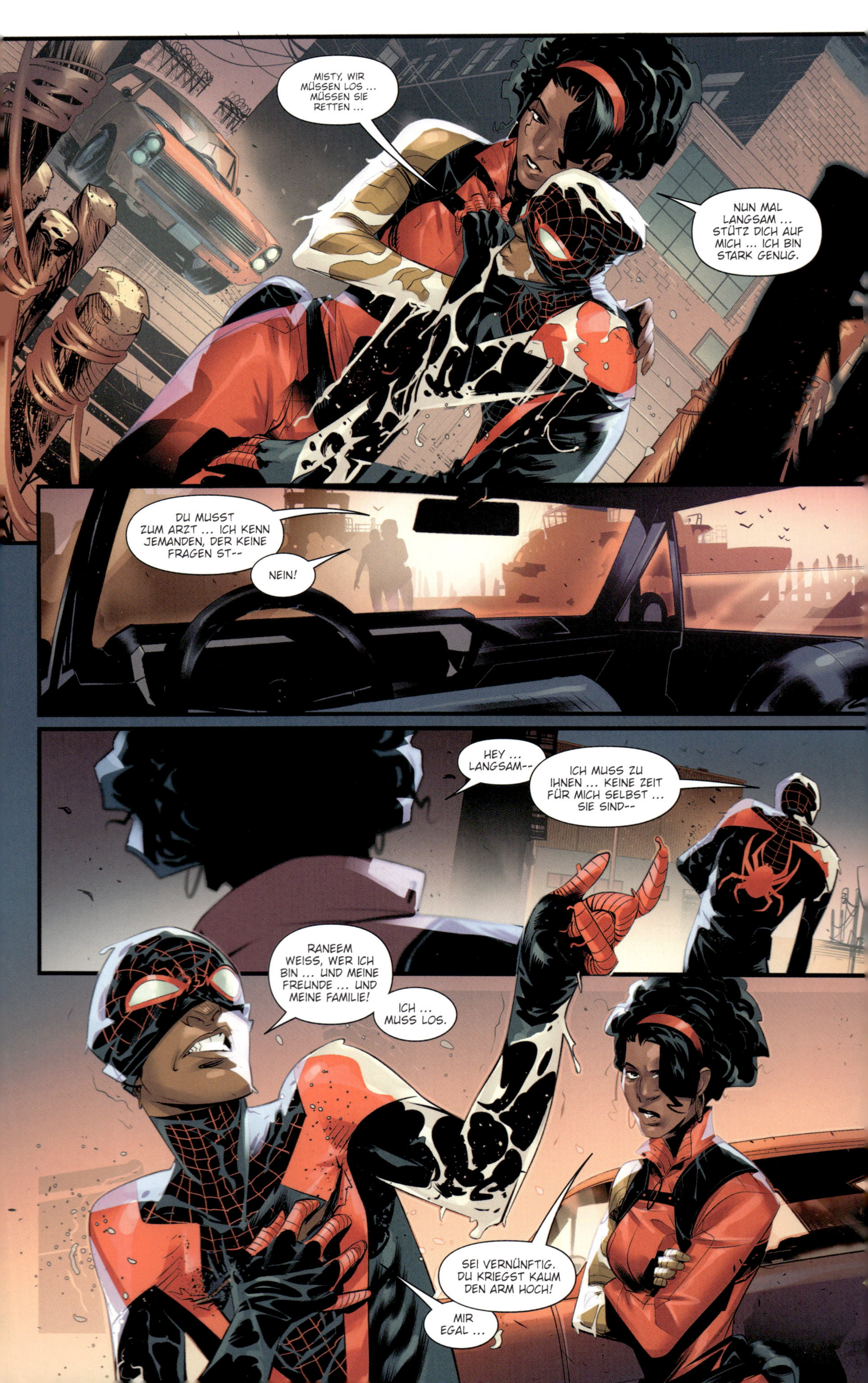
MISTY, WIR MÜSSEN LOS ... MÜSSEN SIE RETTEN ...
NUN MAL LANGSAM ... STÜTZ DICH AUF MICH ... ICH BIN STARK GENUG.
DU MUSST ZUM ARZT ... ICH KENN JEMANDEN, DER KEINE FRAGEN ST--
NEIN!
HEY ... LANGSAM--
ICH MUSS ZU IHNEN ... KEINE ZEIT FÜR MICH SELBST ... SIE SIND--
RANEEM WEISS, WER ICH BIN ... UND MEINE FREUNDE ... UND MEINE FAMILIE!
ICH ... MUSS LOS.
SEI VERNÜNFTIG. DU KRIEGST KAUM DEN ARM HOCH!
MIR EGAL ...

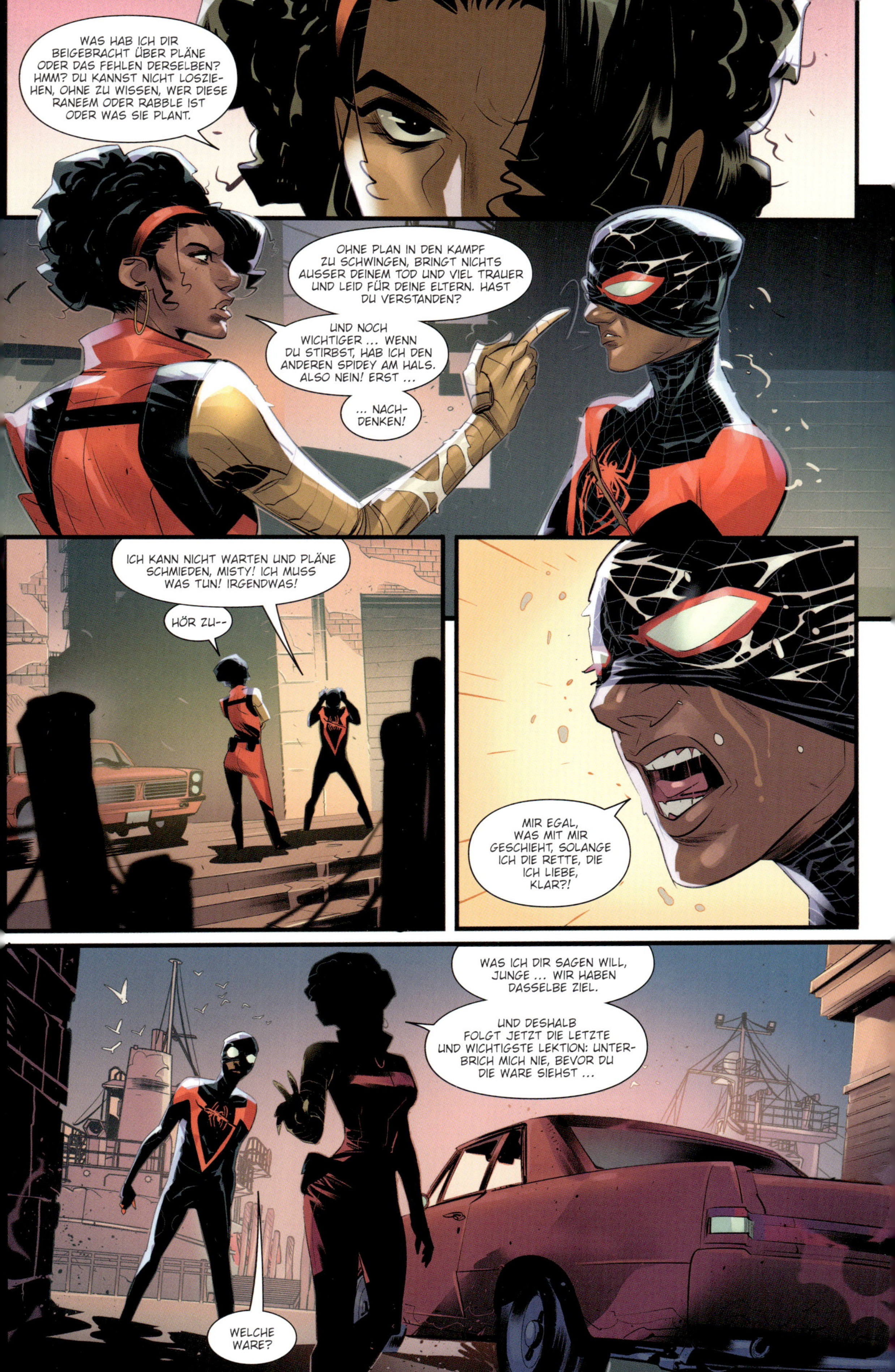
WAS HAB ICH DIR BEIGEBRACHT ÜBER PLÄNE ODER DAS FEHLEN DERSELBEN? HMM? DU KANNST NICHT LOSZIEHEN, OHNE ZU WISSEN, WER DIESE RANEEM ODER RABBLE IST ODER WAS SIE PLANT.
OHNE PLAN IN DEN KAMPF ZU SCHWINGEN, BRINGT NICHTS AUSSER DEINEM TOD UND VIEL TRAUER UND LEID FÜR DEINE ELTERN. HAST DU VERSTANDEN?
UND NOCH WICHTIGER ... WENN DU STIRBST, HAB ICH DEN ANDEREN SPIDEY AM HALS. ALSO NEIN! ERST ...
... NACH-DENKEN!
ICH KANN NICHT WARTEN UND PLÄNE SCHMIEDEN, MISTY! ICH MUSS WAS TUN! IRGENDWAS!
HÖR ZU--
MIR EGAL, WAS MIT MIR GESCHIEHT, SOLANGE ICH DIE RETTE, DIE ICH LIEBE, KLAR?!
WAS ICH DIR SAGEN WILL, JUNGE ... WIR HABEN DASSELBE ZIEL.
UND DESHALB FOLGT JETZT DIE LETZTE UND WICHTIGSTE LEKTION: UNTERBRICH MICH NIE, BEVOR DU DIE WARE SIEHST ...
WELCHE WARE?

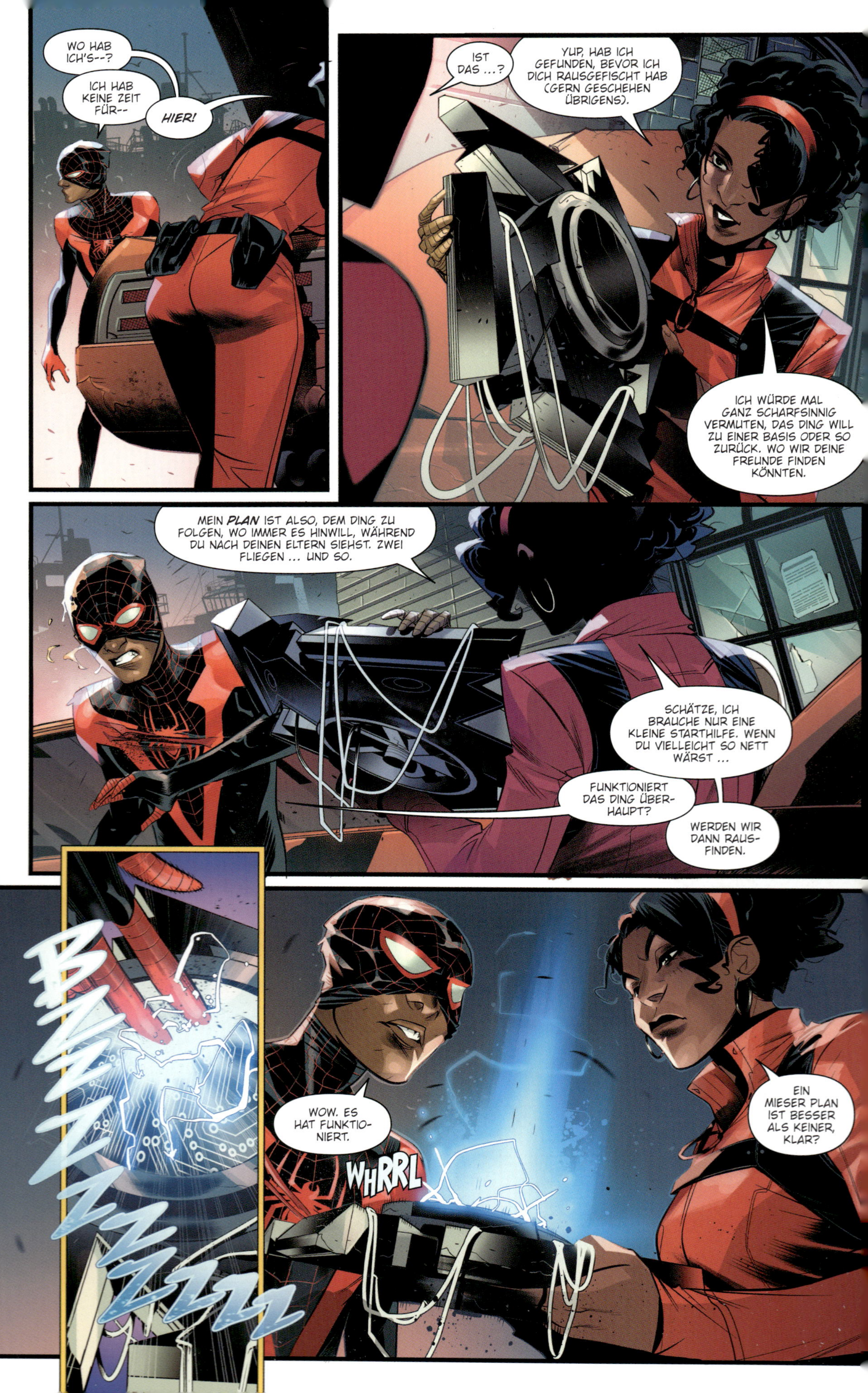
WO HAB ICH'S--?
ICH HAB KEINE ZEIT FÜR--
HIER!
IST DAS ...?
YUP, HAB ICH GEFUNDEN, BEVOR ICH DICH RAUSGEFISCHT HAB (GERN GESCHEHEN ÜBRIGENS).
ICH WÜRDE MAL GANZ SCHARFSINNIG VERMUTEN, DAS DING WILL ZU EINER BASIS ODER SO ZURÜCK. WO WIR DEINE FREUNDE FINDEN KÖNNTEN.
MEIN PLAN IST ALSO, DEM DING ZU FOLGEN, WO IMMER ES HINWILL, WÄHREND DU NACH DEINEN ELTERN SIEHST. ZWEI FLIEGEN ... UND SO.
SCHÄTZE, ICH BRAUCHE NUR EINE KLEINE STARTHILFE. WENN DU VIELLEICHT SO NETT WÄRST ...
FUNKTIONIERT DAS DING ÜBERHAUPT?
WERDEN WIR DANN RAUSFINDEN.
BZZZZZZZZZZZZ
WOW. ES HAT FUNKTIONIERT.
WHRRL
EIN MIESER PLAN IST BESSER ALS KEINER, KLAR?

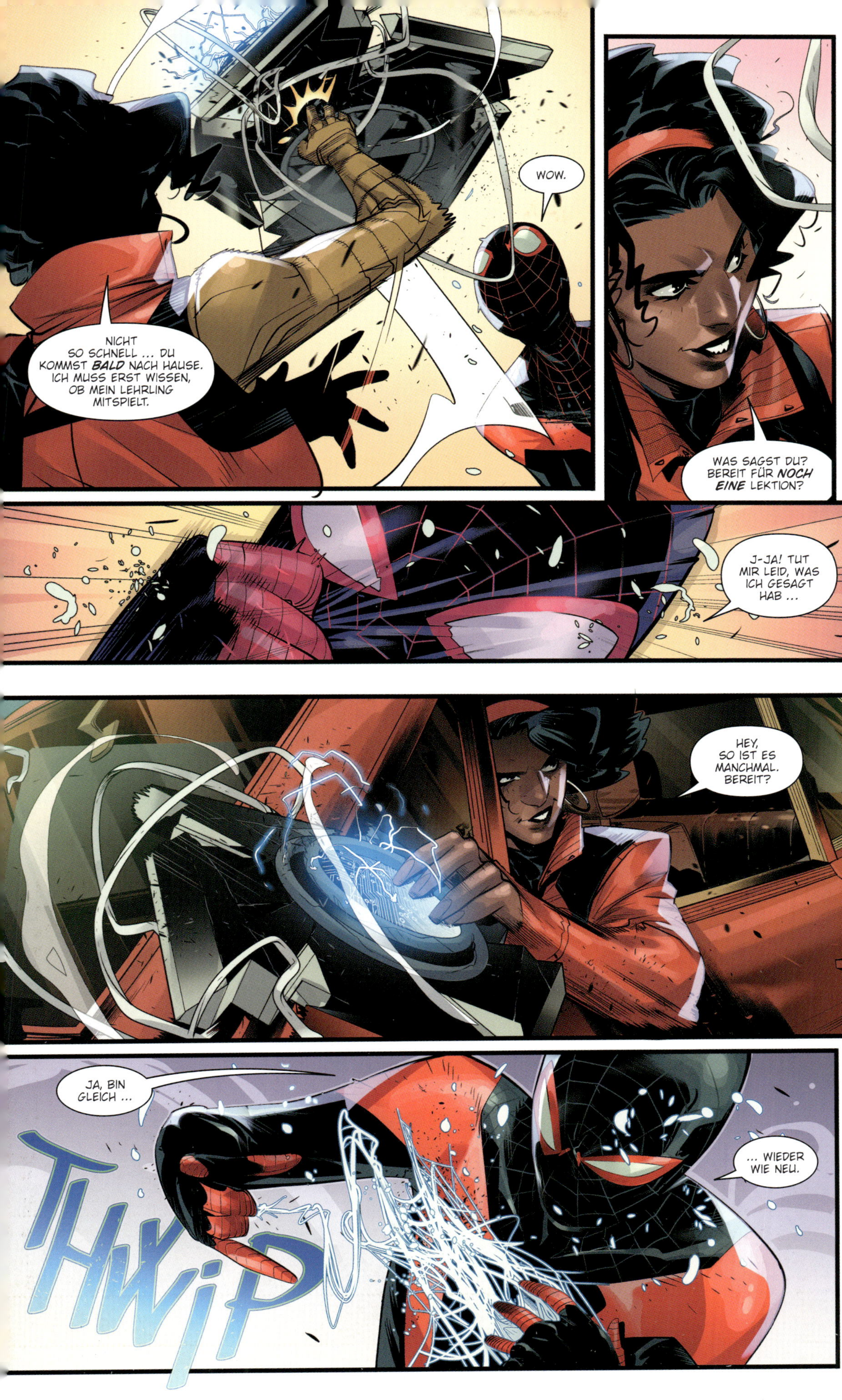

NICHT SO SCHNELL ... DU KOMMST **BALD** NACH HAUSE. ICH MUSS ERST WISSEN, OB MEIN LEHRLING MITSPIELT.

WOW.

WAS SAGST DU? BEREIT FÜR ***NOCH EINE*** LEKTION?

J-JA! TUT MIR LEID, WAS ICH GESAGT HAB ...

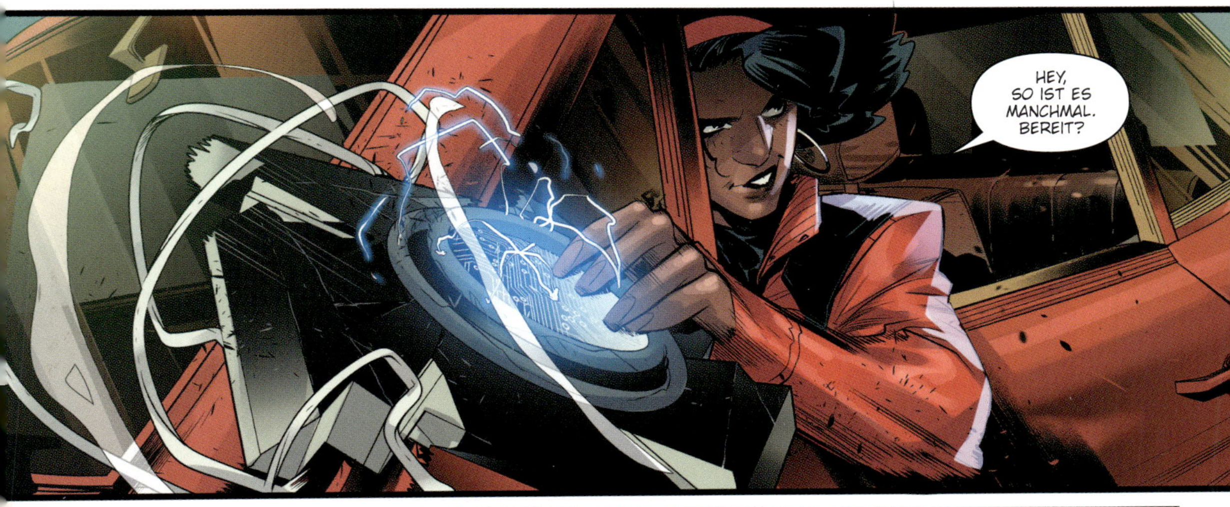

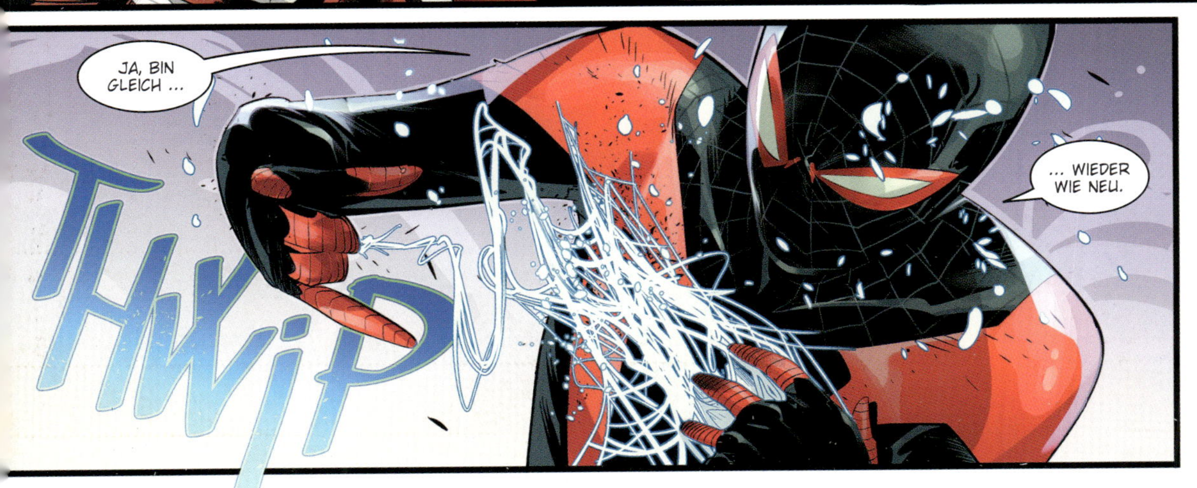

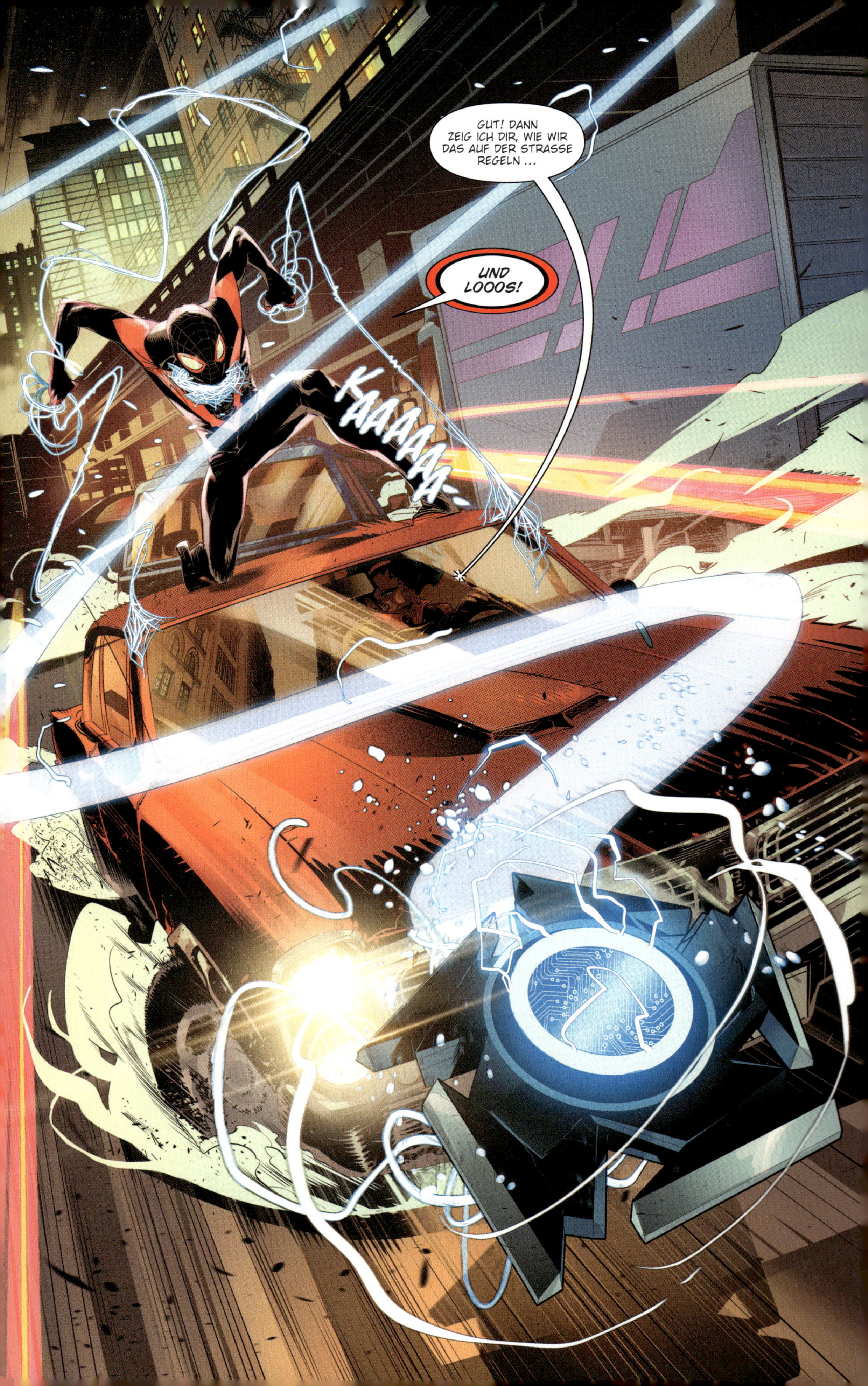
GUT! DANN ZEIG ICH DIR, WIE WIR DAS AUF DER STRASSE REGELN ...
UND LOOOS!
KAAAAAA

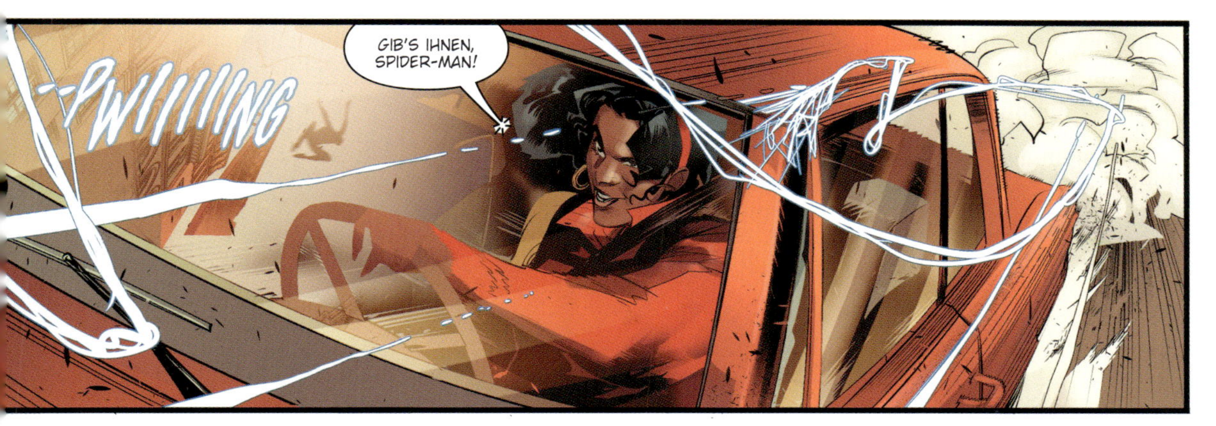

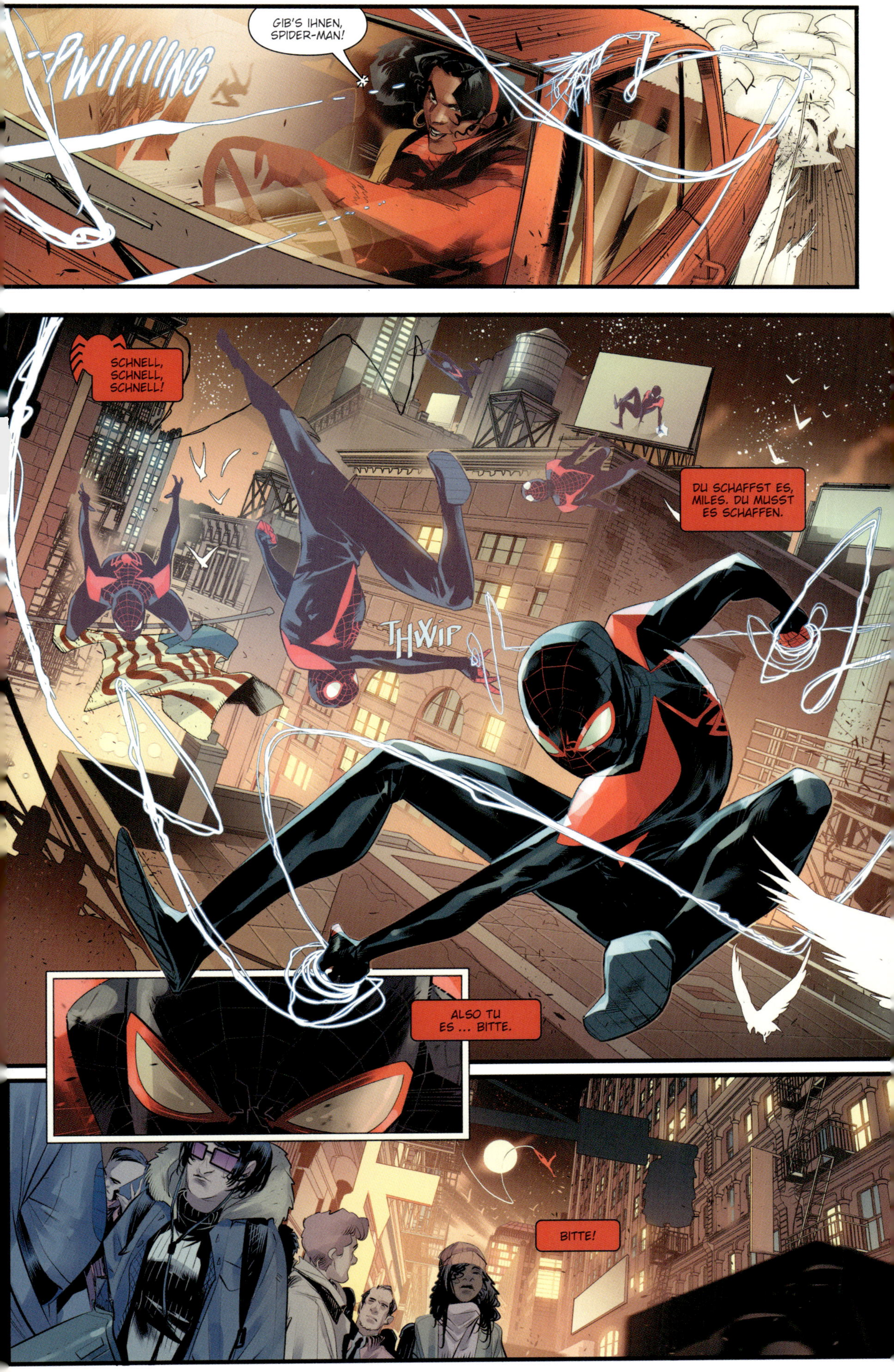

SCHNELL, SCHNELL, SCHNELL!

DU SCHAFFST ES, MILES. DU MUSST ES SCHAFFEN.

THWIP

ALSO TU ES ... BITTE.

BITTE!

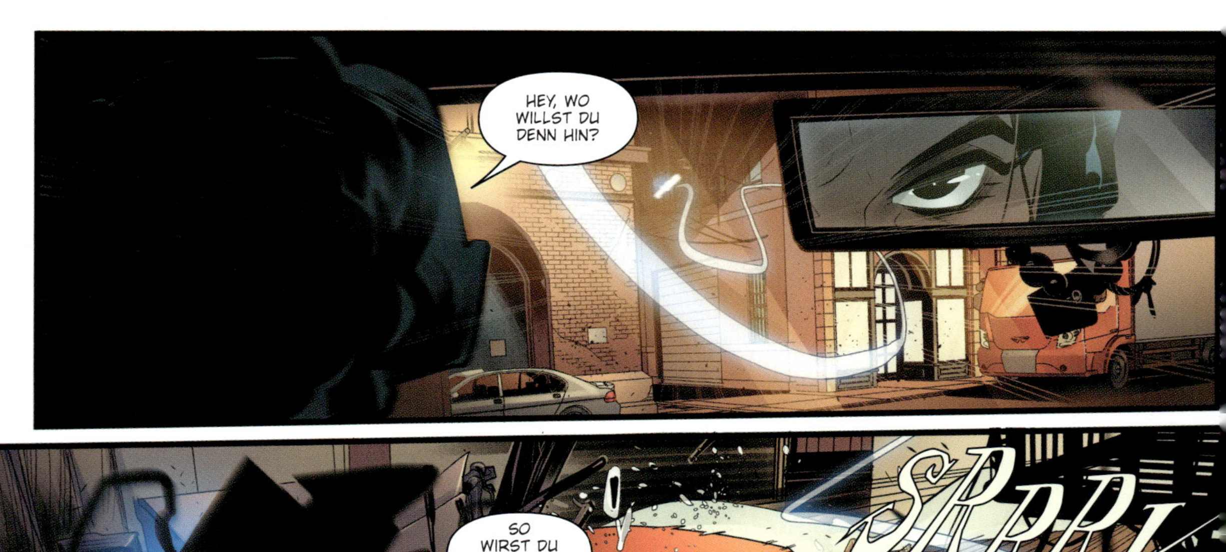
HEY, WO WILLST DU DENN HIN?
SO WIRST DU MICH NICHT LOS.
SRRRK
SKRACH
GRR. WARUM MUSS ES IMMER GANZ OBEN SEIN?
-HNFF- -HNFF- ICH WUSSTE ES ...
ES GIBT IMMER EINE GEHEIME ...

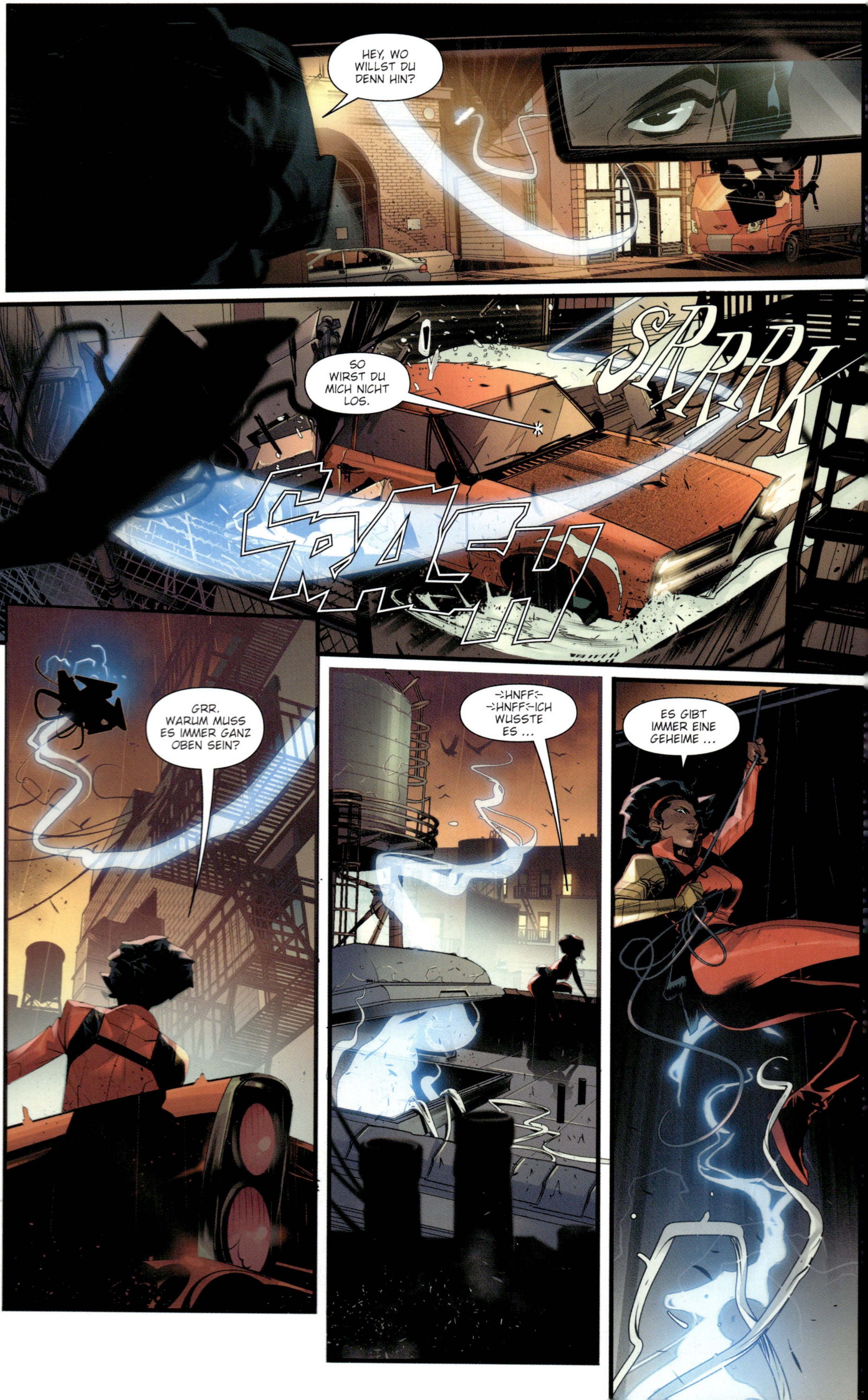

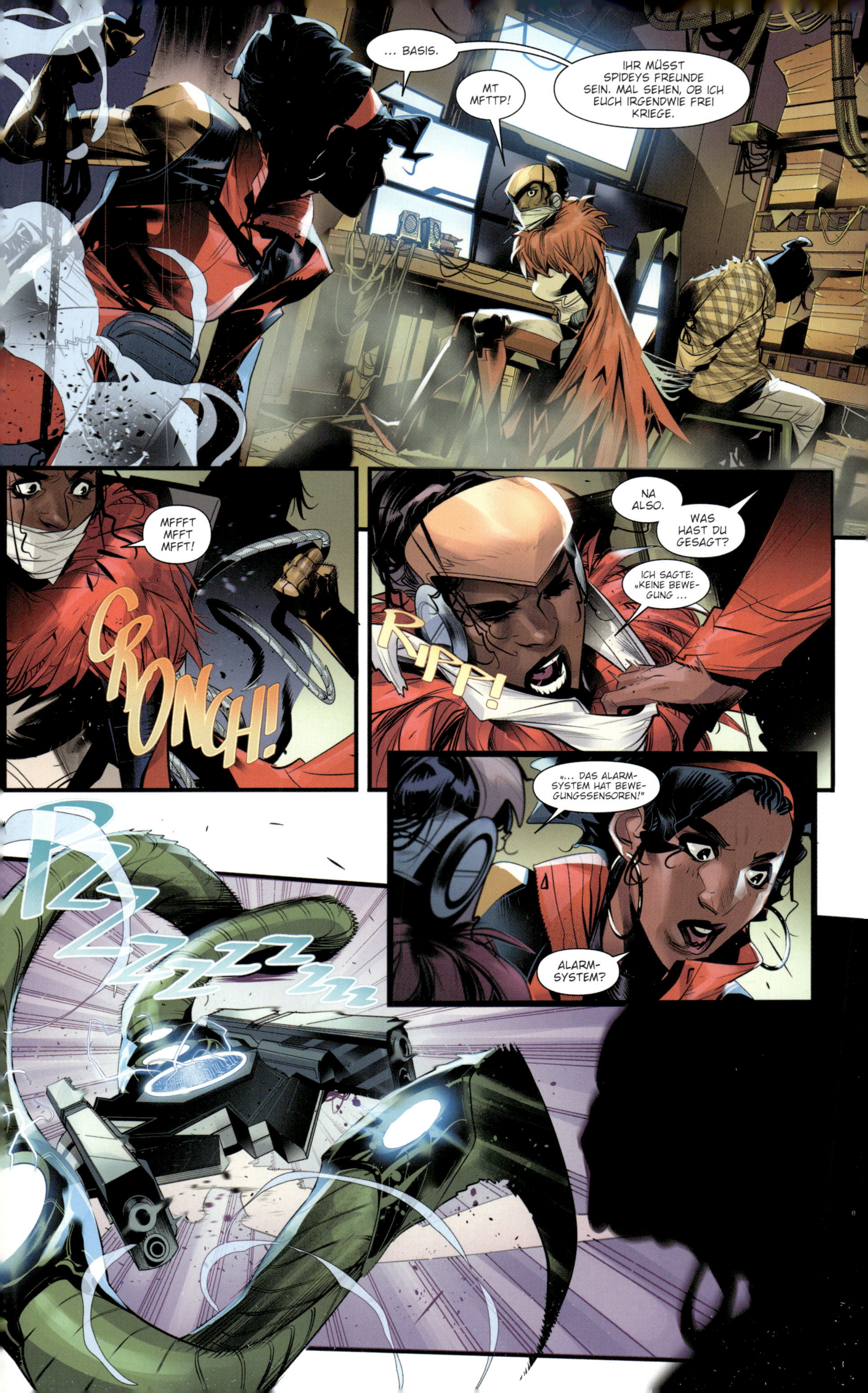
... BASIS.
MT MFTTP!
IHR MÜSST SPIDEYS FREUNDE SEIN. MAL SEHEN, OB ICH EUCH IRGENDWIE FREI KRIEGE.
MFFFT MFFT MFFT!
CRONCH!
NA ALSO.
WAS HAST DU GESAGT?
ICH SAGTE: „KEINE BEWEGUNG ...
RIPP!
„... DAS ALARMSYSTEM HAT BEWEGUNGSSENSOREN!"
ALARM-SYSTEM?
BZZZZZZZZZZ

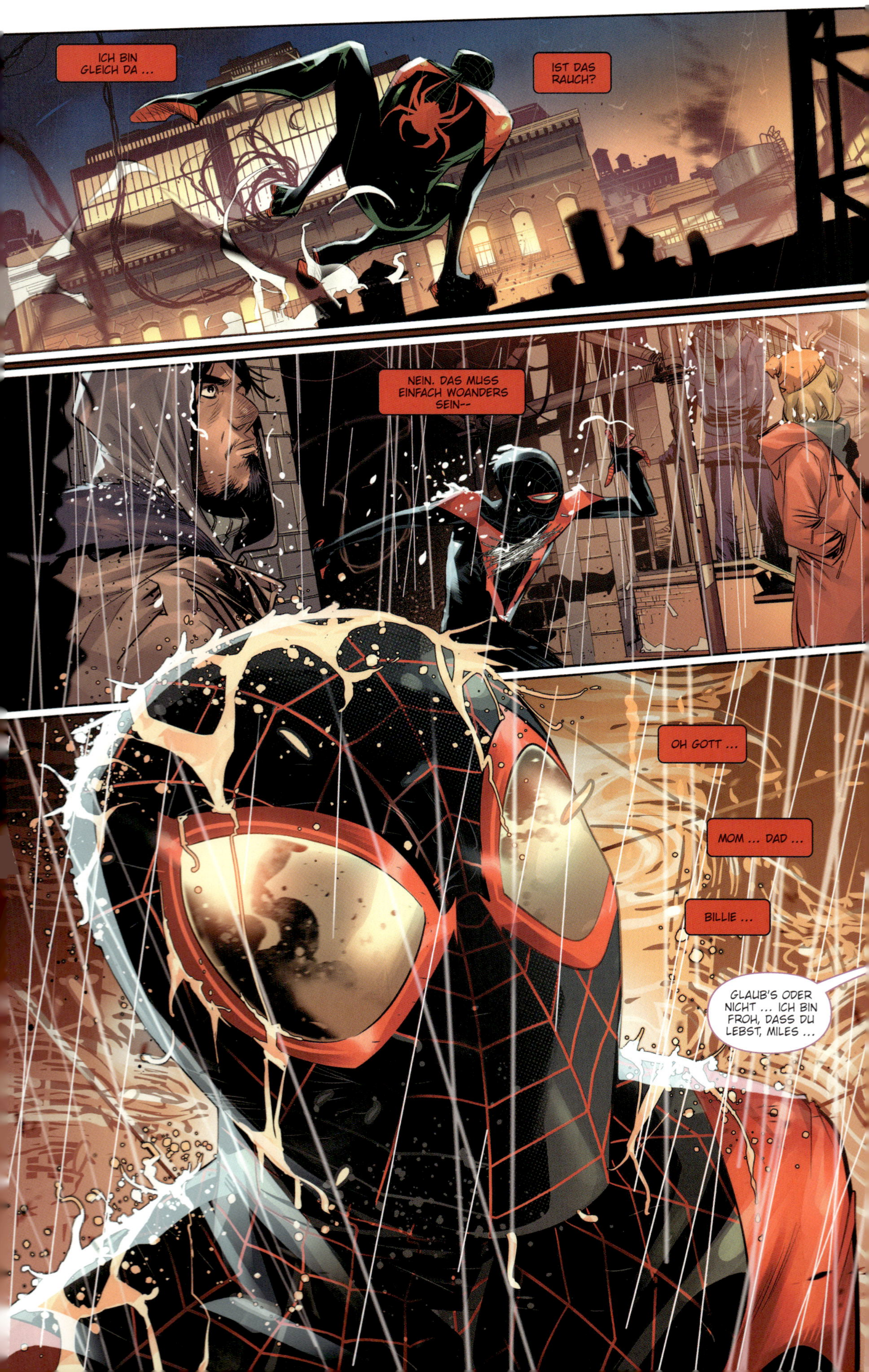
ICH BIN GLEICH DA ...
IST DAS RAUCH?
NEIN. DAS MUSS EINFACH WOANDERS SEIN--
OH GOTT ...
MOM ... DAD ...
BILLIE ...
GLAUB'S ODER NICHT ... ICH BIN FROH, DASS DU LEBST, MILES ...

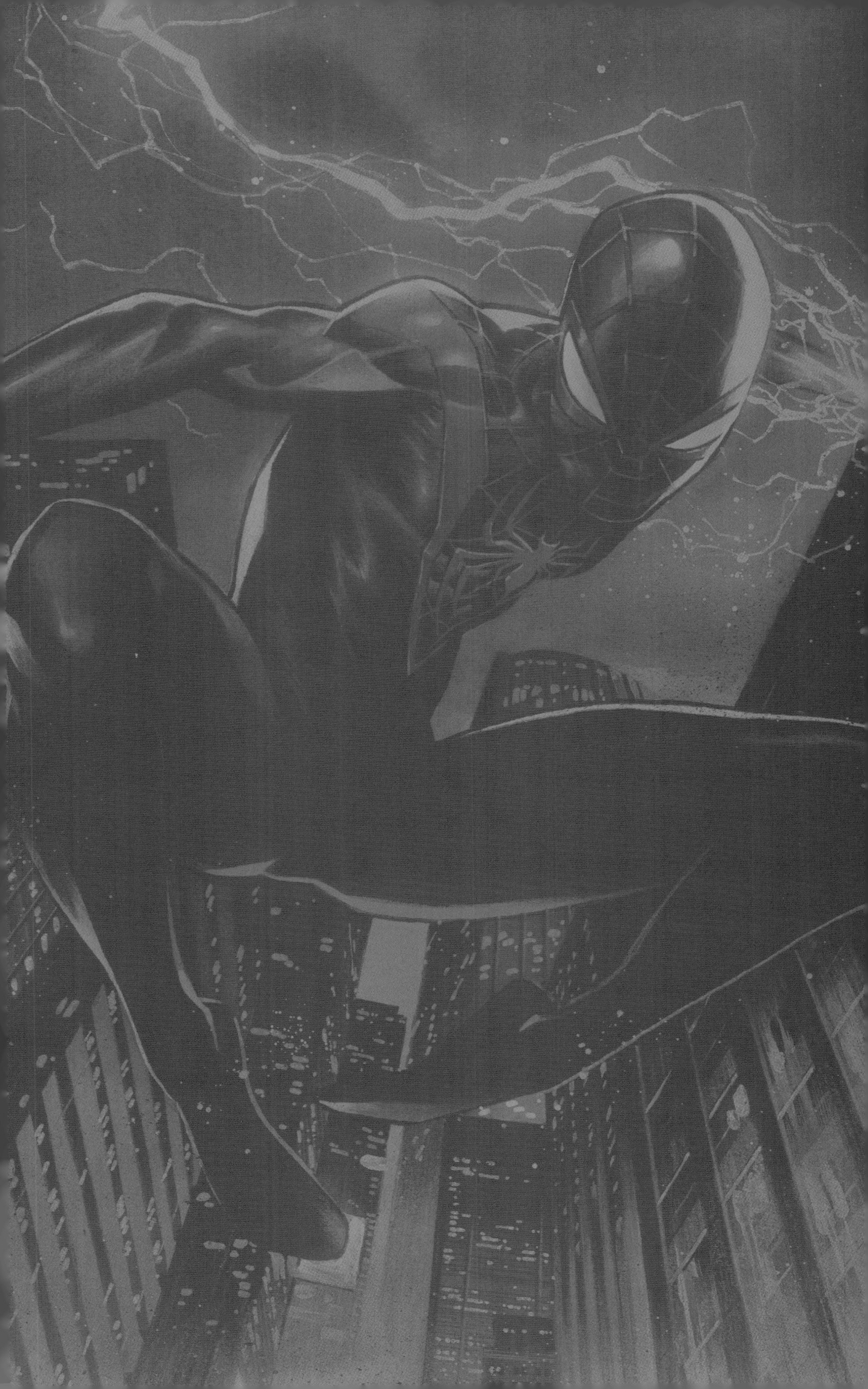

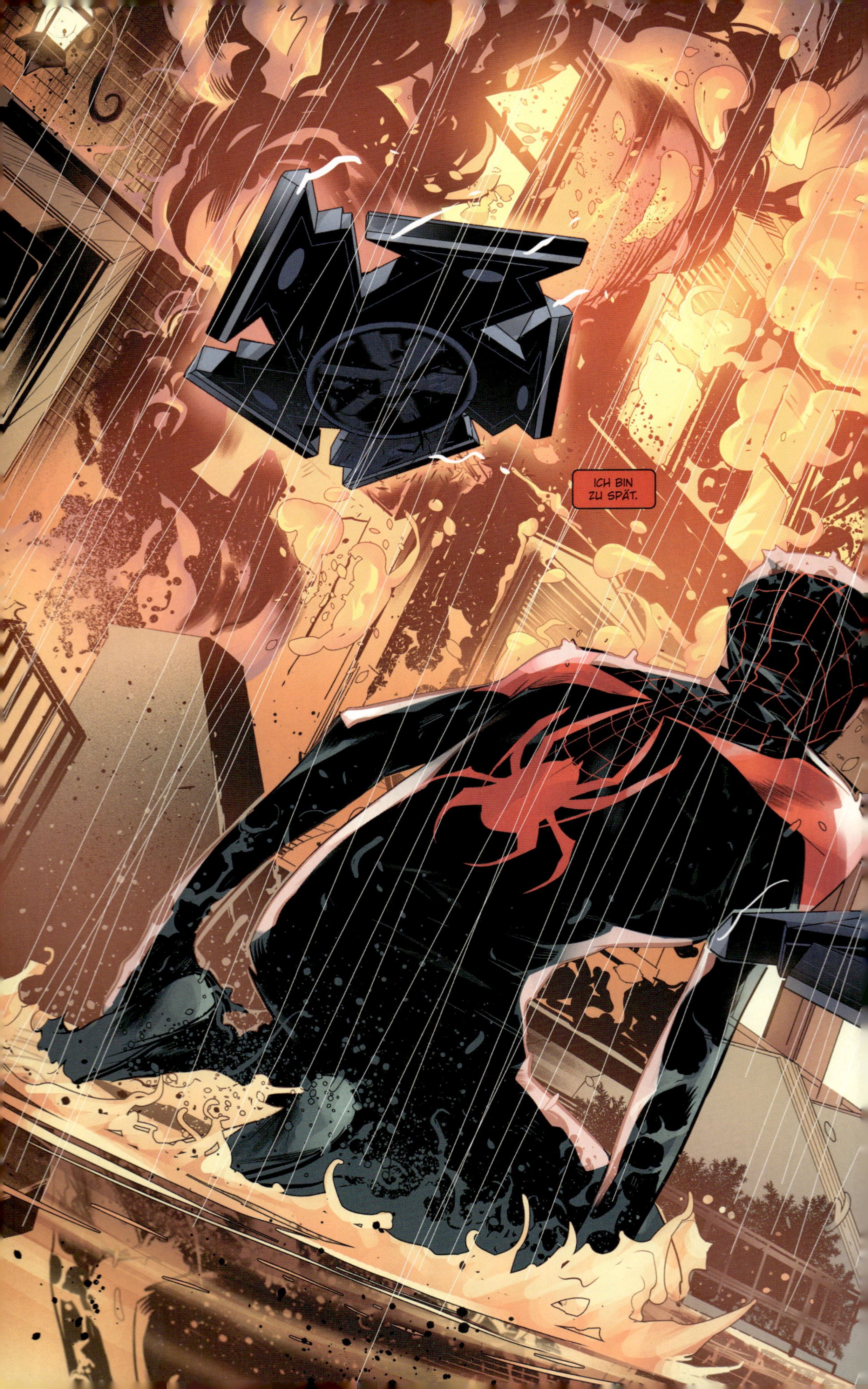
ICH BIN
ZU SPÄT.

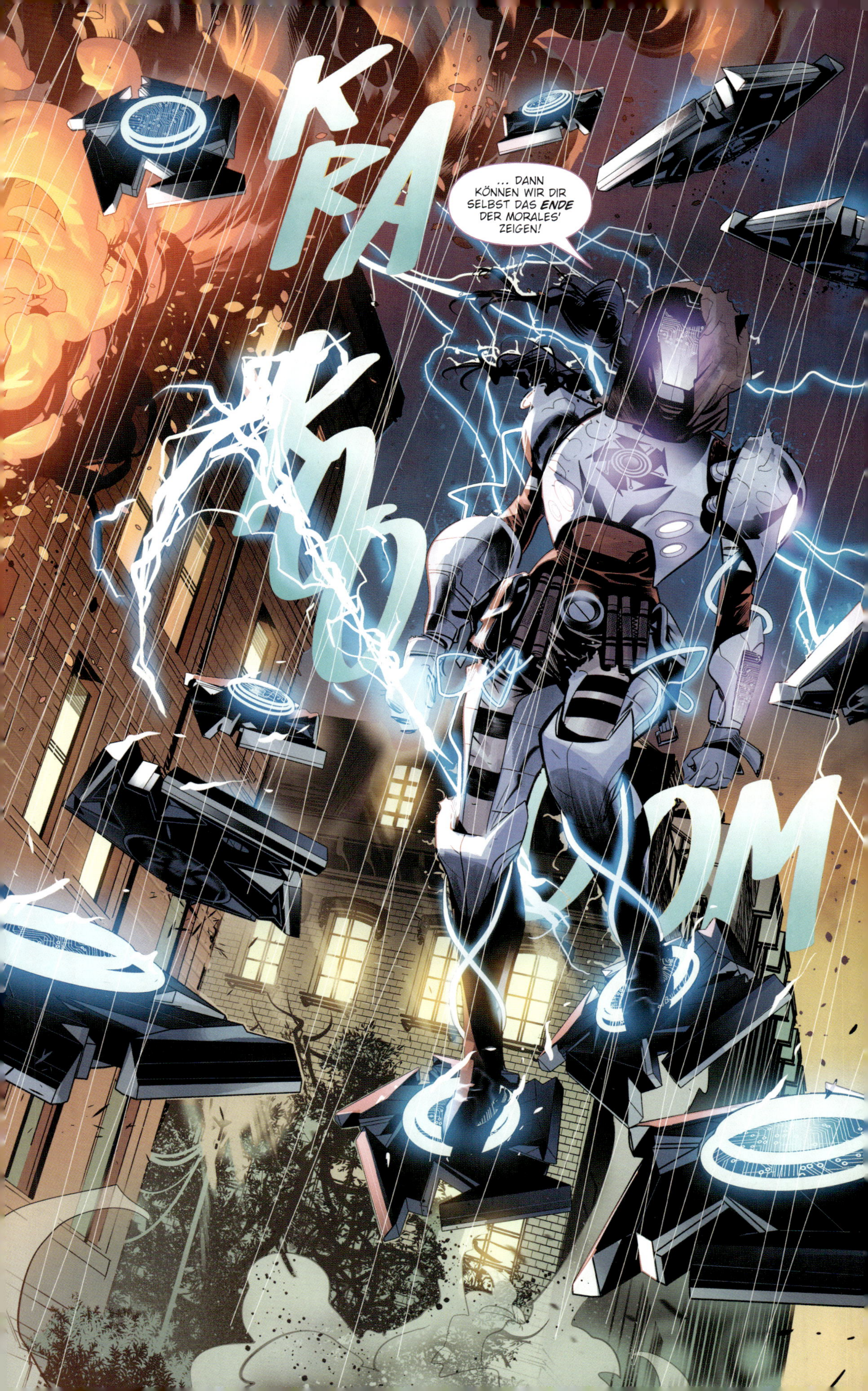
KRA
... DANN KÖNNEN WIR DIR SELBST DAS *ENDE* DER MORALES' ZEIGEN!
KOOOOM

DIE GROSSE HERAUSFORDERUNG, TEIL 5

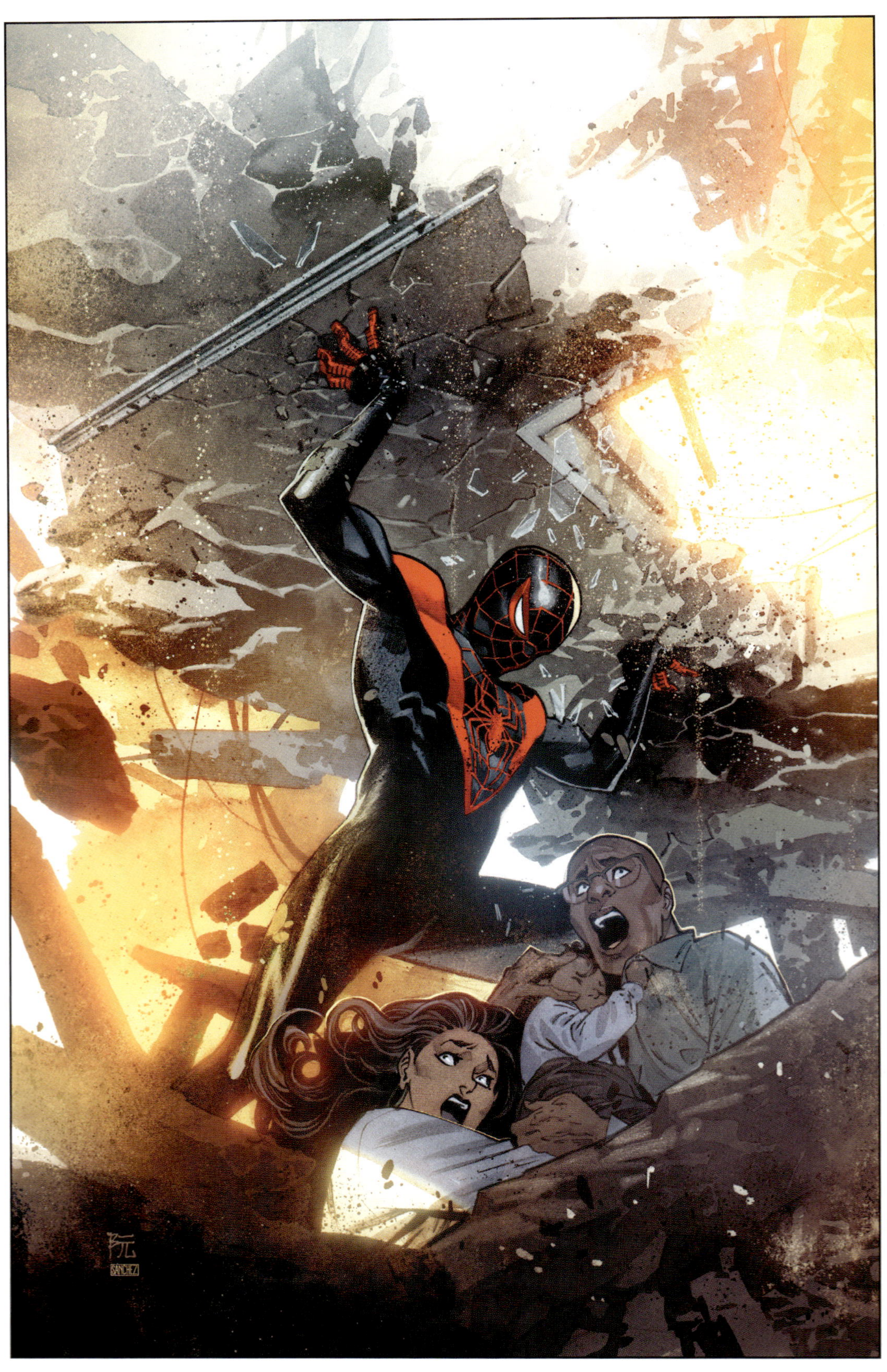

Miles Morales: Spider-Man (2022) 5
Cover von **DIKE RUAN**

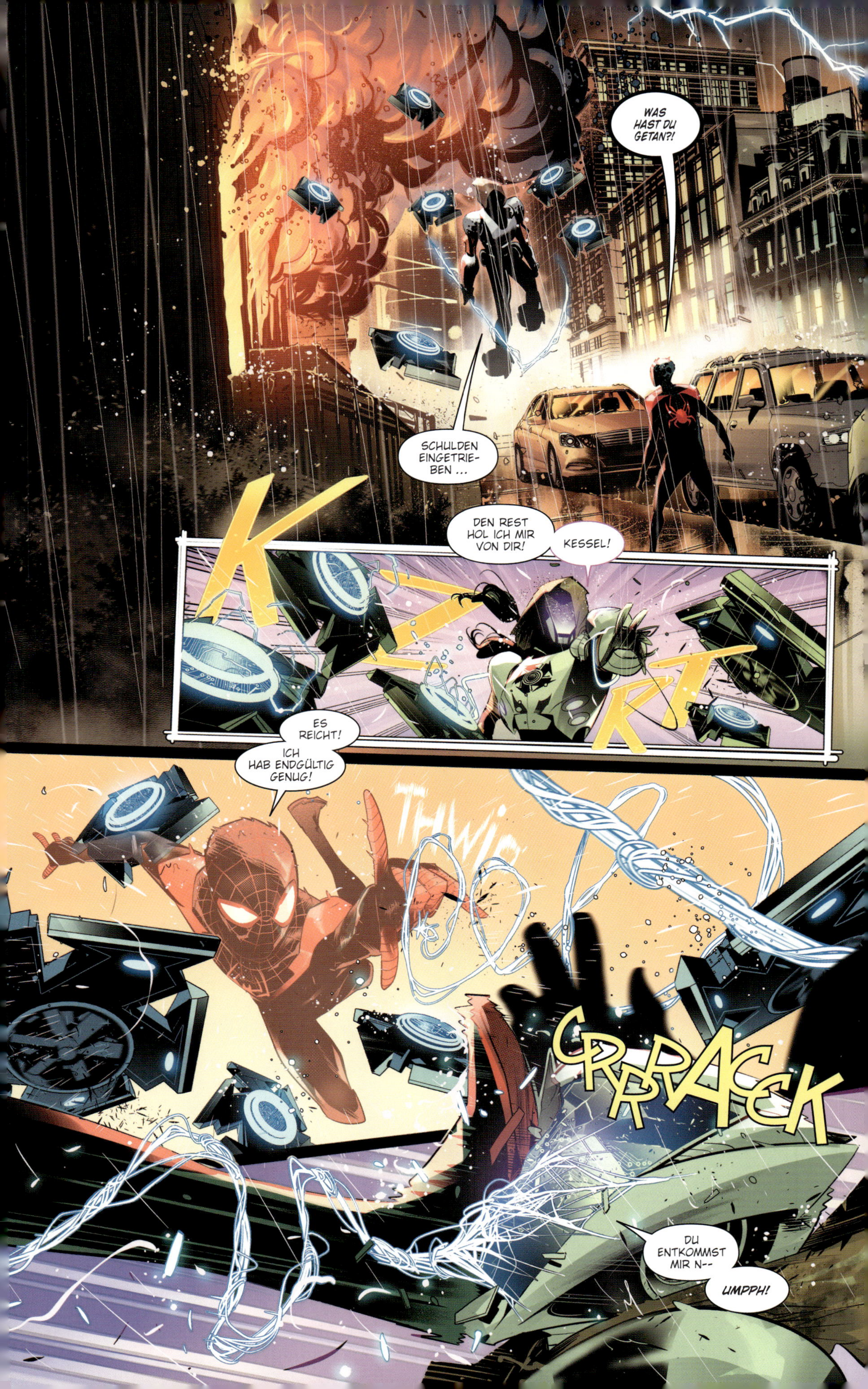
WAS HAST DU GETAN?!
SCHULDEN EINGETRIE-BEN ...
DEN REST HOL ICH MIR VON DIR!
KESSEL!
KZZRT
ES REICHT!
ICH HAB ENDGÜLTIG GENUG!
THWIP
CRRRACK
DU ENTKOMMST MIR N--
UMPPH!

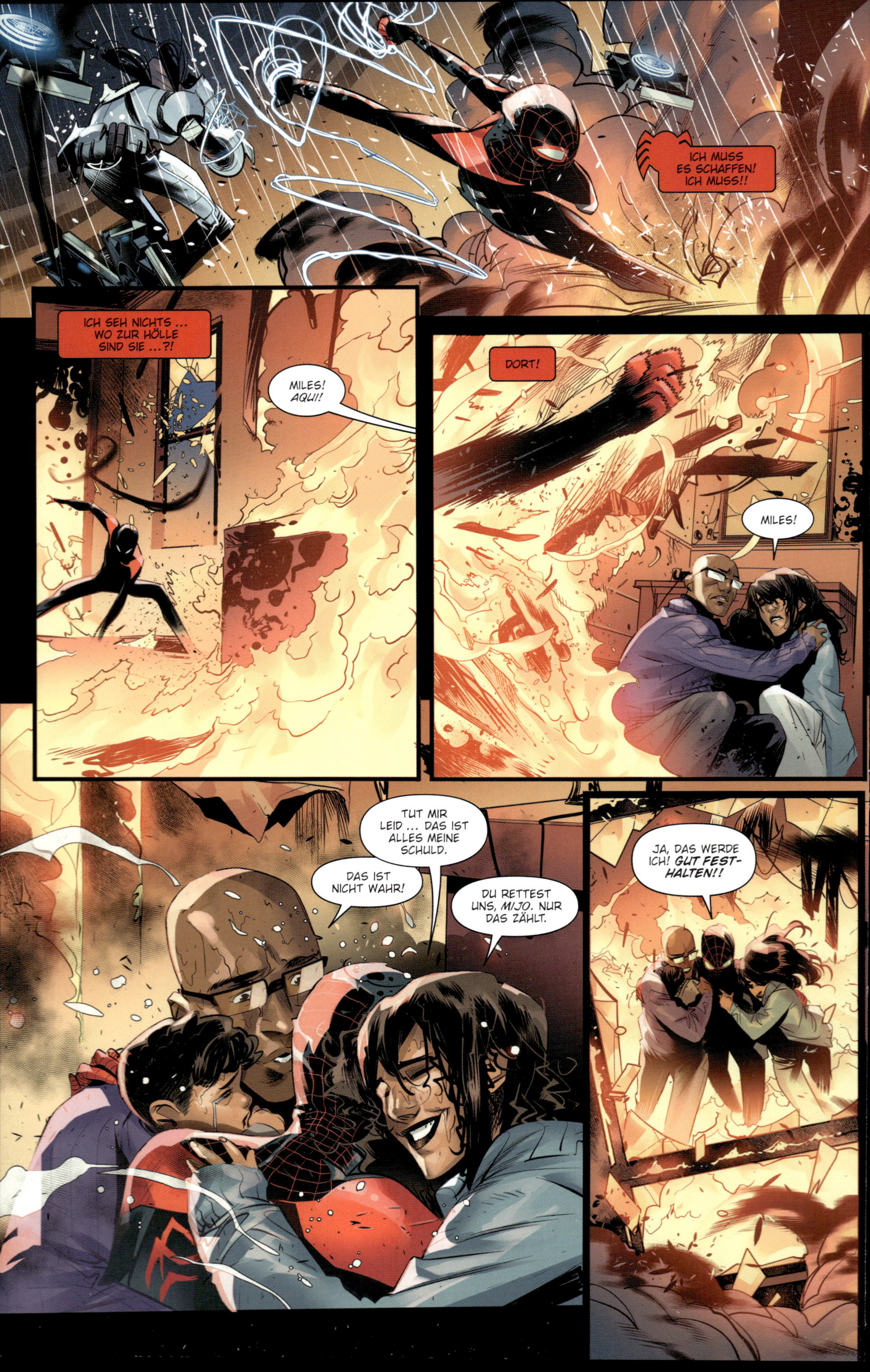
ICH MUSS ES SCHAFFEN! ICH MUSS!!
ICH SEH NICHTS ... WO ZUR HÖLLE SIND SIE ...?!
MILES! AQUI!
DORT!
MILES!
TUT MIR LEID ... DAS IST ALLES MEINE SCHULD.
DAS IST NICHT WAHR!
DU RETTEST UNS, MIJO. NUR DAS ZÄHLT.
JA, DAS WERDE ICH! GUT FEST-HALTEN!!

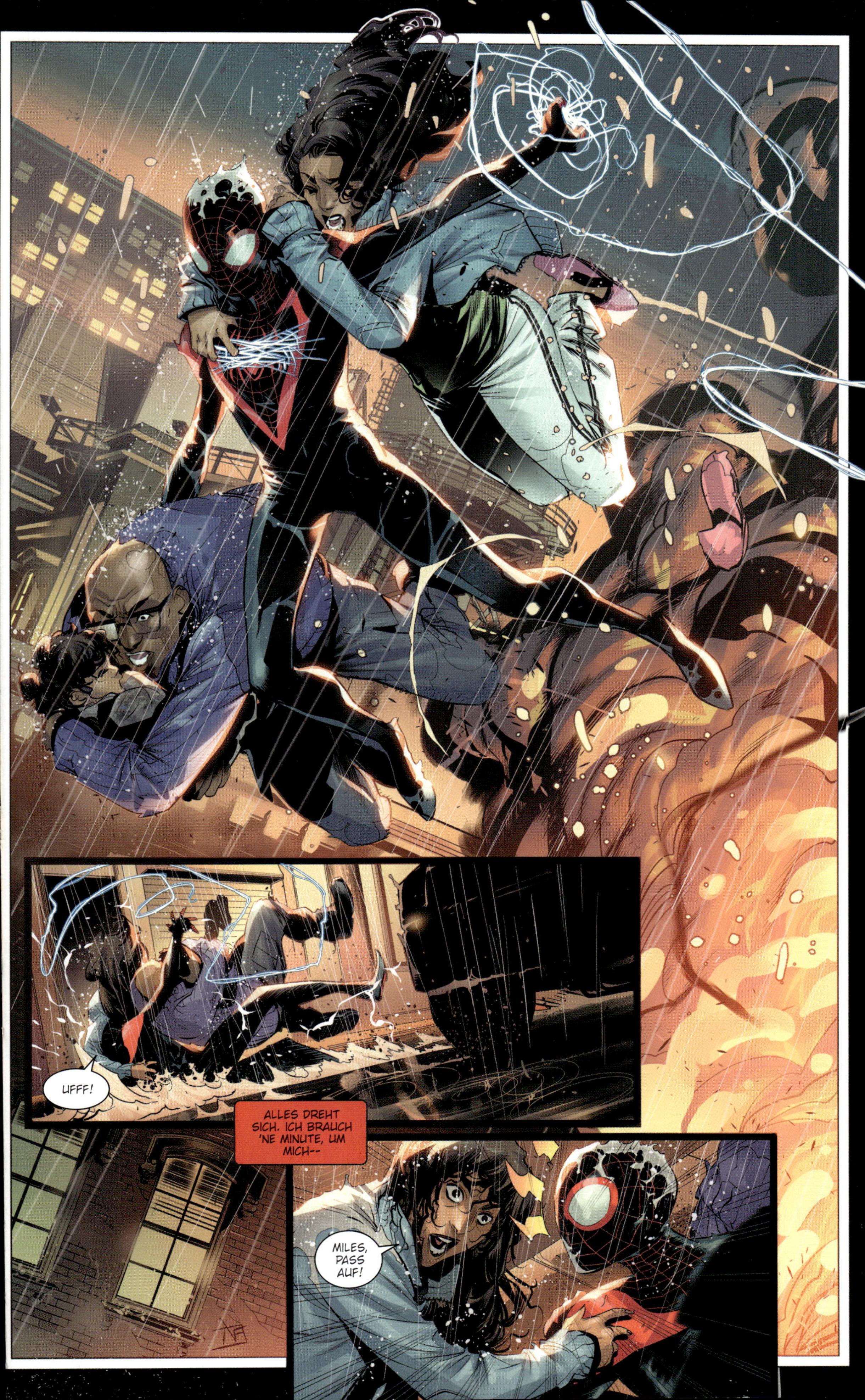
UFFF!
ALLES DREHT SICH. ICH BRAUCH 'NE MINUTE, UM MICH--
MILES, PASS AUF!

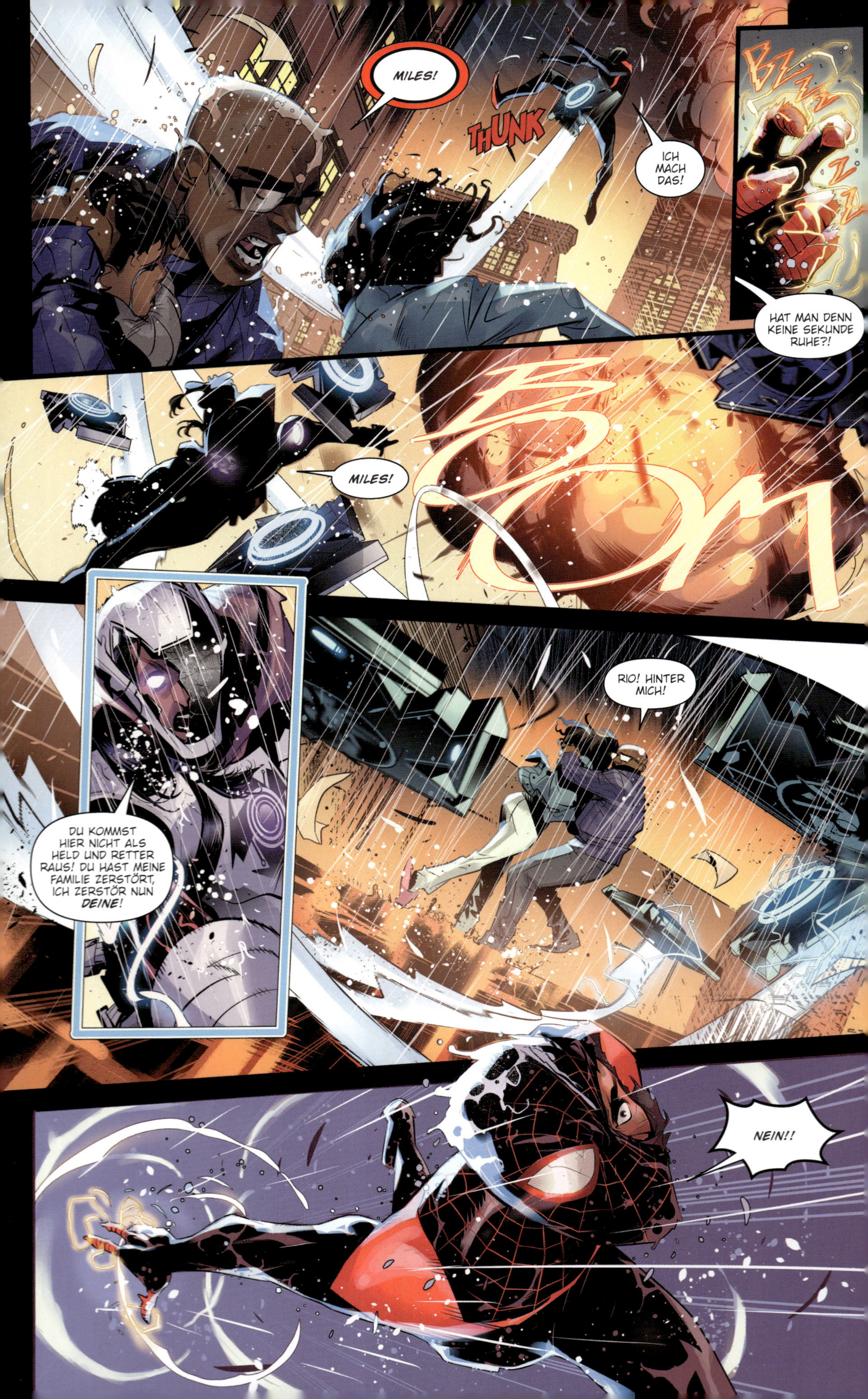
MILES!
THUNK
ICH MACH DAS!
BZZZZZ
HAT MAN DENN KEINE SEKUNDE RUHE?!
MILES!
BOOM
RIO! HINTER MICH!
DU KOMMST HIER NICHT ALS HELD UND RETTER RAUS! DU HAST MEINE FAMILIE ZERSTÖRT, ICH ZERSTÖR NUN *DEINE*!
NEIN!!

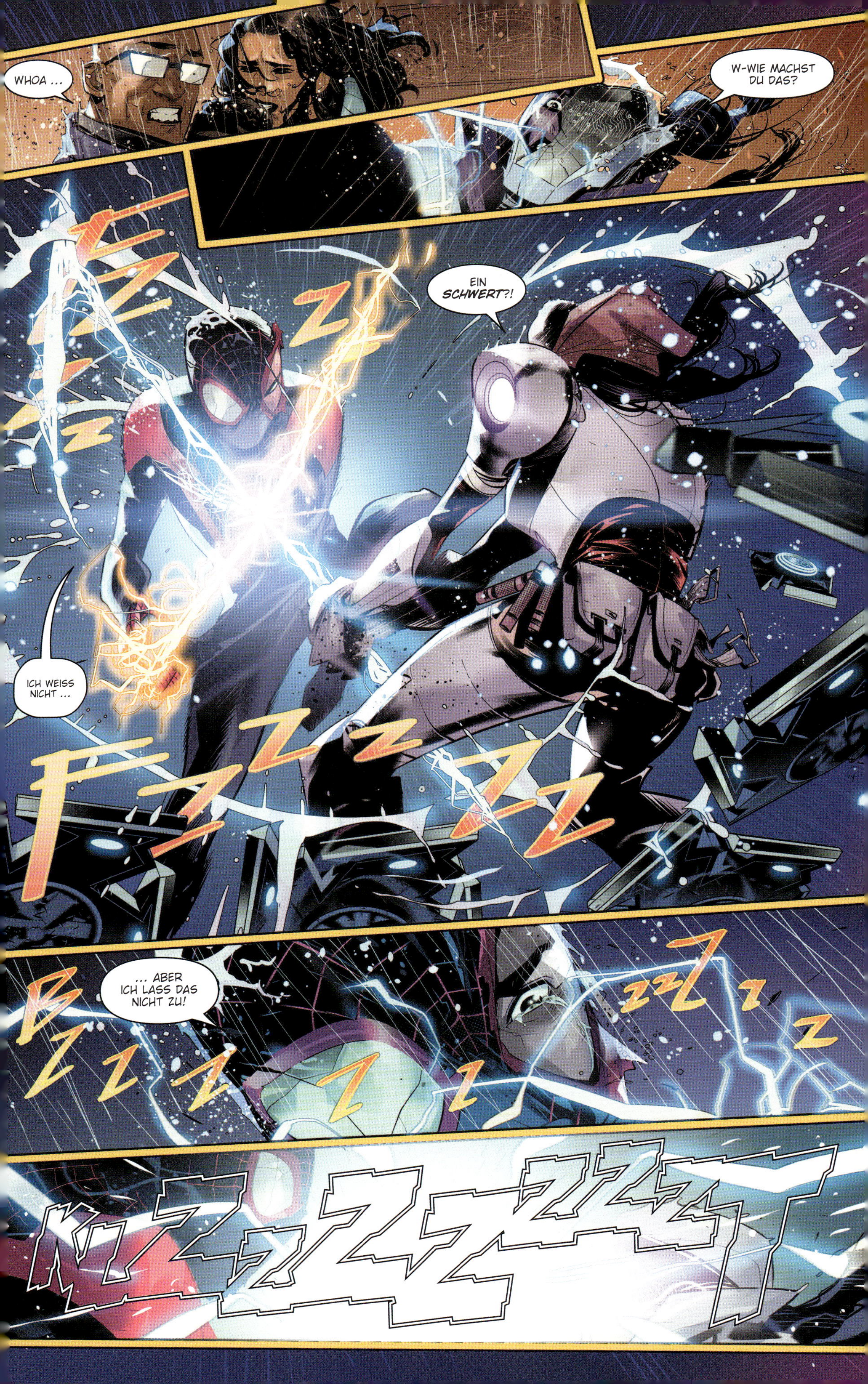
WHOA ...
W-WIE MACHST DU DAS?
EIN SCHWERT?!
FZZZ
ICH WEISS NICHT ...
FZZZZZZ
... ABER ICH LASS DAS NICHT ZU!
BZZZZZ
ZZZZZ
KZZZZZZT

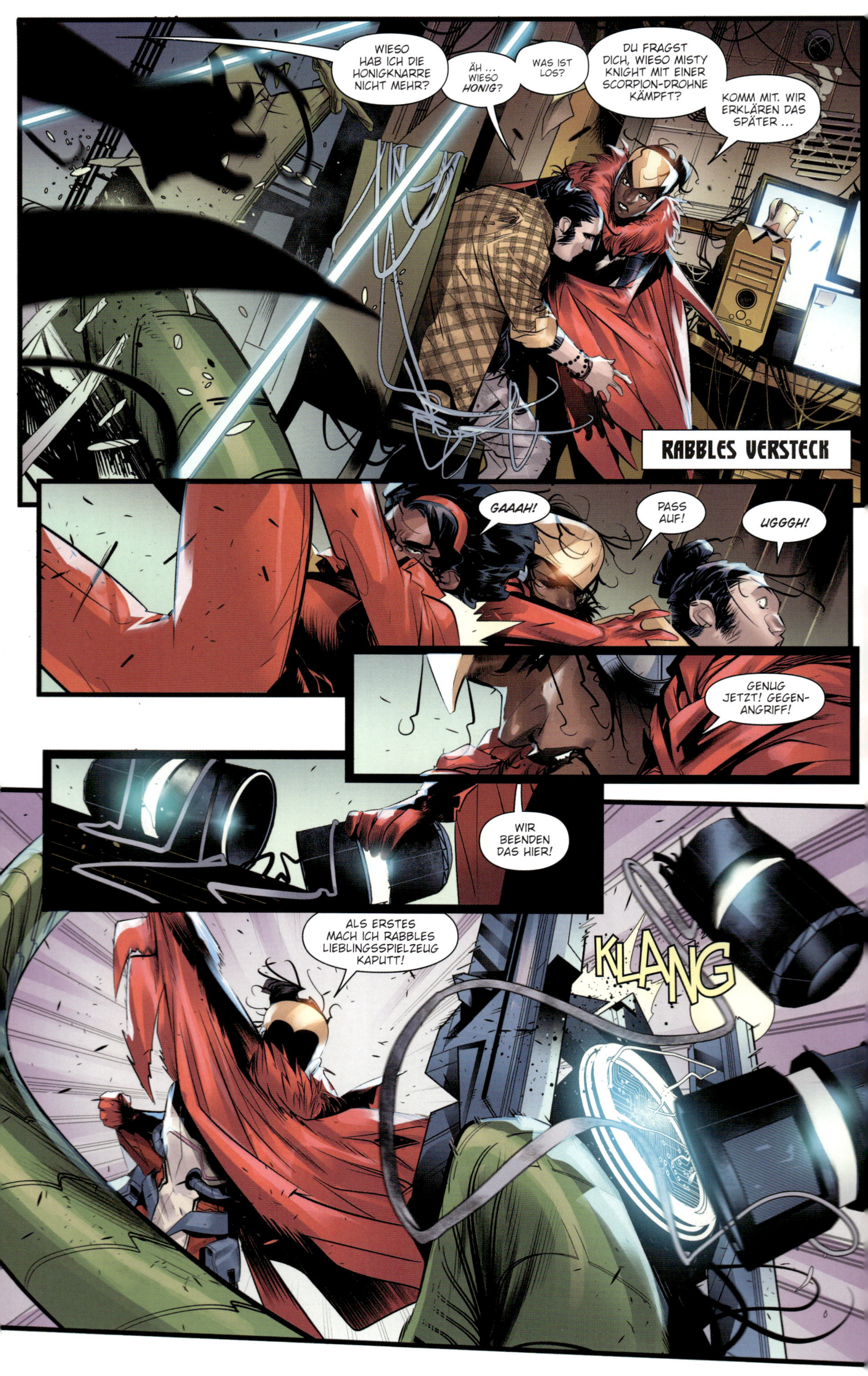
WIESO HAB ICH DIE HONIGKNARRE NICHT MEHR?
ÄH ... WIESO *HONIG*?
WAS IST LOS?
DU FRAGST DICH, WIESO MISTY KNIGHT MIT EINER SCORPION-DROHNE KÄMPFT?
KOMM MIT. WIR ERKLÄREN DAS SPÄTER ...
RABBLES VERSTECK
GAAAH!
PASS AUF!
UGGGH!
GENUG JETZT! GEGEN-ANGRIFF!
WIR BEENDEN DAS HIER!
ALS ERSTES MACH ICH RABBLES LIEBLINGSSPIELZEUG KAPUTT!
KLANG

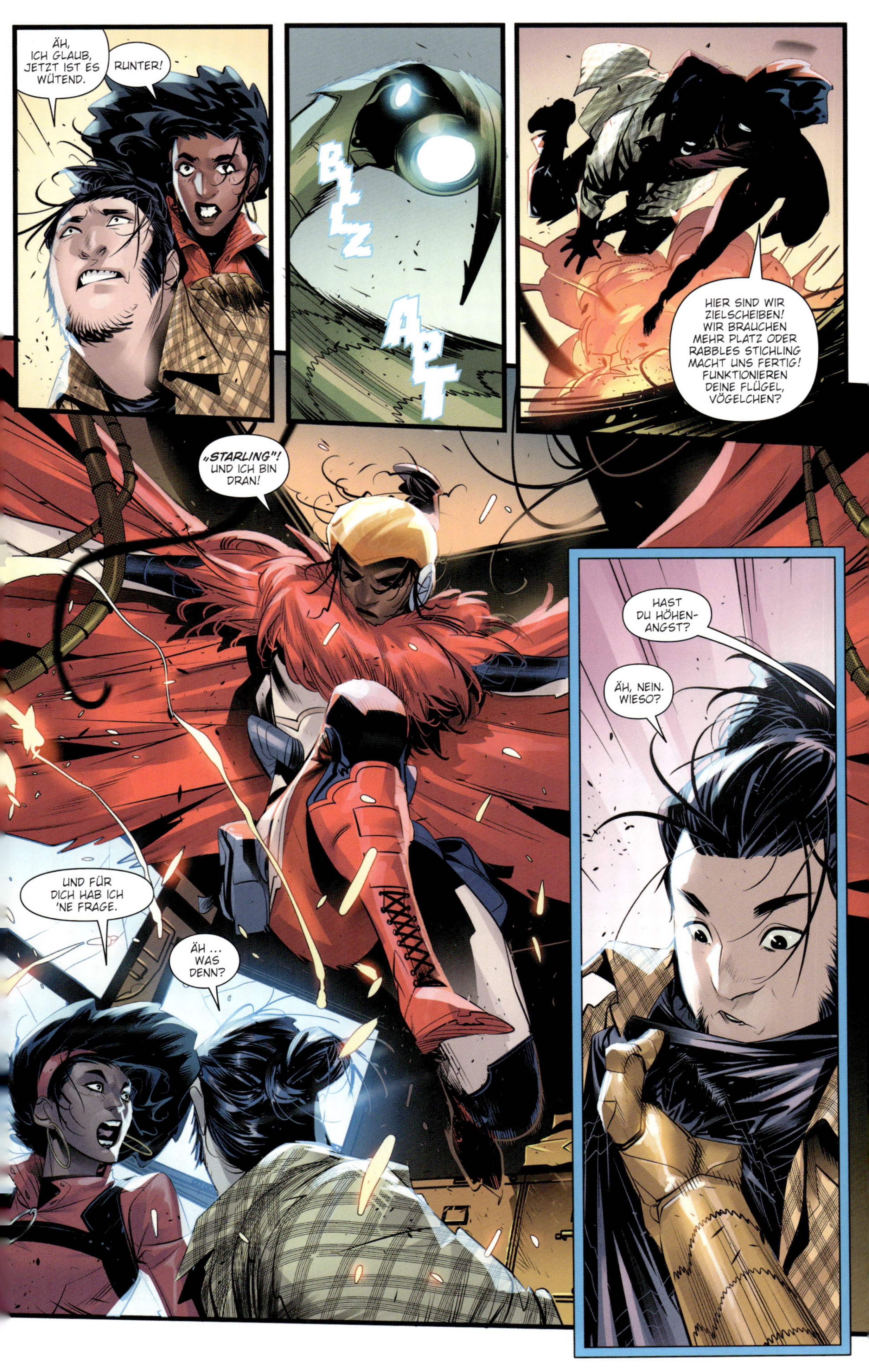
ÄH, ICH GLAUB, JETZT IST ES WÜTEND.
RUNTER!
BLZ
APT
HIER SIND WIR ZIELSCHEIBEN! WIR BRAUCHEN MEHR PLATZ ODER RABBLES STICHLING MACHT UNS FERTIG! FUNKTIONIEREN DEINE FLÜGEL, VÖGELCHEN?
„STARLING"! UND ICH BIN DRAN!
UND FÜR DICH HAB ICH 'NE FRAGE.
ÄH ... WAS DENN?
HAST DU HÖHENANGST?
ÄH, NEIN. WIESO?

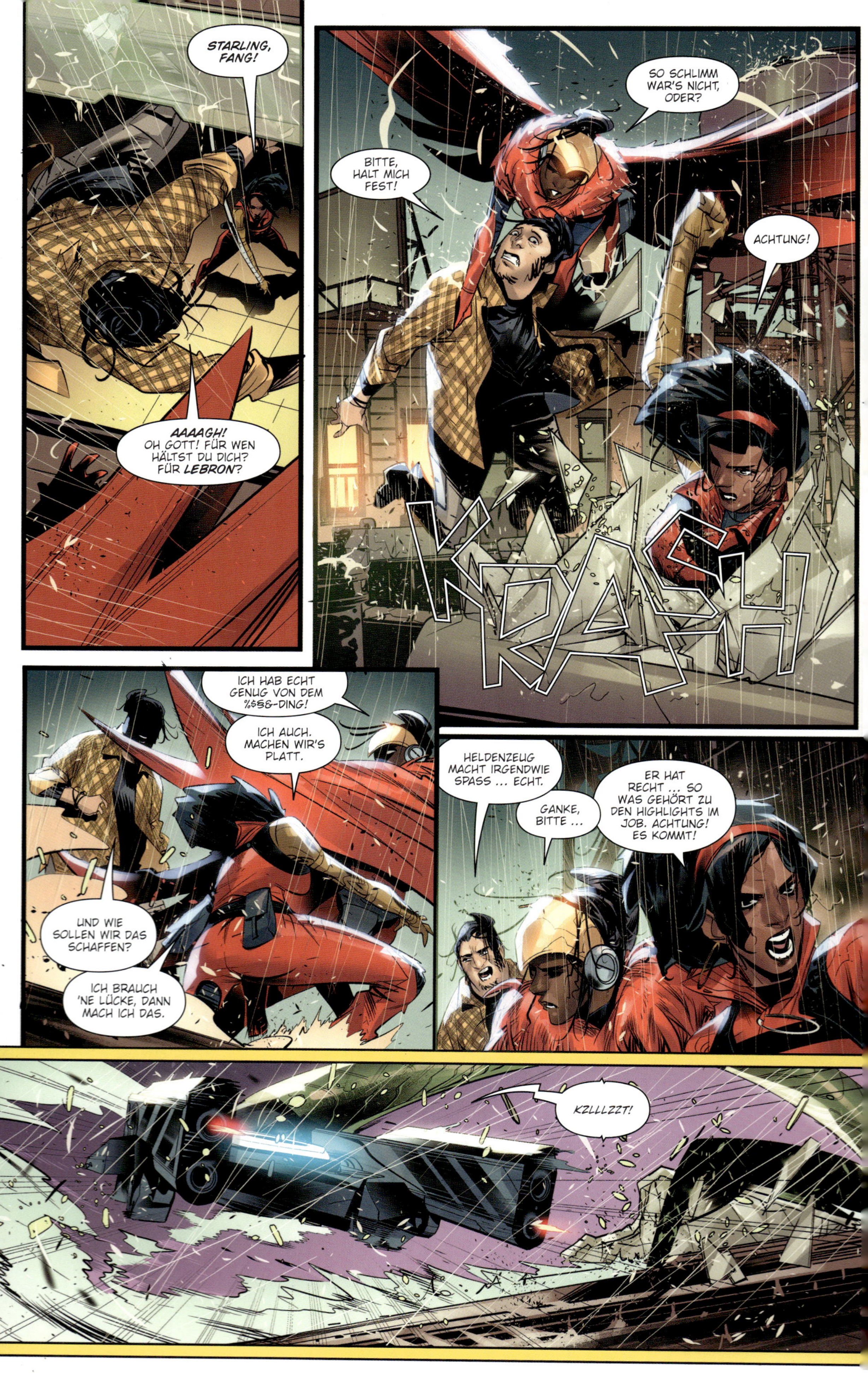
STARLING, FANG!
AAAAGH! OH GOTT! FÜR WEN HÄLTST DU DICH? FÜR LEBRON?
SO SCHLIMM WAR'S NICHT, ODER?
BITTE, HALT MICH FEST!
ACHTUNG!
KRASH
ICH HAB ECHT GENUG VON DEM %$$&-DING!
ICH AUCH. MACHEN WIR'S PLATT.
UND WIE SOLLEN WIR DAS SCHAFFEN?
ICH BRAUCH 'NE LÜCKE, DANN MACH ICH DAS.
HELDENZEUG MACHT IRGENDWIE SPASS ... ECHT.
GANKE, BITTE ...
ER HAT RECHT ... SO WAS GEHÖRT ZU DEN HIGHLIGHTS IM JOB. ACHTUNG! ES KOMMT!
KZLLLZZT!

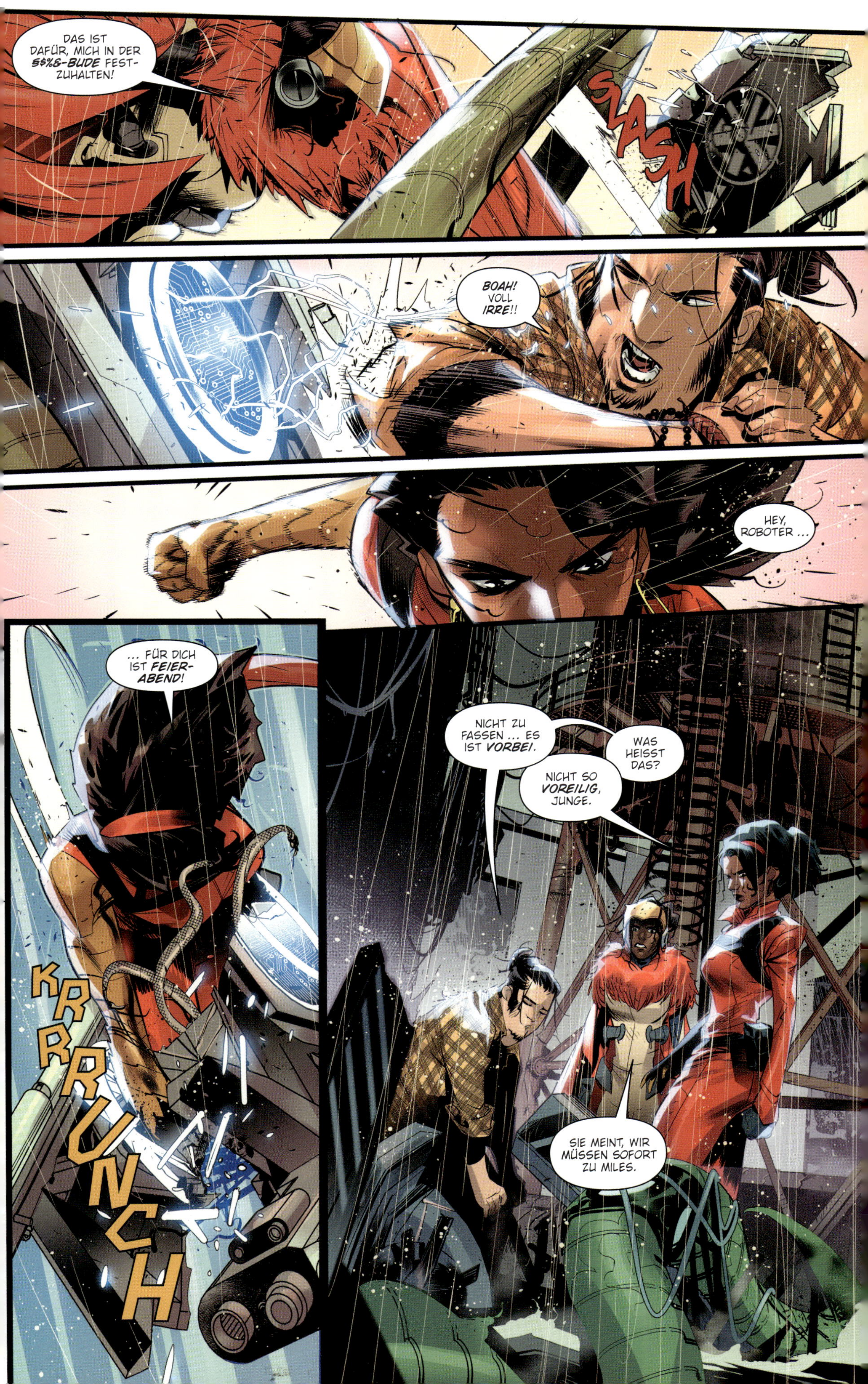
DAS IST DAFÜR, MICH IN DER $%&-BUDE FEST-ZUHALTEN!
SLASH
BOAH! VOLL IRRE!!
HEY, ROBOTER ...
... FÜR DICH IST FEIER-ABEND!
KRRRRUNCH
NICHT ZU FASSEN ... ES IST VORBEI.
WAS HEISST DAS?
NICHT SO VOREILIG, JUNGE.
SIE MEINT, WIR MÜSSEN SOFORT ZU MILES.

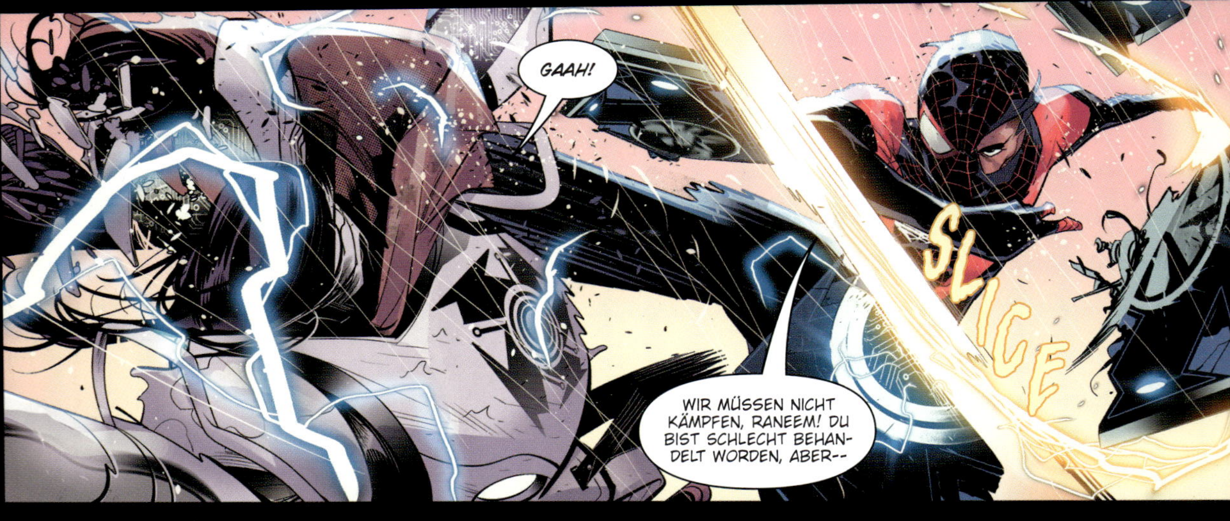
GAAH!
SLICE
WIR MÜSSEN NICHT KÄMPFEN, RANEEM! DU BIST SCHLECHT BEHANDELT WORDEN, ABER--

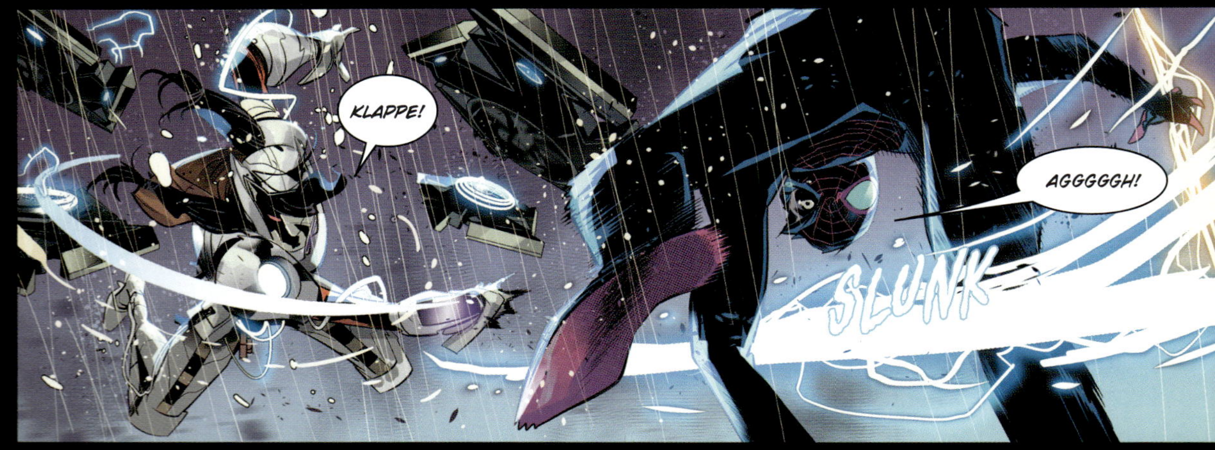
KLAPPE!
AGGGGGH!
SLUNK

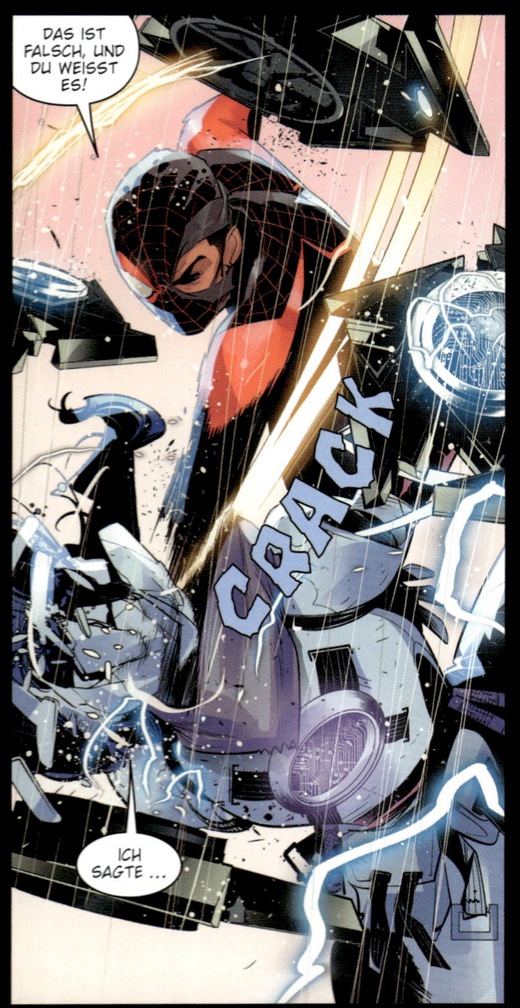
DAS IST FALSCH, UND DU WEISST ES!
CRACK
ICH SAGTE ...

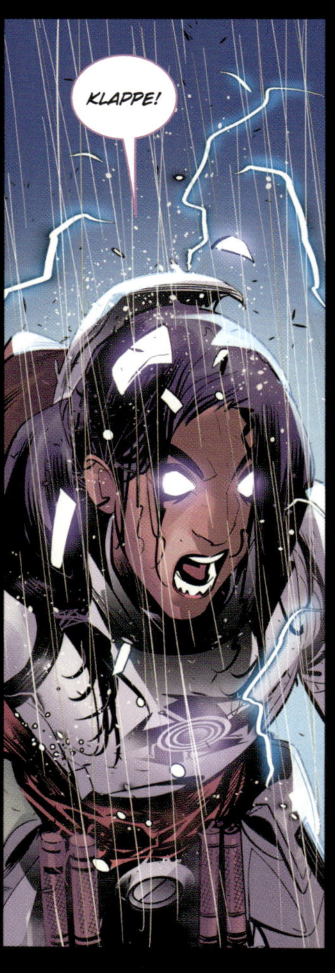
KLAPPE!

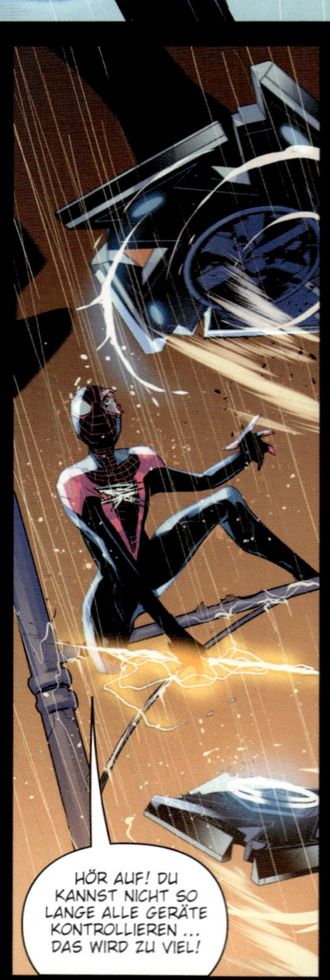
HÖR AUF! DU KANNST NICHT SO LANGE ALLE GERÄTE KONTROLLIEREN ... DAS WIRD ZU VIEL!

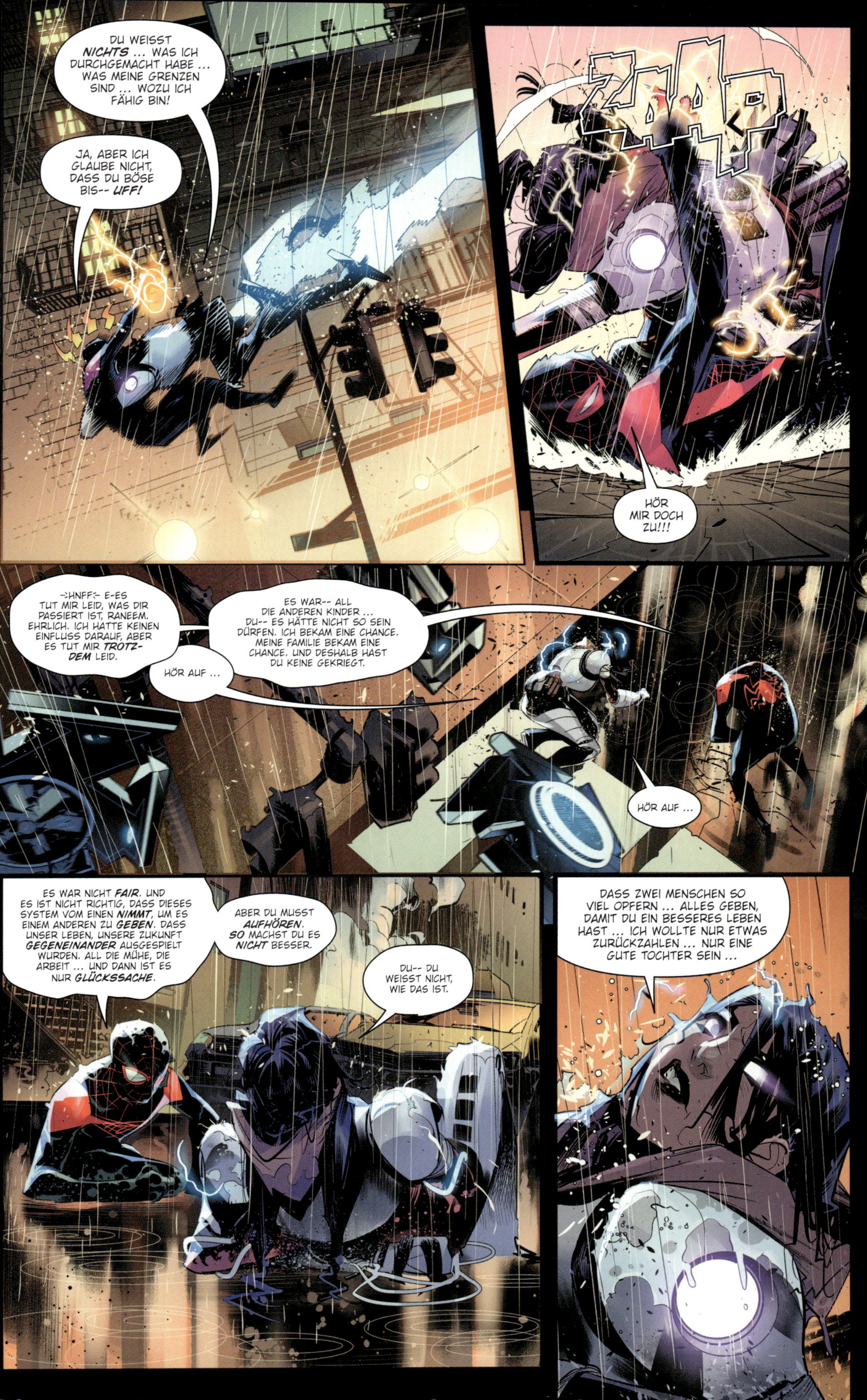
DU WEISST NICHTS ... WAS ICH DURCHGEMACHT HABE ... WAS MEINE GRENZEN SIND ... WOZU ICH FÄHIG BIN!
JA, ABER ICH GLAUBE NICHT, DASS DU BÖSE BIS-- UFF!
ZZAP
HÖR MIR DOCH ZU!!!
HNFF E-ES TUT MIR LEID, WAS DIR PASSIERT IST, RANEEM. EHRLICH. ICH HATTE KEINEN EINFLUSS DARAUF, ABER ES TUT MIR TROTZDEM LEID.
HÖR AUF ...
ES WAR-- ALL DIE ANDEREN KINDER ... DU-- ES HÄTTE NICHT SO SEIN DÜRFEN. ICH BEKAM EINE CHANCE. MEINE FAMILIE BEKAM EINE CHANCE. UND DESHALB HAST DU KEINE GEKRIEGT.
HÖR AUF ...
ES WAR NICHT FAIR. UND ES IST NICHT RICHTIG, DASS DIESES SYSTEM VOM EINEN NIMMT, UM ES EINEM ANDEREN ZU GEBEN. DASS UNSER LEBEN, UNSERE ZUKUNFT GEGENEINANDER AUSGESPIELT WURDEN. ALL DIE MÜHE, DIE ARBEIT ... UND DANN IST ES NUR GLÜCKSSACHE.
ABER DU MUSST AUFHÖREN. SO MACHST DU ES NICHT BESSER.
DU-- DU WEISST NICHT, WIE DAS IST.
DASS ZWEI MENSCHEN SO VIEL OPFERN ... ALLES GEBEN, DAMIT DU EIN BESSERES LEBEN HAST ... ICH WOLLTE NUR ETWAS ZURÜCKZAHLEN ... NUR EINE GUTE TOCHTER SEIN ...

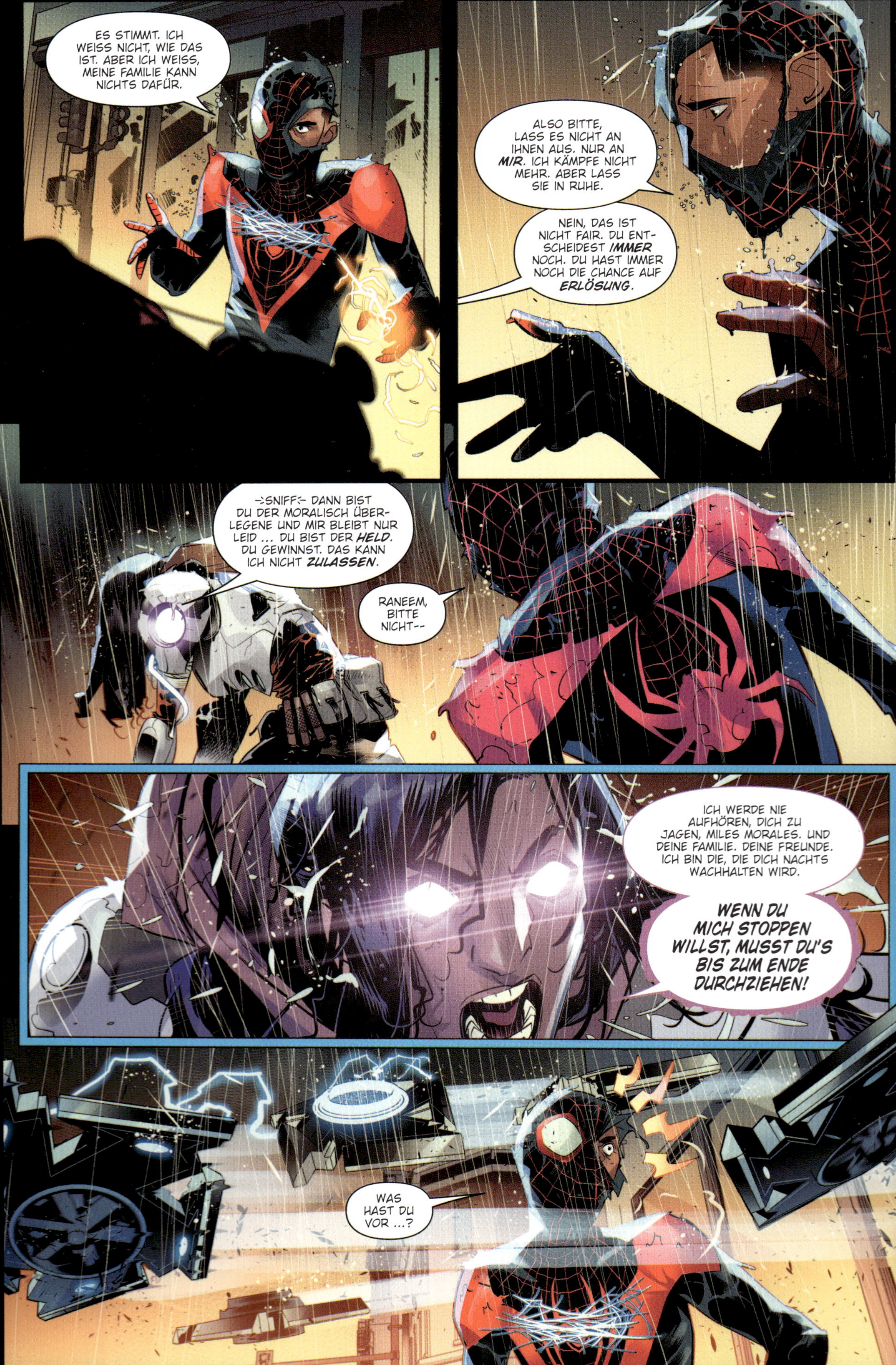
ES STIMMT. ICH WEISS NICHT, WIE DAS IST. ABER ICH WEISS, MEINE FAMILIE KANN NICHTS DAFÜR.
ALSO BITTE, LASS ES NICHT AN IHNEN AUS. NUR AN MIR. ICH KÄMPFE NICHT MEHR. ABER LASS SIE IN RUHE.
NEIN, DAS IST NICHT FAIR. DU ENT-SCHEIDEST IMMER NOCH. DU HAST IMMER NOCH DIE CHANCE AUF ERLÖSUNG.
-SNIFF- DANN BIST DU DER MORALISCH ÜBER-LEGENE UND MIR BLEIBT NUR LEID ... DU BIST DER HELD. DU GEWINNST. DAS KANN ICH NICHT ZULASSEN.
RANEEM, BITTE NICHT--
ICH WERDE NIE AUFHÖREN, DICH ZU JAGEN, MILES MORALES. UND DEINE FAMILIE. DEINE FREUNDE. ICH BIN DIE, DIE DICH NACHTS WACHHALTEN WIRD.
WENN DU MICH STOPPEN WILLST, MUSST DU'S BIS ZUM ENDE DURCHZIEHEN!
WAS HAST DU VOR ...?

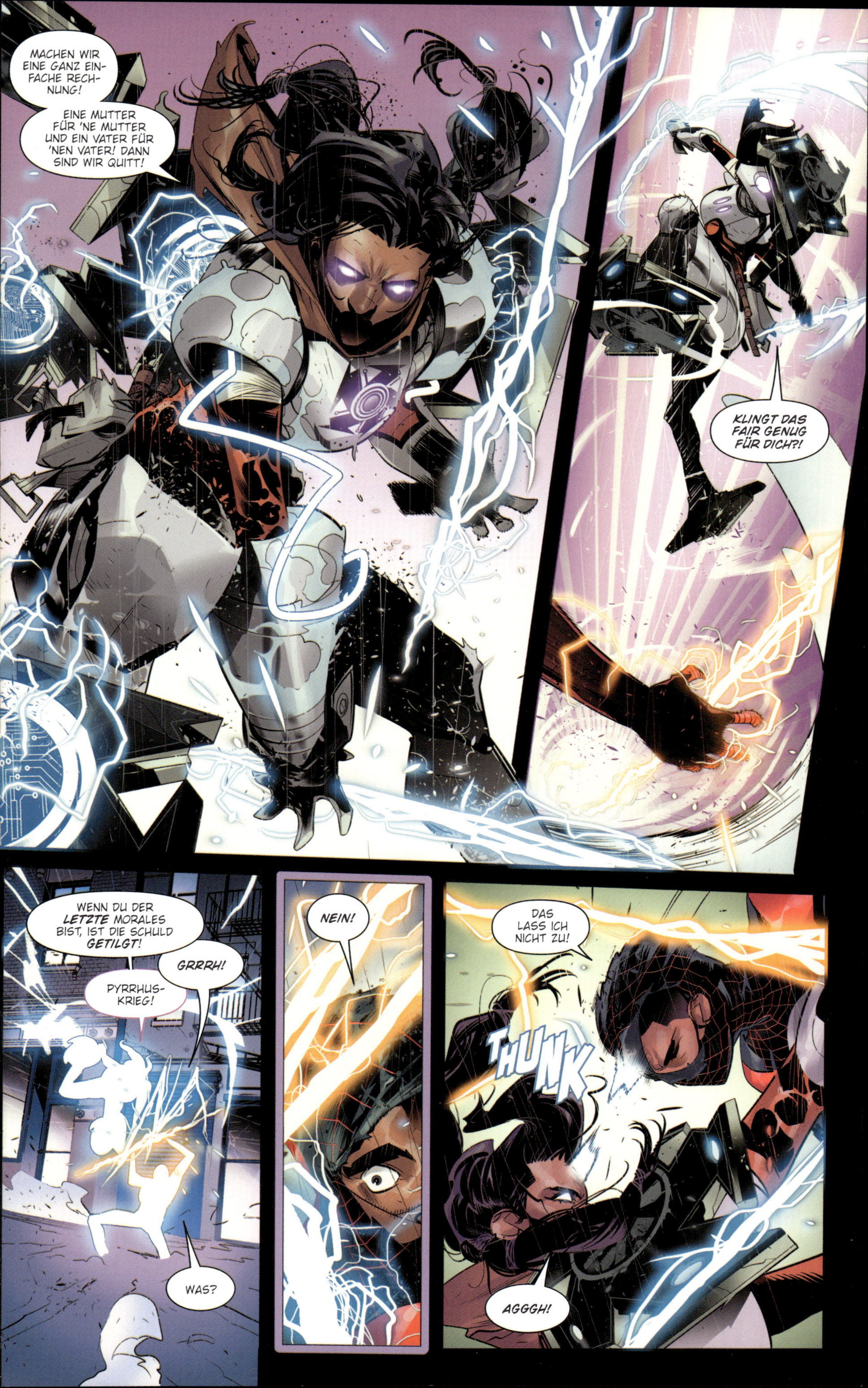

MACHEN WIR EINE GANZ EINFACHE RECHNUNG!
EINE MUTTER FÜR 'NE MUTTER UND EIN VATER FÜR 'NEN VATER! DANN SIND WIR QUITT!
KLINGT DAS FAIR GENUG FÜR DICH?!

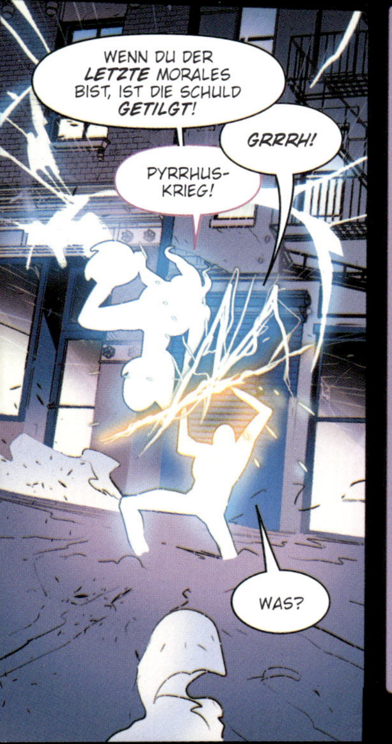
WENN DU DER **LETZTE** MORALES BIST, IST DIE SCHULD **GETILGT**!
GRRRH!
PYRRHUSKRIEG!
WAS?

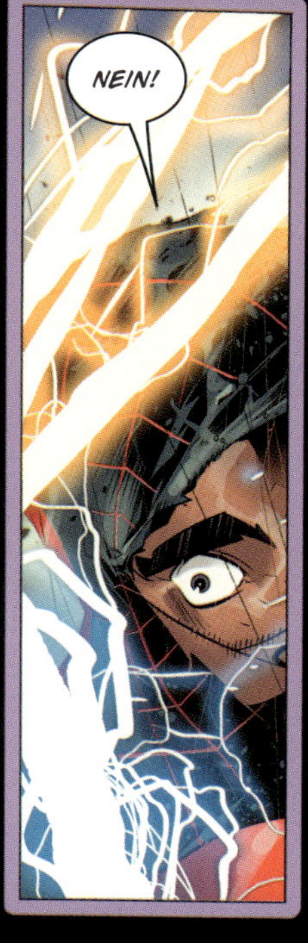
NEIN!

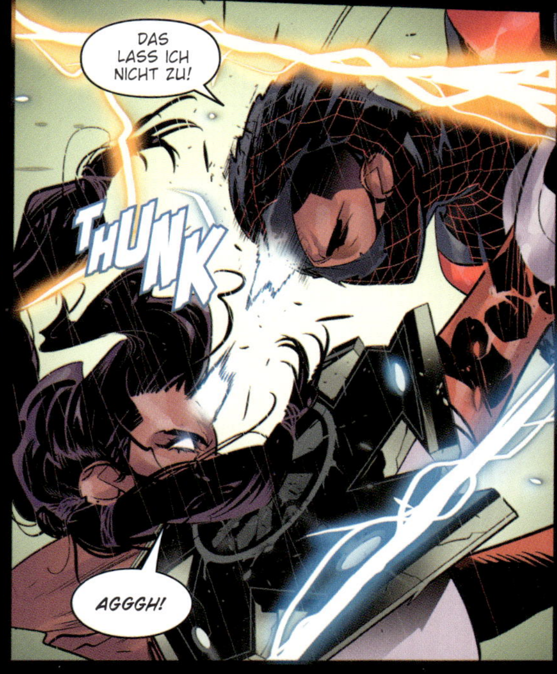
DAS LASS ICH NICHT ZU!
THUNK
AGGGH!

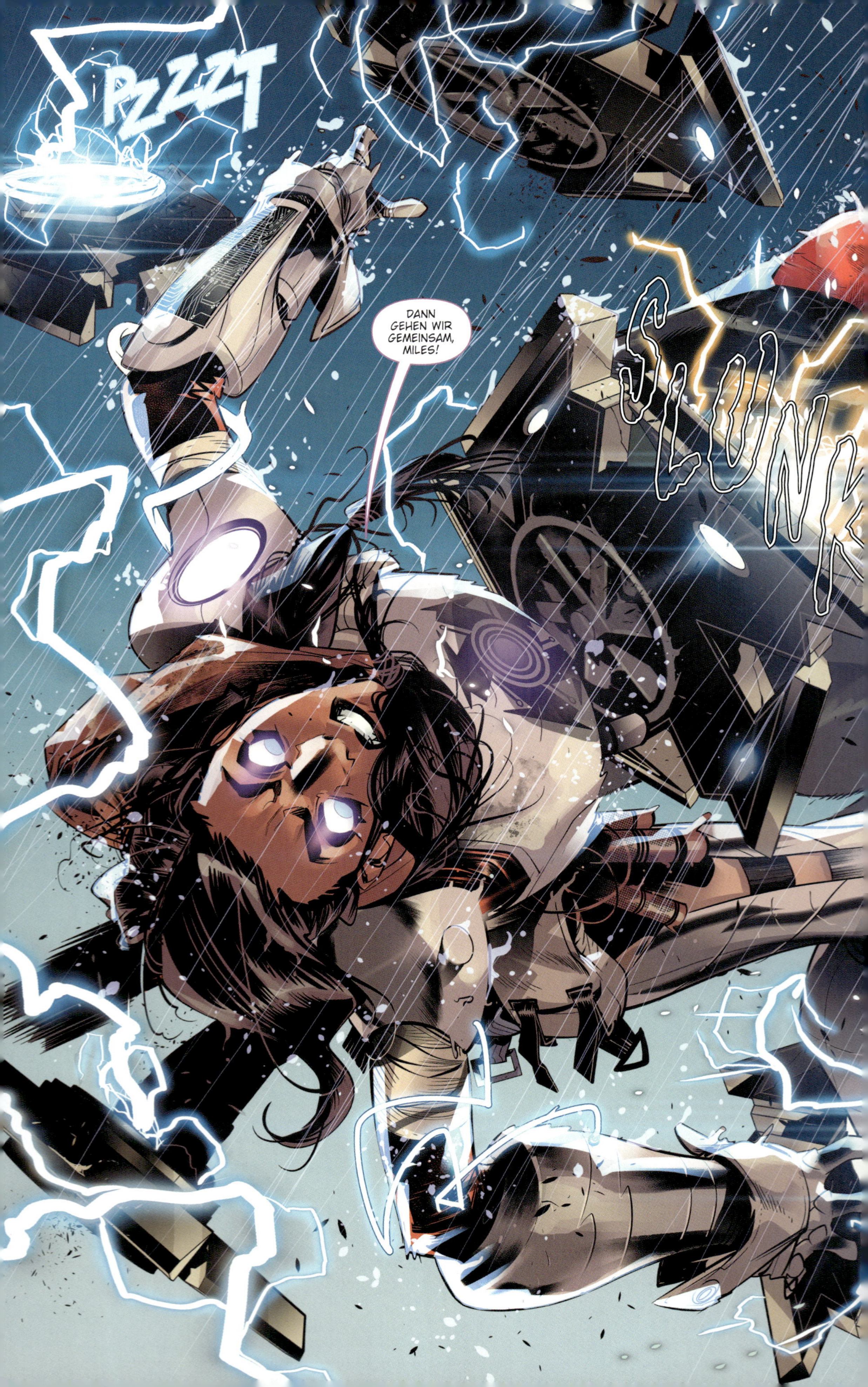
PZZZT
DANN GEHEN WIR GEMEINSAM, MILES!
SLUNK

ICH! SAGE! NEIN!
MUSS IHRE MASCHINE ÜBERLADEN ...
KZZZT
KLLLZZAT
BOOM
ZZT
ZZT

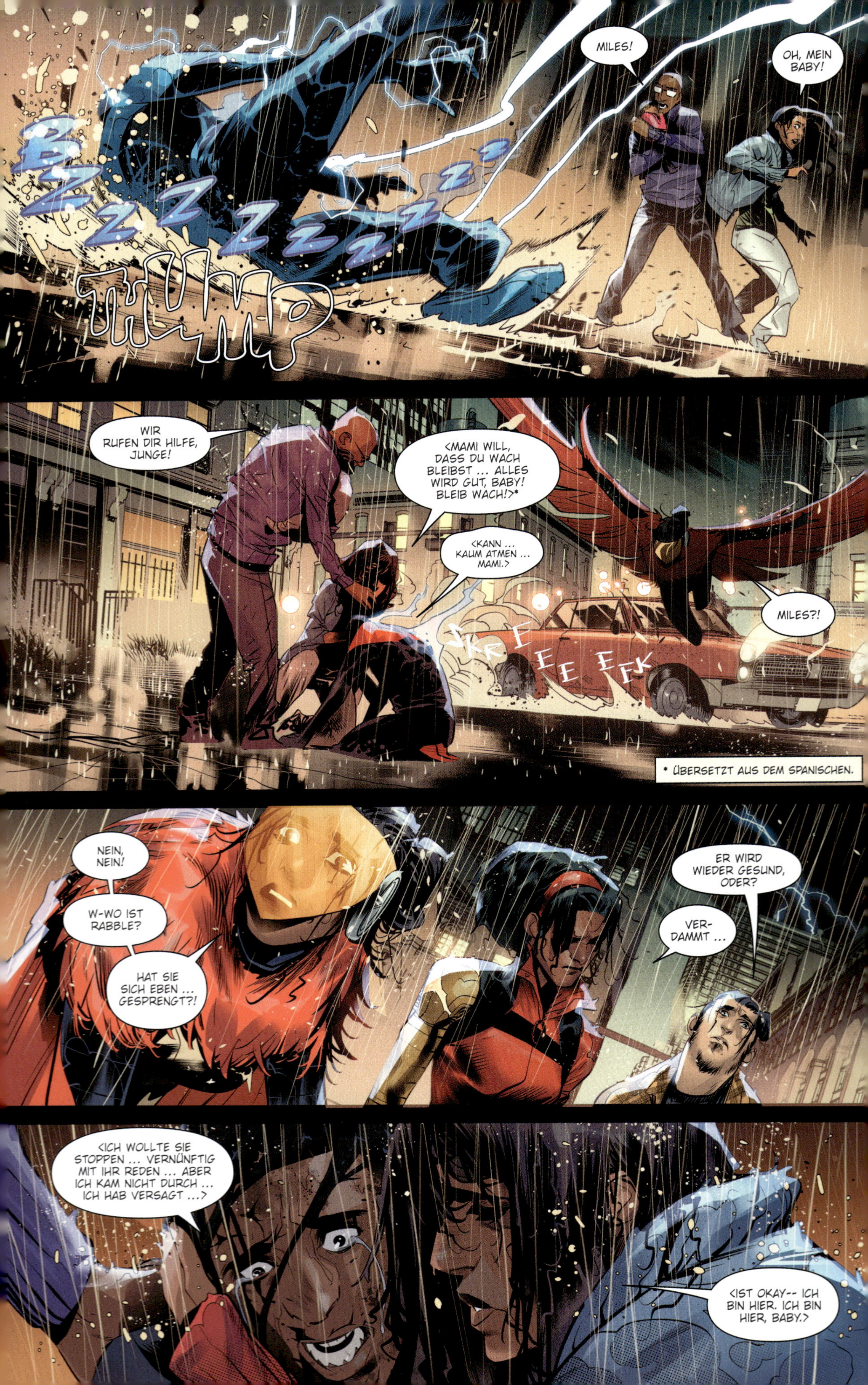
BZZZZZZZZZZZZ
THUMP
MILES!
OH, MEIN BABY!
WIR RUFEN DIR HILFE, JUNGE!
<MAMI WILL, DASS DU WACH BLEIBST ... ALLES WIRD GUT, BABY! BLEIB WACH!>*
<KANN ... KAUM ATMEN ... MAMI.>
SKREEEEK
MILES?!
* ÜBERSETZT AUS DEM SPANISCHEN.
NEIN, NEIN!
W-WO IST RABBLE?
HAT SIE SICH EBEN ... GESPRENGT?!
ER WIRD WIEDER GESUND, ODER?
VER-DAMMT ...
<ICH WOLLTE SIE STOPPEN ... VERNÜNFTIG MIT IHR REDEN ... ABER ICH KAM NICHT DURCH ... ICH HAB VERSAGT ...>
<IST OKAY-- ICH BIN HIER. ICH BIN HIER, BABY.>

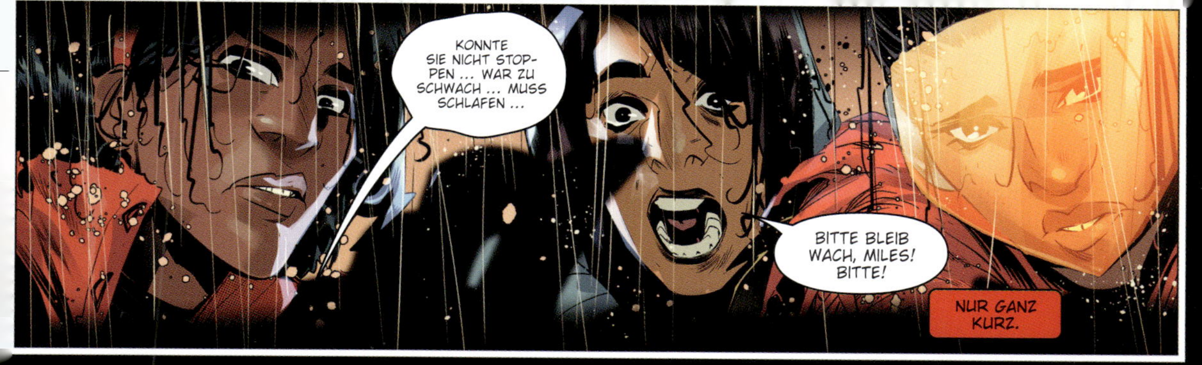
KONNTE SIE NICHT STOPPEN ... WAR ZU SCHWACH ... MUSS SCHLAFEN ...
BITTE BLEIB WACH, MILES! BITTE!
NUR GANZ KURZ.

JA. DAS TUT GUT.
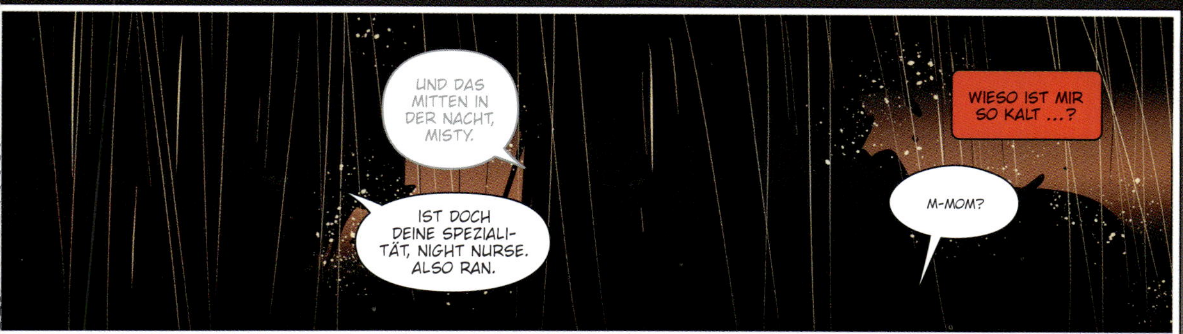
UND DAS MITTEN IN DER NACHT, MISTY.
IST DOCH DEINE SPEZIALITÄT, NIGHT NURSE. ALSO RAN.
WIESO IST MIR SO KALT ...?
M-MOM?
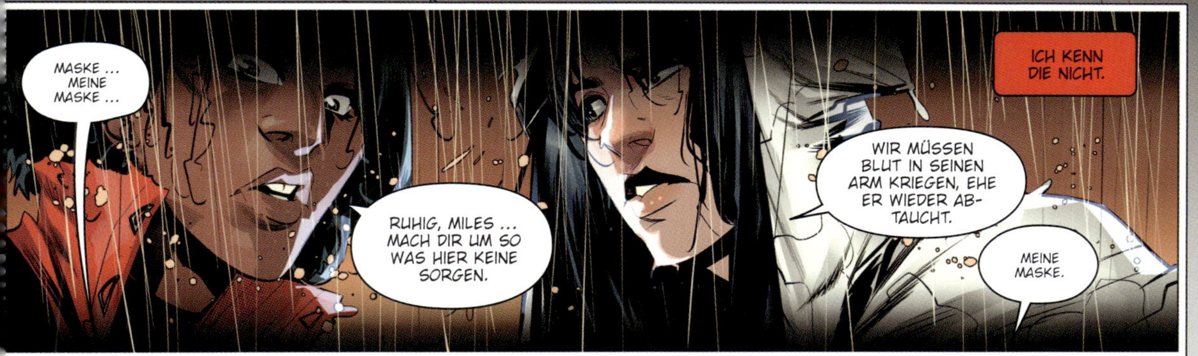
MASKE ... MEINE MASKE ...
RUHIG, MILES ... MACH DIR UM SO WAS HIER KEINE SORGEN.
ICH KENN DIE NICHT.
WIR MÜSSEN BLUT IN SEINEN ARM KRIEGEN, EHE ER WIEDER ABTAUCHT.
MEINE MASKE.
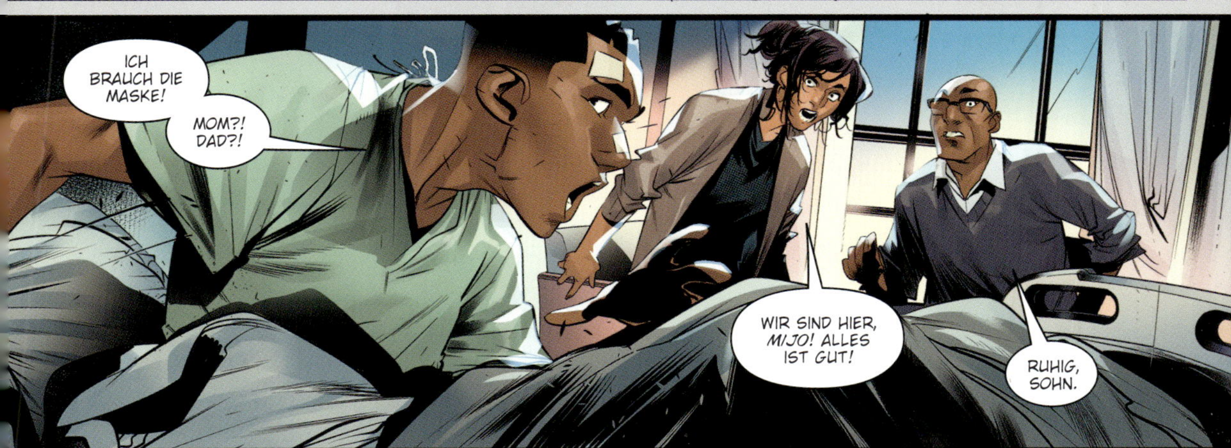
ICH BRAUCH DIE MASKE!
MOM?! DAD?!
WIR SIND HIER, MIJO! ALLES IST GUT!
RUHIG, SOHN.

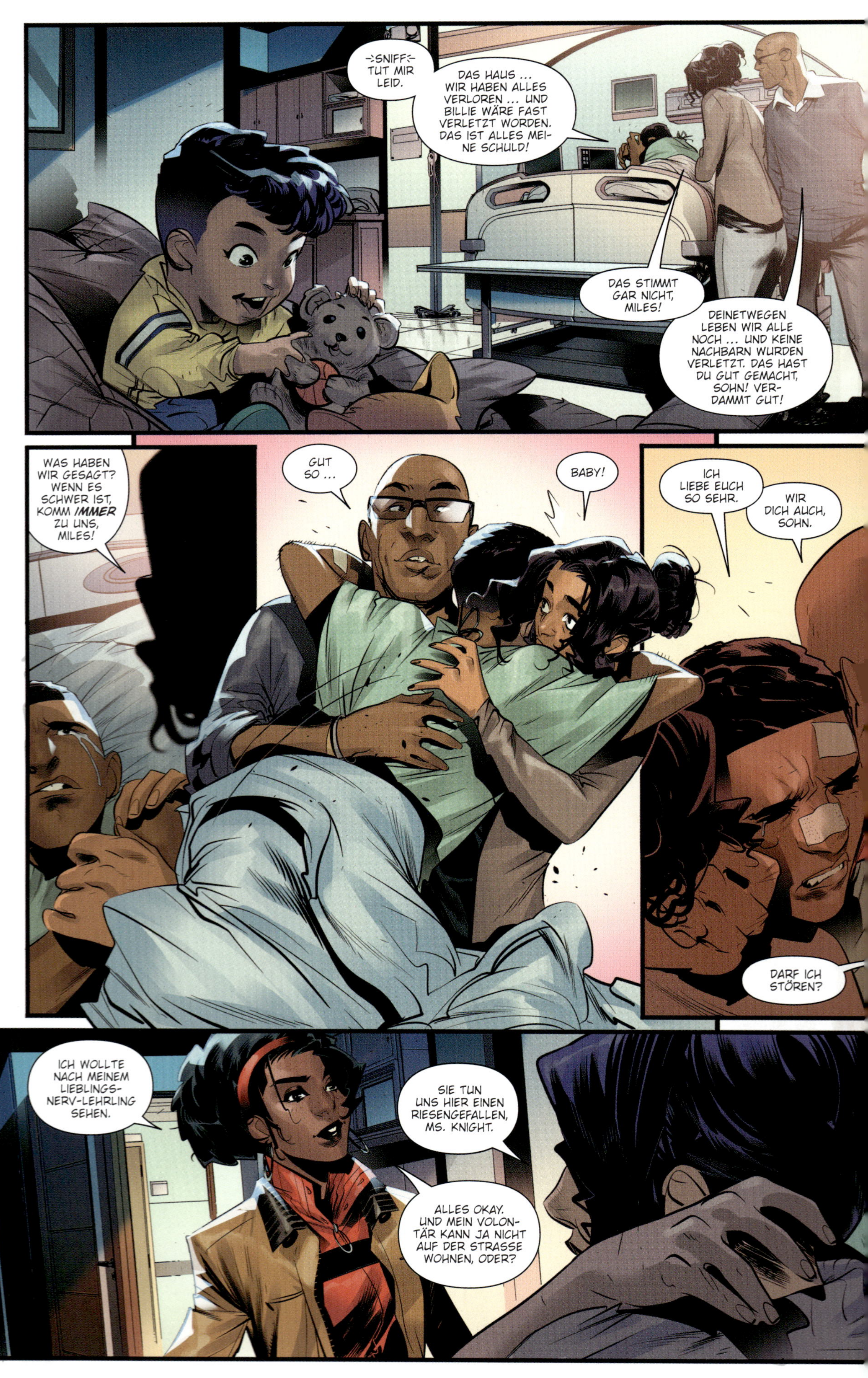

-SNIFF- TUT MIR LEID.
DAS HAUS ... WIR HABEN ALLES VERLOREN ... UND BILLIE WÄRE FAST VERLETZT WORDEN. DAS IST ALLES MEINE SCHULD!
DAS STIMMT GAR NICHT, MILES!
DEINETWEGEN LEBEN WIR ALLE NOCH ... UND KEINE NACHBARN WURDEN VERLETZT. DAS HAST DU GUT GEMACHT, SOHN! VERDAMMT GUT!
WAS HABEN WIR GESAGT? WENN ES SCHWER IST, KOMM IMMER ZU UNS, MILES!
GUT SO ...
BABY!
ICH LIEBE EUCH SO SEHR.
WIR DICH AUCH, SOHN.
DARF ICH STÖREN?
ICH WOLLTE NACH MEINEM LIEBLINGS-NERV-LEHRLING SEHEN.
SIE TUN UNS HIER EINEN RIESENGEFALLEN, MS. KNIGHT.
ALLES OKAY. UND MEIN VOLONTÄR KANN JA NICHT AUF DER STRASSE WOHNEN, ODER?

WIE BITTE?
ÄH ... WAS?
HÄH?
WENN JETZT EINER SAGT „DAS KANN ICH NICHT ANNEHMEN", GIBT'S ÄRGER. ICH HAB 'NE VORÜBERGEHENDE BLEIBE GEFUNDEN.
WIE BITTE? WAS?
ES IST NICHTS BESONDERES ... UND KEIN GROSSES STADTHAUS, ABER ES SOLLTE FÜR VIER GENÜGEN, BIS IHRES RENOVIERT IST.
I-ICH WEISS NICHT, WAS ICH SAGEN SOLL ...
MACHEN SIE EINFACH WEITER. SIE HABEN EINEN TOLLEN SOHN AUFGEZOGEN ... IST MIR EINE EHRE ...
... IHN UNTER MEINE FITTICHE ZU NEHMEN. RUF AN, WENN DU FIT BIST, SPIDEY, DANN GIBT'S ***MEHR*** LEKTIONEN.

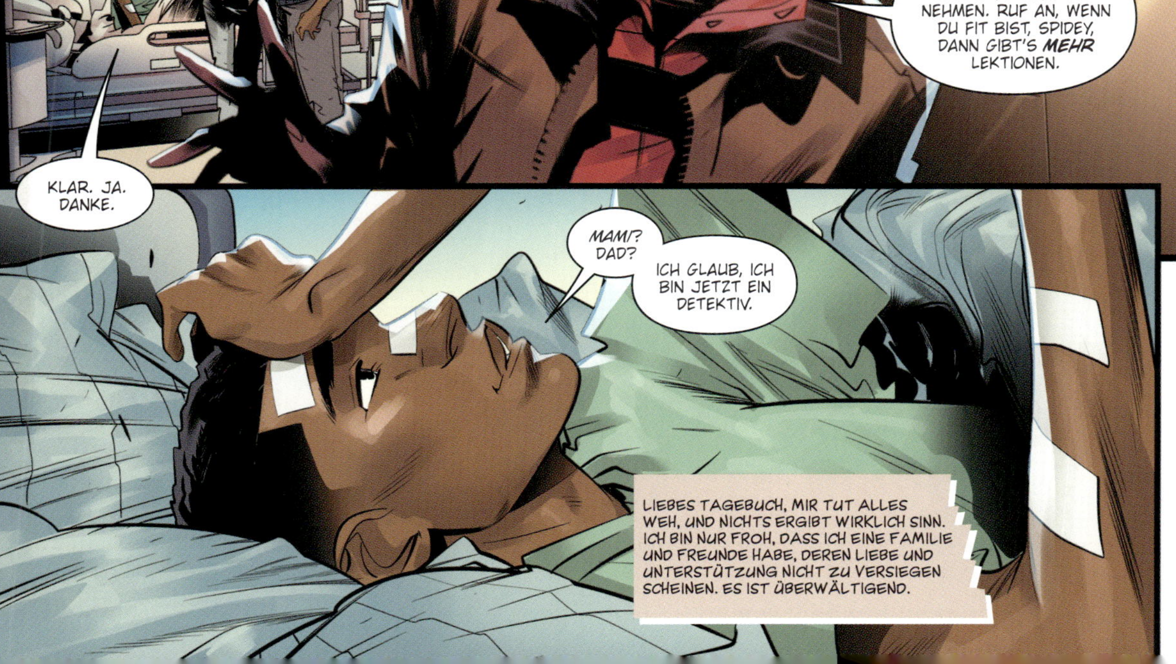

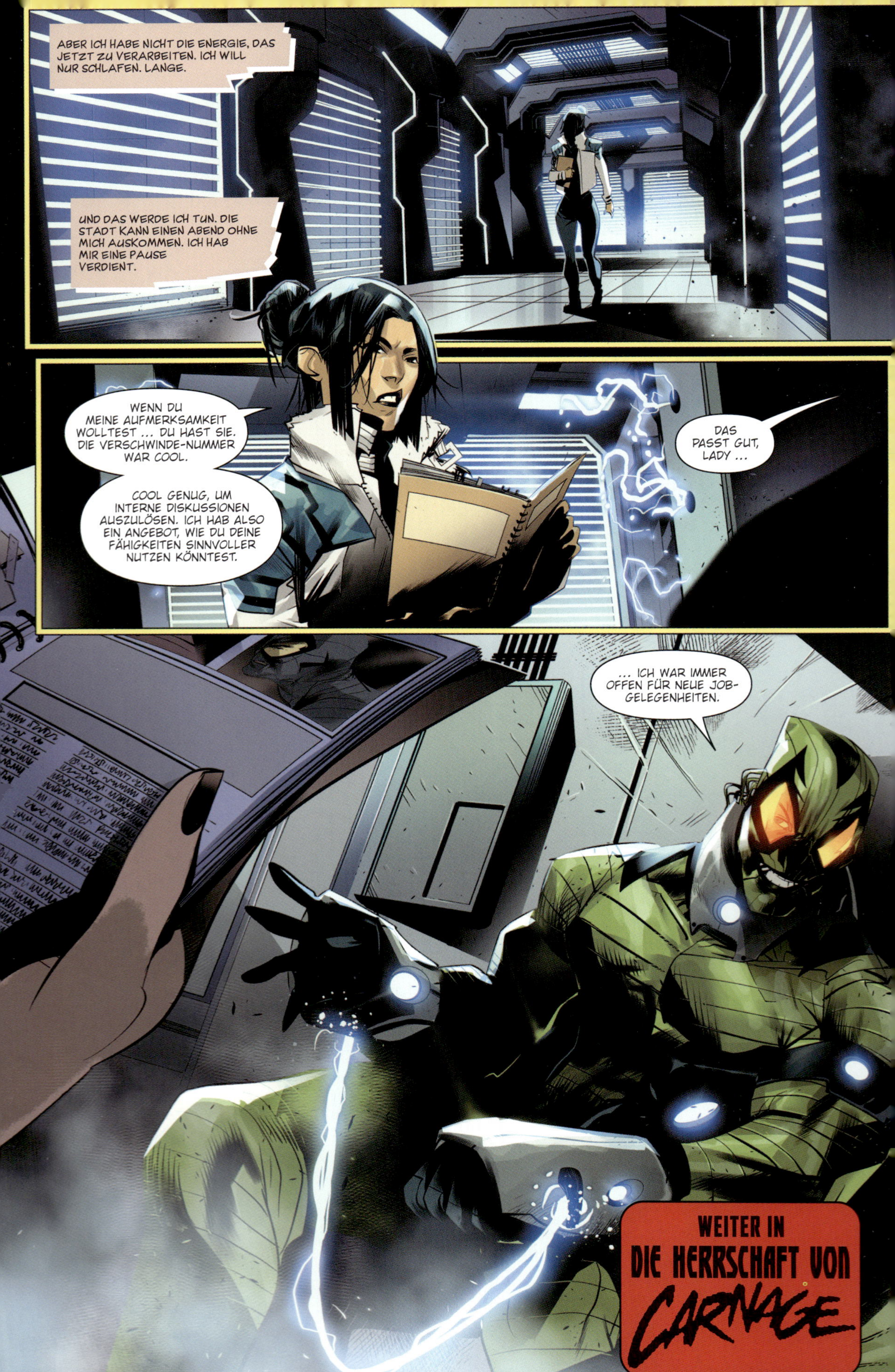

ABER ICH HABE NICHT DIE ENERGIE, DAS JETZT ZU VERARBEITEN. ICH WILL NUR SCHLAFEN. LANGE.
UND DAS WERDE ICH TUN. DIE STADT KANN EINEN ABEND OHNE MICH AUSKOMMEN. ICH HAB MIR EINE PAUSE VERDIENT.
WENN DU MEINE AUFMERKSAMKEIT WOLLTEST ... DU HAST SIE. DIE VERSCHWINDE-NUMMER WAR COOL.
COOL GENUG, UM INTERNE DISKUSSIONEN AUSZULÖSEN. ICH HAB ALSO EIN ANGEBOT, WIE DU DEINE FÄHIGKEITEN SINNVOLLER NUTZEN KÖNNTEST.
DAS PASST GUT, LADY ...
... ICH WAR IMMER OFFEN FÜR NEUE JOB-GELEGENHEITEN.
WEITER IN
DIE HERRSCHAFT VON
CARNAGE

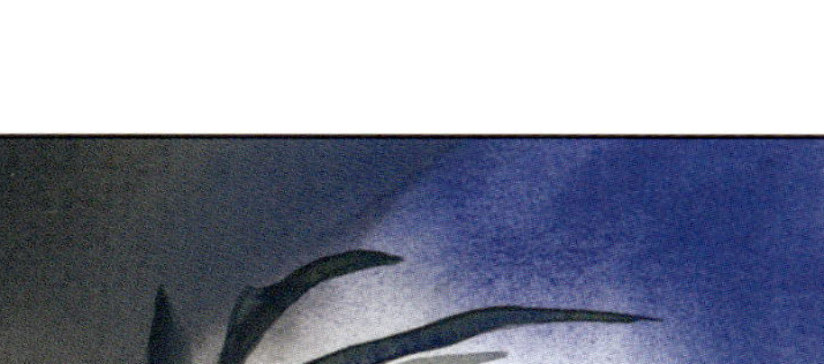

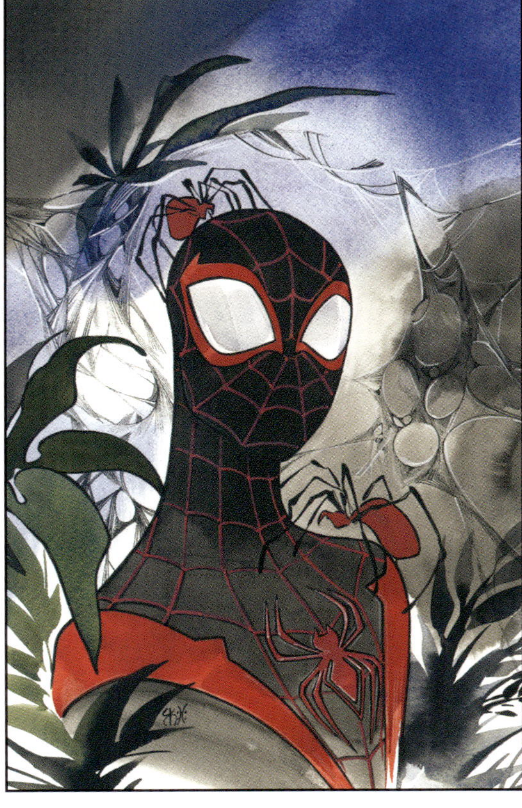

Miles Morales: Spider-Man (2022) 1
Variant-Cover von **PEACH MOMOKO**

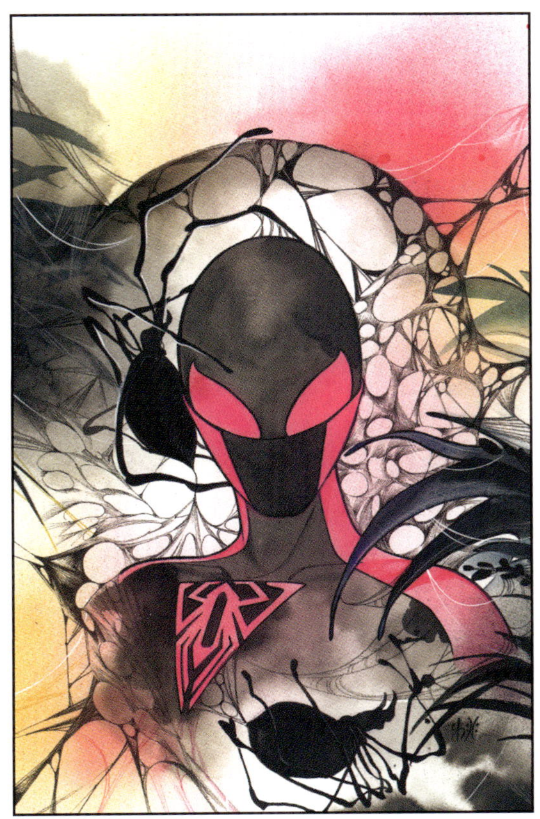

Miles Morales: Spider-Man (2022) 1
Variant-Cover von **PEACH MOMOKO**

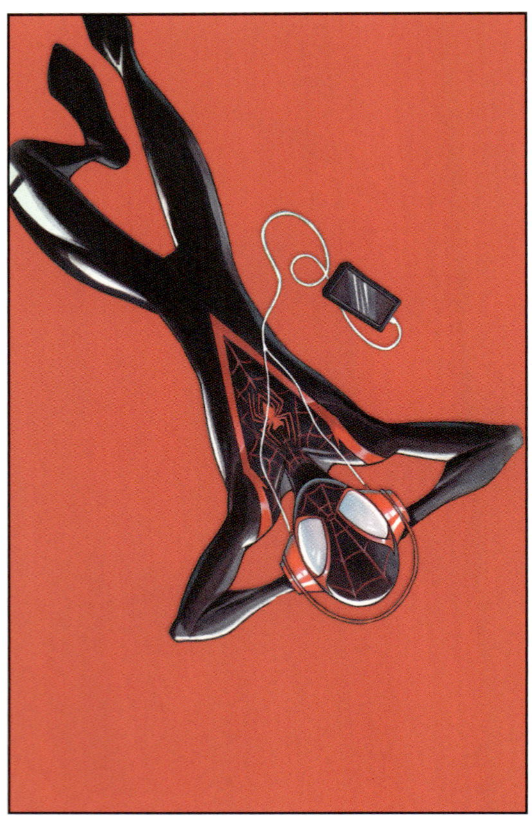

Miles Morales: Spider-Man (2022) 1
Variant-Cover von **CHRISSIE ZULLO**

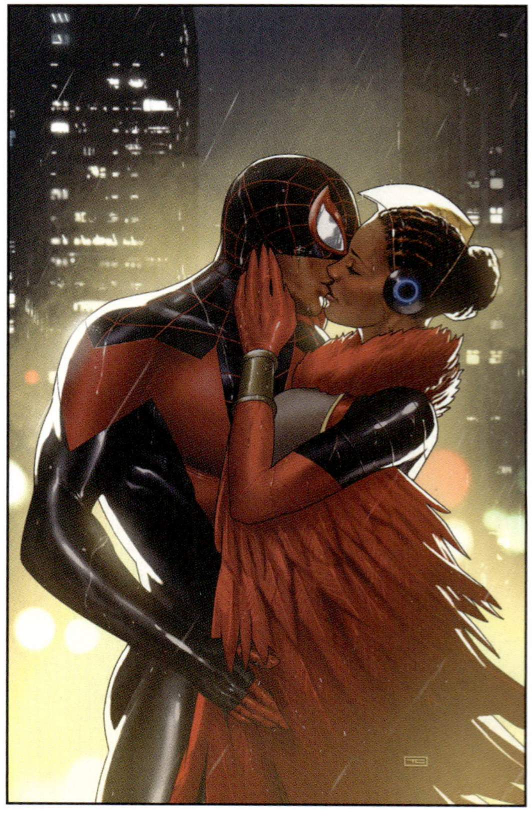

Miles Morales: Spider-Man (2022) 1
Variant-Cover von **TAURIN CLARKE**

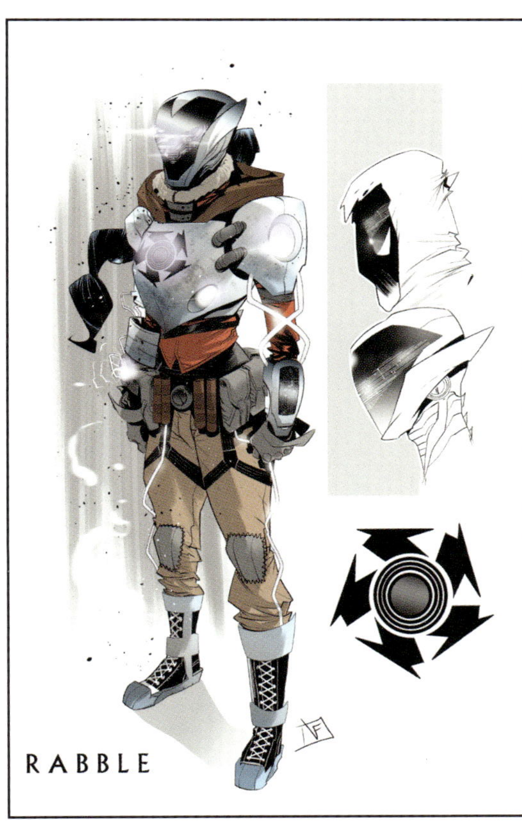

Miles Morales: Spider-Man (2022) 2
Variant-Cover von **FEDERICO VICENTINI**

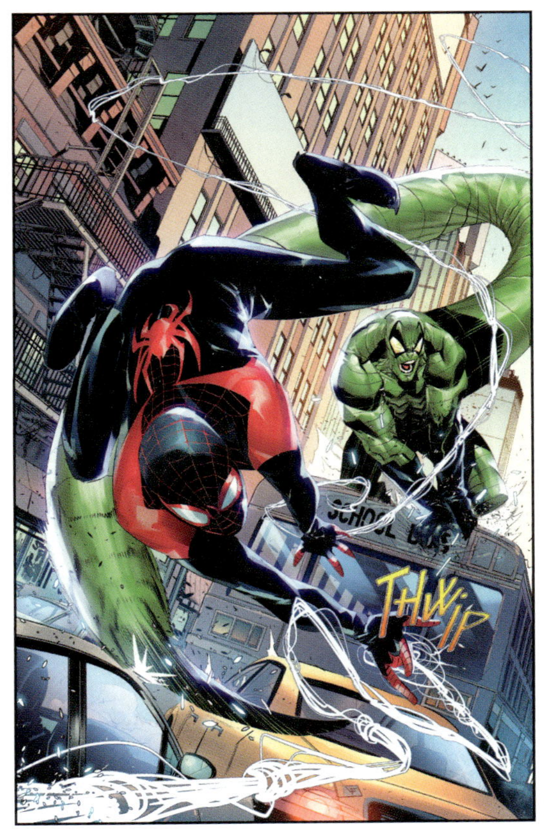

Miles Morales: Spider-Man (2022) 1
Variant-Cover von **FEDERICO VICENTINI**

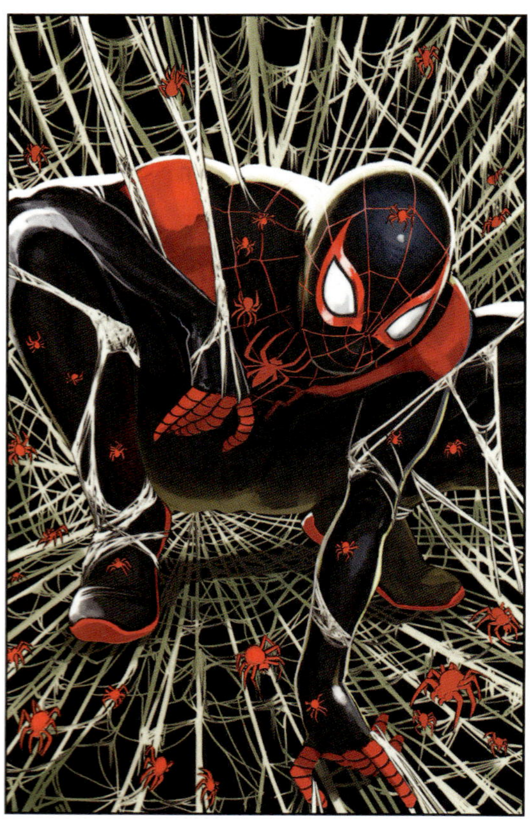

Miles Morales: Spider-Man (2022) 2
Variant-Cover von **STEPHANIE HANS**

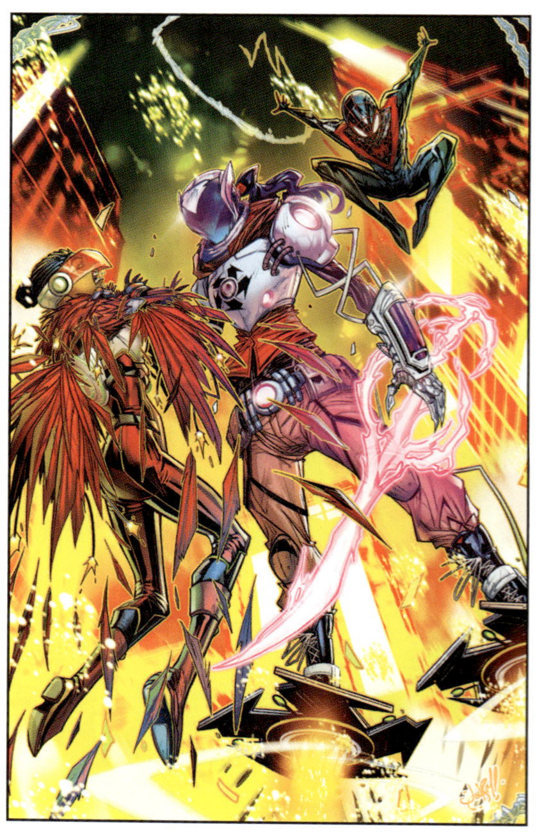

Miles Morales: Spider-Man (2022) 2
Variant-Cover von **JONBOY MEYERS**

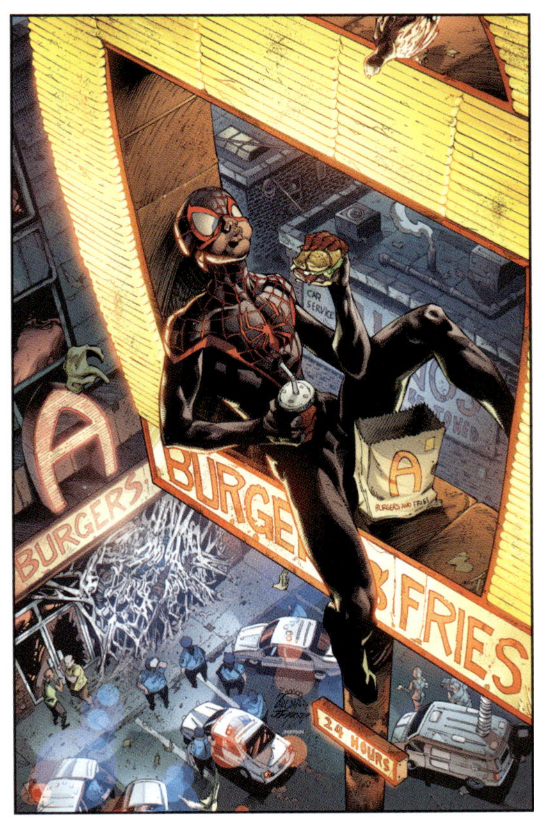

Miles Morales: Spider-Man (2022) 4
Variant-Cover von **RYAN STEGMAN**

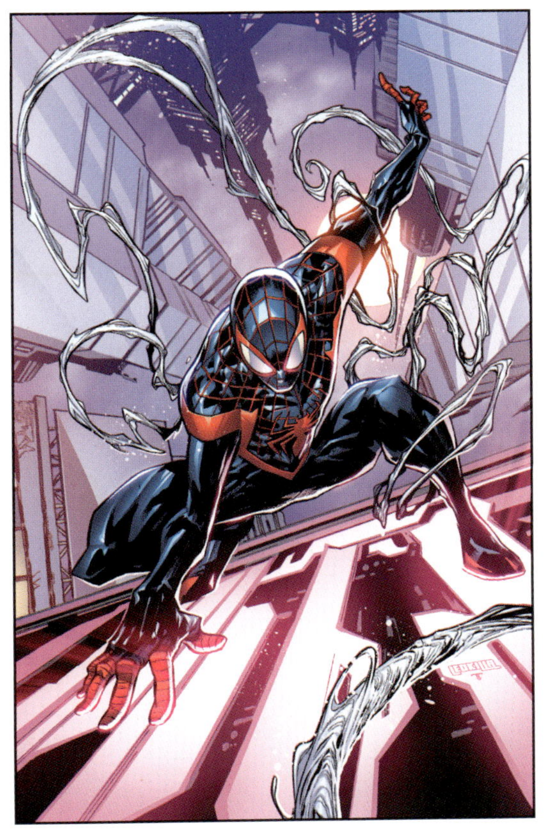

Miles Morales: Spider-Man (2022) 3
Variant-Cover von **KEN LASHLEY**

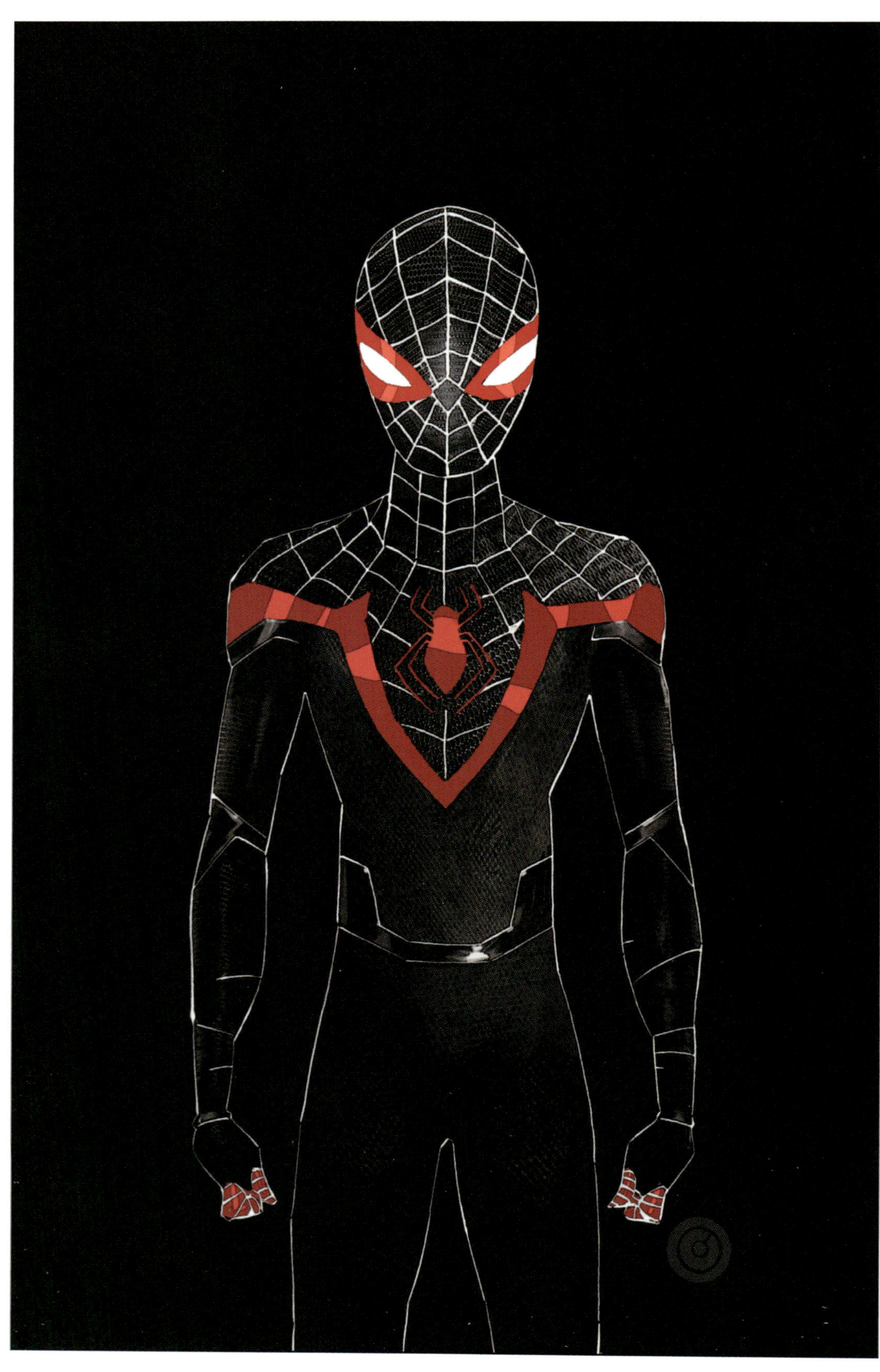

Miles Morales: Spider-Man (2022) 4
Variant-Cover von **CHRIS BACHALO**

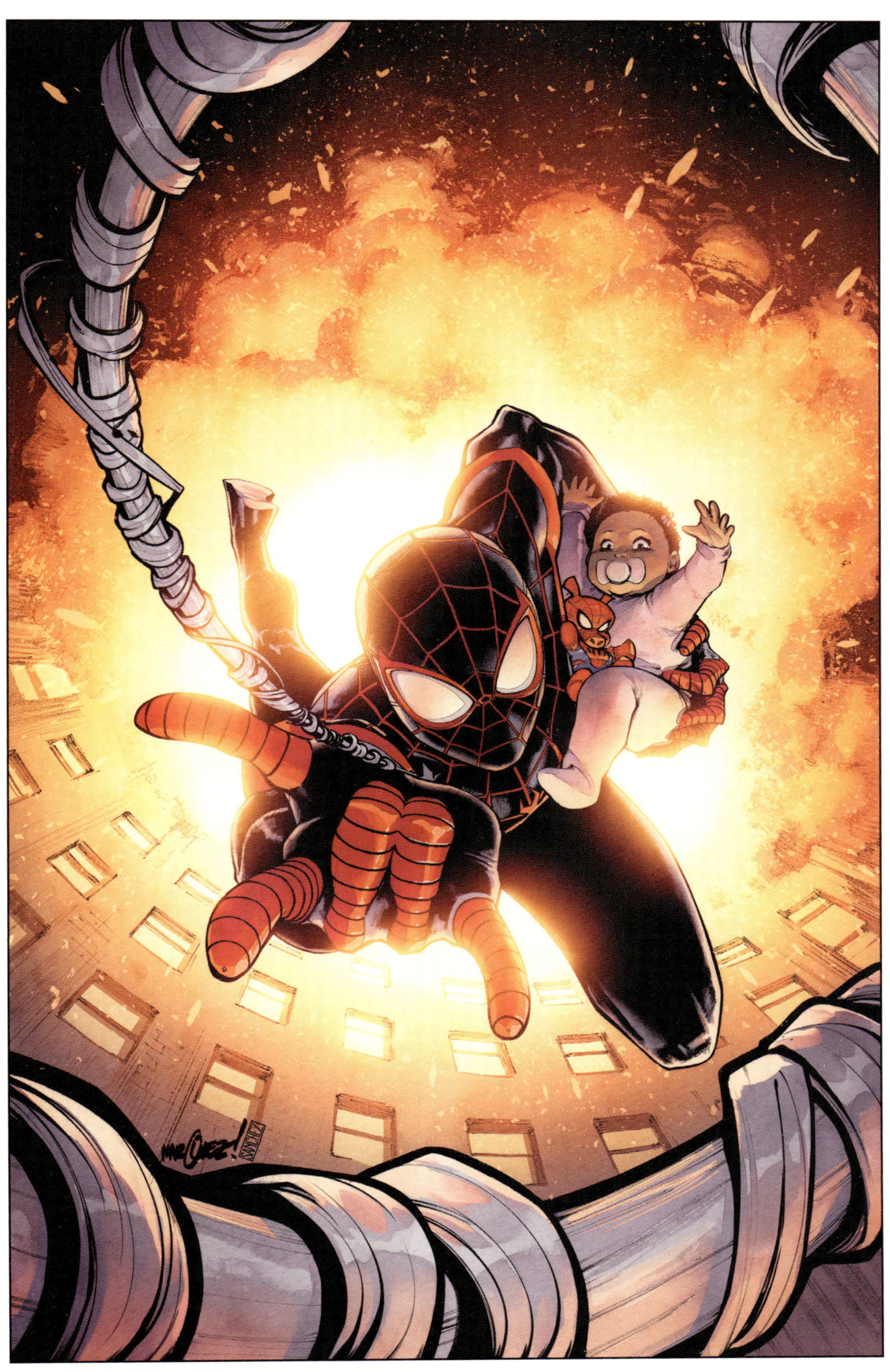

Miles Morales: Spider-Man (2022) 5
Variant-Cover von **DAVID MARQUEZ**

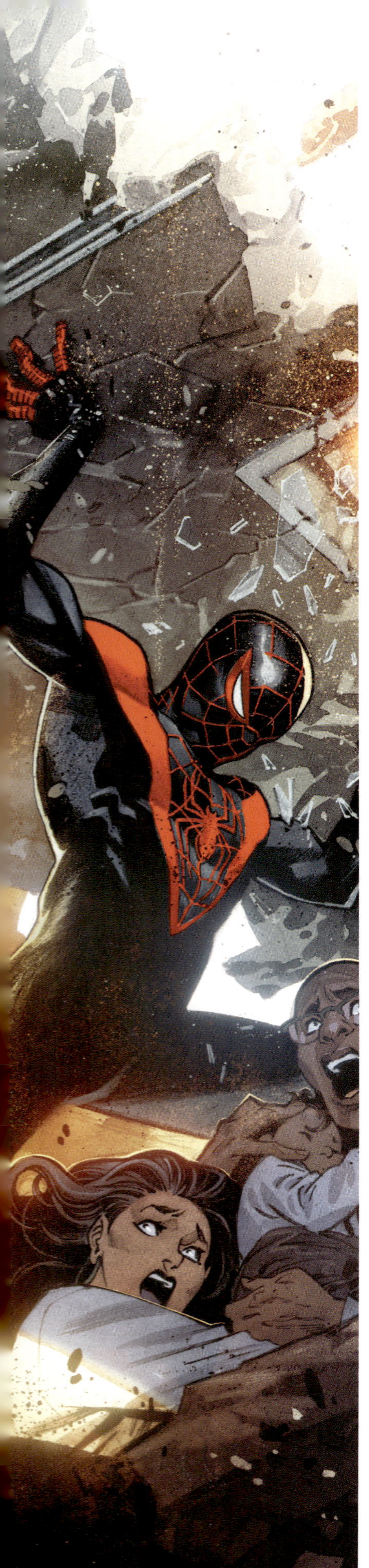

NETZWERK

SCORPION

Früher war **J. Jonah Jameson** Herausgeber der Zeitung Daily Bugle sowie der oberste Spider-Man-Hasser. Darum heuerte er 1964 in *Amazing Spider-Man* 19 von **Stan Lee** und **Steve Ditko** den Privatdetektiv **MacDonald „Mac" Gargan** an, damit der Spideys Identität lüftete. Ein Heft später verwandelte **Dr. Farley Stillwell** Mac mittels experimenteller Gentechnologie in **Scorpion**, da Skorpione natürliche Feinde von Spinnen sind. Allerdings entpuppte sich der veränderte Gargan als instabil, hatte seine Wut nicht unter Kontrolle – und verlor deshalb gegen **Spider-Man** Peter Parker. 2005 machten **Mark Millar** und **Terry Dodson** Mac in *Marvel Knights Spider-Man* 10 zum nächsten **Venom**. Als **Norman Osborn** in *Dark Avengers* 1 von **Brian Michael Bendis** und **Mike Deodato Jr.** 2009 seine „Heldentruppe" versammelte, beförderte er Mac zum sinisteren Spider-Man. 2020 war Mac in der VENOM-Saga von **Donny Cates** und **Mark Bagley** vorübergehend als gepanzerter **Virus** unterwegs. Während **Sinister War** wurde er 2021 im Finale von **Nick Spencers** SPIDER-MAN-Serie wieder zu Scorpion.

MISTY KNIGHT

Mercedes „Misty" Knight wurde 1975 von Autor **Tony Isabella** und Zeichner **Arvell Jones** für *Marvel Premiere* 21 erschaffen – die Einflüsse des Kung-Fu-Booms und des Blaxploitation-Kinos jener Epoche sind unübersehbar. Misty war eine New Yorker Polizistin, bis eine Bombenexplosion sie schwer verletzte. **Tony Stark** baute ihr einen bionischen Arm, woraufhin Misty als Superheldin durchstarten konnte. Misty und ihre Freundin **Colleen Wing** waren oft in den Abenteuern von **Iron Fist** Danny Rand zu sehen, mit dem Misty sogar zusammenkam. Nach **Civil War** lenkten Misty und Colleen (alias **Daughters of the Dragon**) eine neue Inkarnation von **Heroes for Hire**. Zuletzt war Misty in der Serie IRON MAN: DER EISERNE von **Christopher Cantwell** und Co. zu sehen. Danach tauchten sie und Colleen in der Beyond-Saga in der SPIDER-MAN-Serie von **Cody Ziglar**, **Jed MacKay**, **Kelly Thompson** und Co. auf, um die fiese Beyond Corporation im Auge zu behalten und Spidey-Klon **Ben Reilly** zu unterstützen.

Christian Endres